中国商事
制度改革
丛书

中国营商环境企业调查
（2024）

聚 焦 个 体 工 商 户

徐现祥 毕青苗 吴曼聆／编著

社会科学文献出版社
SOCIAL SCIENCES ACADEMIC PRESS (CHINA)

目　录

第一部分　营商环境需求侧建设概况

第一章　中国营商环境建设现状 / 3
　　一　营商环境建设服务于高质量发展的两个阶段 / 3
　　二　营商环境建设在便利化改革阶段的主要进展 / 6
　　三　营商环境建设在便利化改革阶段面临的主要问题 / 12
　　四　营商环境建设尽快转向增质性改革阶段的建议 / 27

第二章　中国省级营商环境建设现状 / 30
　　一　各省份营商环境口碑 / 30
　　二　分省份经营主体发展环境现状 / 35
　　三　分省份经营主体发展质量现状 / 38

第二部分　营商环境需求侧建设进展

第三章　市场准入环境建设调查报告 / 45
　　一　经营主体办理营业执照现状 / 46
　　二　经营主体办理许可证现状 / 49

三　市场准入环境建设面临的挑战／51

四　本章小结／56

第四章　市场监管环境建设调查报告／58

一　全国线下上门监管现状／58

二　全国线上信用监管现状／62

三　分省份市场监管环境现状／65

四　市场监管环境建设面临的挑战／68

五　本章小结／74

第五章　政务服务中心建设调查报告／76

一　政务服务中心硬件设施建设现状／76

二　政务服务中心办事效率现状／84

三　分省份政务服务中心建设现状／92

四　政务服务中心建设面临的挑战／99

五　本章小结／101

第六章　数字政府建设调查报告／103

一　全国数字政府建设现状／104

二　分省份数字政府建设现状／111

三　数字政府建设面临的挑战／114

四　本章小结／123

第三部分　营商环境需求侧建设成效

第七章　经营主体进入绩效调查报告／127

一　经营主体进入市场现状／128

二　经营主体吸纳就业现状 / 131
三　本章小结 / 136

第八章　经营主体发展绩效调查报告 / 138
一　经营主体的经营业绩现状 / 138
二　经营主体的创新现状 / 143
三　本章小结 / 147

第九章　经营主体获得感调查报告 / 149
一　经营主体获得感的现状 / 149
二　经营主体面临的主要困难 / 163
三　本章小结 / 171

第十章　经营主体眼中的营商环境标杆省份 / 172
一　各省份营商环境口碑 / 172
二　各省份经营主体眼中的对标学习省份 / 176
三　标杆省份的典型做法 / 178
四　本章小结 / 182

第四部分　个体工商户生存发展现状

第十一章　个体工商户的发展环境现状 / 187
一　个体工商户面临的市场准入环境 / 188
二　个体工商户面临的市场监管环境 / 193
三　个体工商户面临的政务服务效率 / 198
四　个体工商户使用数字政府的现状 / 201
五　本章小结 / 210

第十二章 个体工商户的发展现状 / 212

一 个体工商户进入市场现状 / 212

二 个体工商户吸纳就业现状 / 215

三 个体工商户创新能力现状 / 218

四 个体工商户经营业绩现状 / 220

五 本章小结 / 222

第十三章 个体工商户发展面临的困难 / 223

一 个体工商户的获得感 / 223

二 个体工商户面临的主要困难 / 228

三 本章小结 / 231

第五部分 附 录

附录一 理论基础 / 235

一 理论基础 / 235

二 指标体系 / 236

附录二 实地调查 / 241

一 调查抽样 / 241

二 调查过程 / 244

三 调查方法 / 245

四 质量控制 / 245

五 调查团队 / 246

附录三 相关数据 / 247

附录四 个体工商户政策梳理 / 250

第一部分
营商环境需求侧建设概况

第一章　中国营商环境建设现状*

中国"放管服"改革服务于高质量发展的时代大局，可分为便利化改革和增质性改革两个阶段。基于2018~2023年连续六年对全国30省（区市）156个地市的503个政务服务中心、3.2万家经营主体的访谈数据，本报告发现：

在便利化改革阶段，"放管服"改革取得的主要成绩是：经营主体注册耗时和办证耗时均缩短一半，个体工商户准入更便利；一件事"一次办"比例提高1倍。"放管服"改革面临的主要问题是：便利化改革存在边界，经营主体对省时降费的获得感降低；经营主体发展面临困难，主要诉求是增加市场供给和要素供给；个体工商户面临的困难更加突出。

进入增质性改革阶段，政府能做的是：持续降低涉企全生命周期办事成本；推动政务服务从传统的便利性政务服务向增质性政务服务全面升级；为经营主体成长提供公平竞争的市场环境。

一　营商环境建设服务于高质量发展的两个阶段

我国已进入高质量发展阶段，高质量发展是全面建设社会主义现代化国家的首要任务。改革开放以来，历届党的全国代表大会报告都提出经济建设的宏伟目标，回答政府要"实现什么样的发展"问题。在经

---

* 执笔人：韩睿、王文茂、吴曼聆、毕青苗。

济高速增长阶段，如图1-1所示，1980~2020年年均经济增长目标大致为7%，实际年均经济增速为9.3%，表明在这一阶段中国实现了经济增长奇迹。随着我国经济进入高质量发展阶段，从数值来看，经济增长目标由7%调为5%，意味着经济增速放缓、经济发展质量提高，进入转型升级新阶段；从内涵来看，新目标不再是单一的经济增速目标，而是涵盖增速、质量、绿色等多维目标。

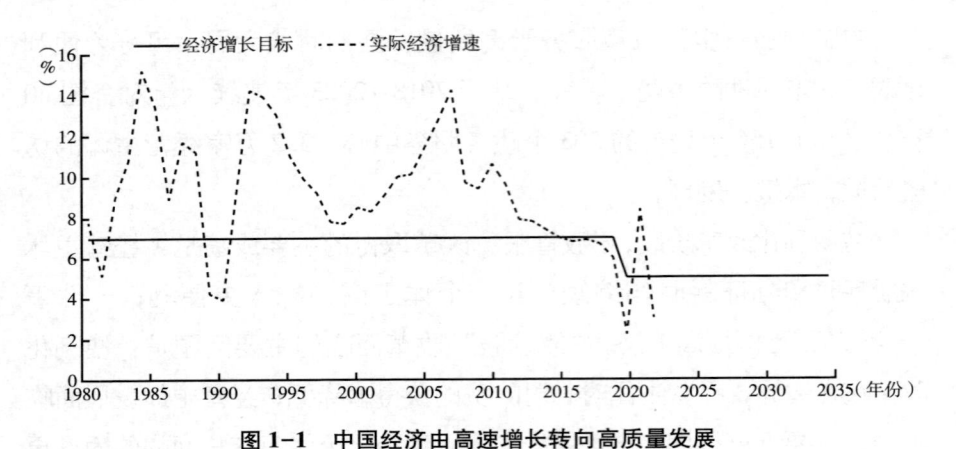

图1-1　中国经济由高速增长转向高质量发展

数据来源：国家统计局、党代会报告。

实现高质量发展目标，需要众多高质量的经营主体。经济发展是经营主体微观活动的宏观表现，经济发展阶段变了，经济增长目标变了，改革也自然要随之进入新阶段。如图1-2所示，在高速增长阶段，"放管服"改革聚焦经营主体进入，通过便利化改革，解决准入难、准营难等问题，推动经营主体数量快速增长，为高质量发展提供经营主体数量基础。当经济进入高质量发展阶段，"放管服"改革自然也要进入服务于经营主体高质量发展阶段，通过增质性改革，实现经营主体质量的有效提升，将经营主体数量基础转化为质量基础。

个体工商户是国民经济的"毛细血管"，在稳增长、促就业、惠民生等方面发挥着重要作用。从稳增长上看，如图1-3所示，2012~2023年个

便利化改革阶段：经营主体数量快速增长 ＋ 增质性改革阶段：经营主体质量有效提升 ＝ 经济高质量发展

图1-2 "放管服"改革服务于高质量发展

体工商户数量占经营主体总数的比重始终保持在67%以上，截至2023年1月我国登记在册个体工商户达1.14亿户，约占经营主体总数（1.7亿户）的2/3，是激发市场内生动力、稳定经济增长的重要力量。从促就业上看，如图1-4所示，2012~2019年城镇个体工商户就业人员数占城镇非农就业人员数的比重从38%增加到69%，自2013年起逐年增加，到2023年个体工商户带动近3亿人就业，与2022年末的全国就业人员数73351万人相比，个体工商户贡献了近40%的就业，对稳定我国就业市场发挥着难以替代的作用。从惠民生上看，根据国家市场监管总局的统计，全国登记在册个体工商户三次产业占比分别为5.1%、5.9%、89.0%，主要集中分布在与群众生活密切相关的批发和零售业、住宿和餐饮业等第三产业，直接服务于普通百姓，极大地方便了群众的生活。2022年10月国务院出台《促进个体工商户发展条例》，明确指出国家持续深化简政放权、放管结合、优化服务改革，优化营商环境，积极扶持、加强引导、依法规范，为个体工商户健康发展创造有利条件。

"放管服"改革要进入新阶段，不仅是顺应中国经济发展阶段转变的需要，更是由经营主体当前面临的问题所决定的。2018~2023年，课题组连续六年实地调查走访全国30省（区市）156个地市的503个政务服务中心，访谈3.2万家经营主体，真实记录经营主体的难点和痛点，从经营主体需求侧的视角追踪考察"放管服"所处的阶段、取得的成绩和面临的挑战。

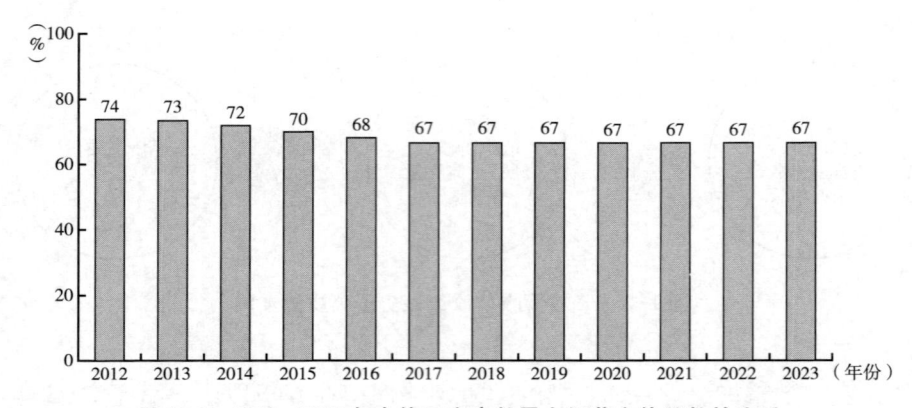

图 1-3 2012~2023 年个体工商户数量占经营主体总数的比重

数据来源：国家统计局、国家市场监督管理总局、人力资源和社会保障部。

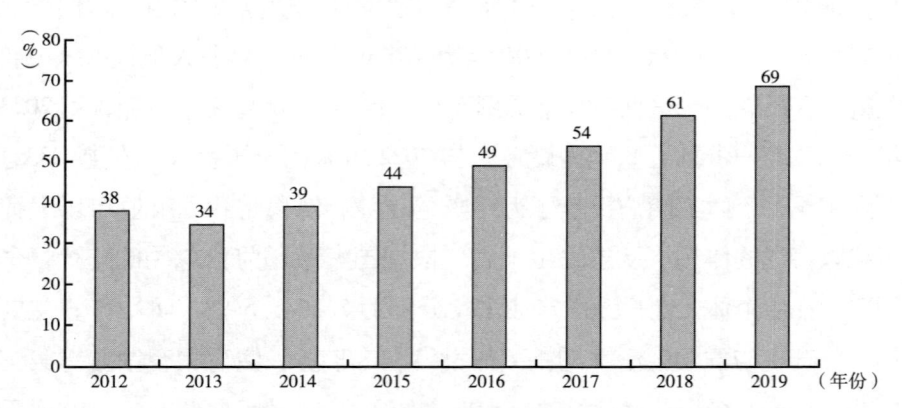

图 1-4 2012~2019 年城镇个体工商户就业人员数占城镇非农就业人员数的比重

数据来源：国家统计局、国家市场监督管理总局、人力资源和社会保障部。

二 营商环境建设在便利化改革阶段的主要进展

（一）市场准入便利化程度持续提升

1. 2018~2023年，经营主体登记注册耗时和办证耗时均缩短近一半

2023 年经营主体完成登记注册平均需 3.6 天，较 2018 年压缩 49%。

在调查中，课题组访谈经营主体，"企业注册成立时，完成企业注册（拿到工商营业执照）所需的时长为多少"，本报告依照经营主体登记注册年份、登记注册所需时间等访谈数据，计算每年新登记注册的经营主体完成登记注册平均所需时间。根据经营主体的统计口径，登记注册时间是包含前期资料准备、受理审核通过、领取营业执照等环节的总时间。如图1-5所示，2018年经营主体办理登记注册平均需要7.0天，2022年下降至4.4天，2023年进一步压缩至3.6天。从经营主体的视角来看，2018~2023年经营主体登记注册所需时间缩短了3.4天，压缩幅度达49%，成效显著。

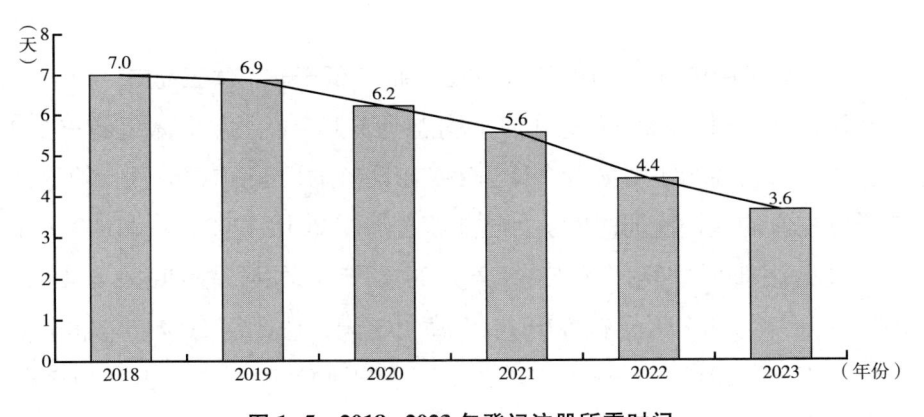

图1-5 2018~2023年登记注册所需时间

2023年经营主体办证最长耗时平均为13.2天，较2018年下降50%。课题组访谈经营主体，"企业在开始营业前，在所有经历过的办证过程中，耗时最长的证（或涉证事项）大约花了多长时间"，本报告依照经营主体所提供的登记注册年份、办理证件耗时等访谈数据，计算每年新登记注册的经营主体完成耗时最长证件办理所需的平均时间。如图1-6所示，2018年经营主体办理耗时最长证件平均需要26.5天，2022年下降至17.2天，2023年进一步压缩至13.2天。2018~2023年办理耗时最长证件所需平均时间缩短了一半左右，办证耗时显著缩短。

中国营商环境企业调查(2024)

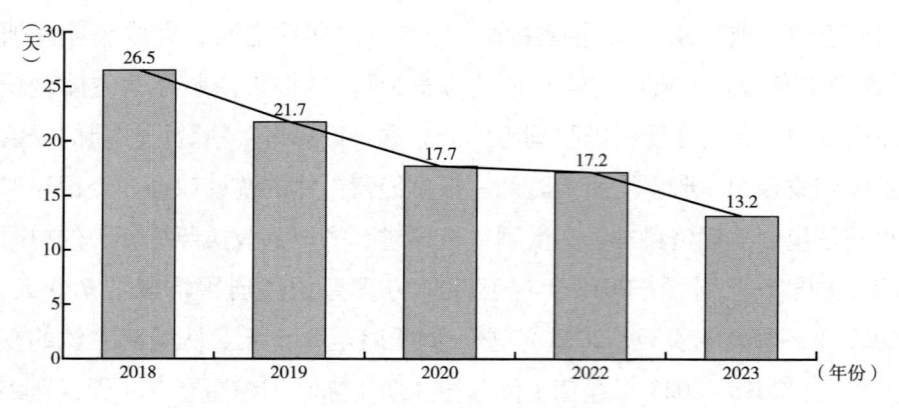

图 1-6　2018~2023 年办理证件最长耗时

注：2021 年调查未覆盖该指标，故数据空缺。

2. 个体工商户登记注册耗时、办证耗时均低于非个体工商户

2023 年个体工商户登记注册平均需要 3.1 天，比非个体工商户少 1 天。本报告将经营主体分为个体工商户和非个体工商户，分别计算这两类经营主体的登记注册时间。如图 1-7 所示，2018~2023 年全国个体工商户登记注册平均耗时为 3~6 天，2018 年平均所需时间为 4.4 天，2023 年压缩为 3.1 天，较 2018 年下降 1.3 天，压缩了 30%。与非个体工商户相比，2018 年个体工商户登记注册平均耗时少 2.7 天，2023 年二者差距缩小至 1 天，整体上个体工商户登记注册平均耗时短于非个体工商户，差距呈现缩小趋势。

2023 年个体工商户办证最长耗时为 7.2 天，比非个体工商户少 9.2 天。本报告将经营主体分为个体工商户和非个体工商户，分别计算这两类经营主体的办证最长耗时。如图 1-8 所示，整体而言，个体工商户办证最长耗时呈现下降趋势，2018 年全国个体工商户办证最长耗时为 18.5 天，2023 年为 7.2 天，较 2018 年压缩了 61%。与非个体工商户相比，2018 年个体工商户办证最长耗时少 12.6 天，2023 年二者差距为 9.2 天，整体上个体工商户办证最长耗时短于非个体工商户。

第一章 中国营商环境建设现状

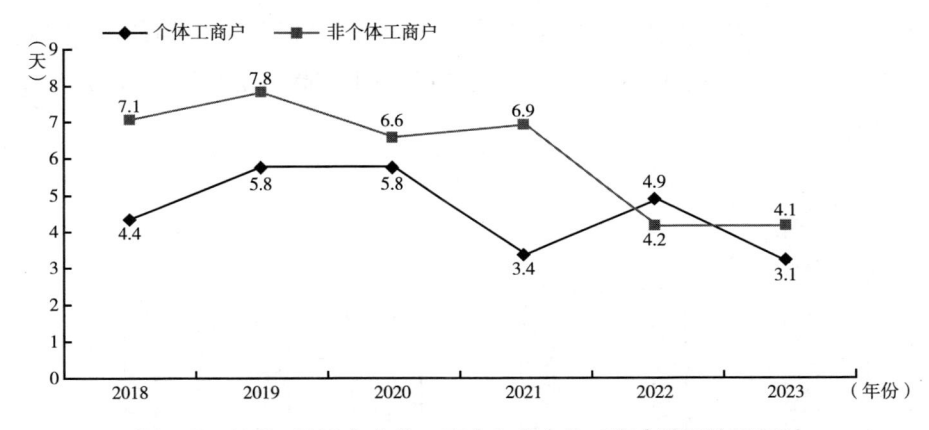

图1-7 2018~2023年个体工商户与非个体工商户登记注册耗时

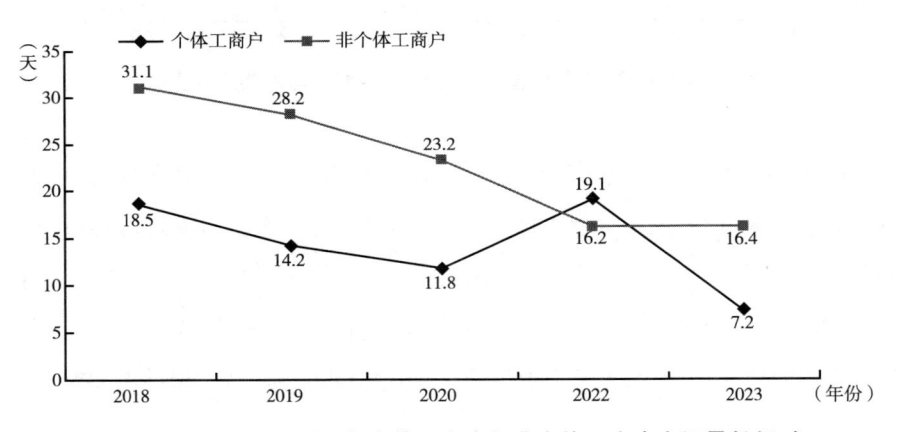

图1-8 2018~2023年个体工商户与非个体工商户办证最长耗时

注：2021年调查未覆盖该指标，故数据空缺。

（二）线下办事效率持续提升

1. 2018~2023年，经营主体一件事"一次办"比例增加约1倍

2023年经营主体办成一件事平均需跑1.5次，较2018年降低35%。课题组访谈经营主体，"过去半年来办事大厅办事，办成一件事需要跑几次"，并计算经营主体平均要跑的次数。如图1-9所示，

·9·

2023年经营主体办成一件事平均跑1.5次，与2022年平均跑1.6次相比下降0.1次，与2018年平均跑2.3次相比下降0.8次，整体呈现稳步下降趋势。

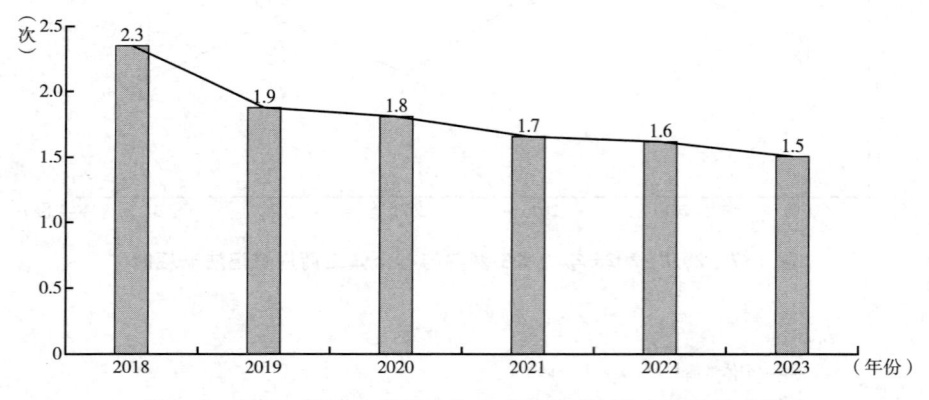

图1-9 2018~2023年经营主体办成一件事平均需要跑的次数

2023年63%的经营主体实现一件事"一次办"，比2018年增加33个百分点。课题组访谈经营主体，"过去半年来办事大厅办事，办成一件事需要跑几次"，并计算一件事"一次办"的经营主体占比。如图1-10所示，2018年30%的经营主体表示可以实现一件事"一次办"，2019~2023年这一比例逐年上升，2023年达到63%，较2018年增加了1倍。

2. 个体工商户办一件事平均跑1.7次，与非个体工商户差别不大

2023年个体工商户办成一件事平均需要跑1.7次，较2018年降低了23%。本报告将经营主体分为个体工商户和非个体工商户，分别计算这两类经营主体办成一件事平均跑的次数。如图1-11所示，个体工商户办成一件事需要跑的次数呈下降趋势，2018年平均需要跑2.2次，2019年下降到1.8次，2023年下降至1.7次，与2018年相比降低约23%。与非个体工商户相比，2018年个体工商户少跑0.8次，2019~2023年二者差距为0~0.2次，差距一直不大。

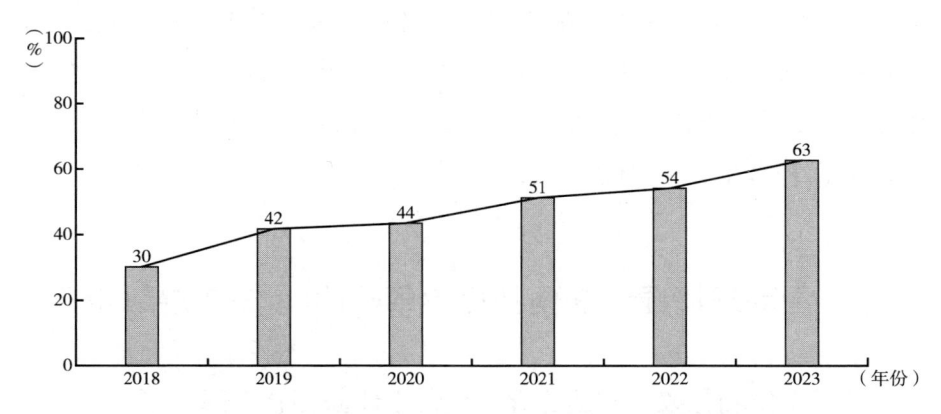

图 1-10　2018~2023 年经营主体实现一件事"一次办"的比例

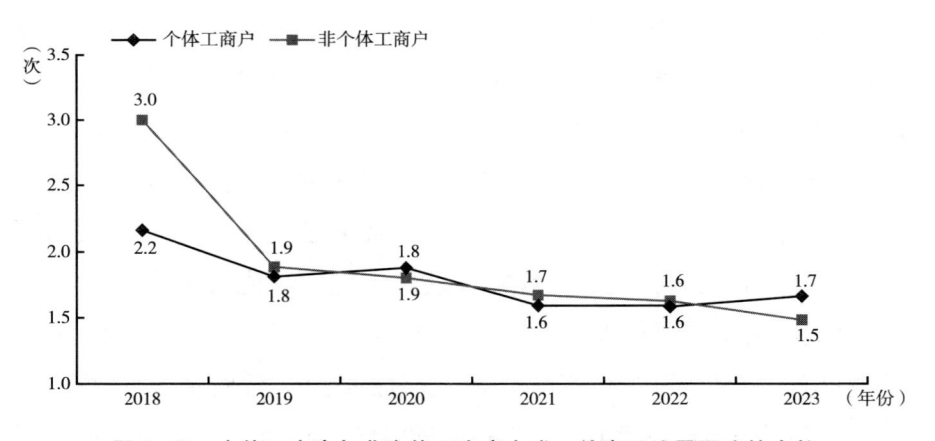

图 1-11　个体工商户与非个体工商户办成一件事平均需要跑的次数

从实地访谈来看，经营主体普遍感受到现在办事更便利了。在东部地区，来自北京的经营主体表示，"现在办成一件事跑一两次就行，每次只用和一个窗口打交道"。来自广东深圳的经营主体表示，"等待时间比较短，大约半个小时可以解决问题，基本上在一个窗口'企业一窗通'就可以搞定""肯定方便多了嘛""节省了我很多时间"。来自山东济宁的经营主体表示，"一件事半小时到一小时就可以办成，每次只需要跟 1~2 个窗口打交道"。在中部地区，来自湖南长沙的经营主体表示,"窗口很多,基本也都会在工作当中,每次过来取号就能去办,不用等,你看这就叫到我了"。在西部地区,新疆乌鲁木齐的大部分经营主体也有同样的感受,表示"现在'三证合一'比以前方便多了,办理执照 1~2 个工作日就可以搞定"。

三 营商环境建设在便利化改革阶段面临的主要问题

(一)便利化改革到达边界,经营主体获得感下降

1. 过去三年,经营主体的省时降费获得感下降

从逻辑上看,准入环节办事成本降低必然面临着一个边界。随着便利化改革不断推进,办事成本不断降低,办事时间、次数进一步压缩的空间必然会越来越小,经营主体的获得感可能会随之降低,办事成本对潜在经营主体进入市场决策的影响也将越来越小。当准入环节办事成本降低到一定程度,假定在中国开办企业只需要1 天、1 证、0 元后,营商环境建设就要告别便利化改革阶段了。

从调研结果看,与逻辑一致,2023 年经营主体对改革"减证件""省时间""降费用"的认可度均下降。课题组访谈经营主体,"据您了解,目前的优化营商环境建设措施,能够降低企业与政府打交道的时间吗"。如图 1-12 所示,当被问及"您所在企业办理许可证的数量如何变化"时,2023 年 13% 的经营主体认为办证数量减少了,与 2018 年的37% 相比降低了 24 个百分点。如图 1-13 所示,当被问及"您认为营商环境改革能够降低您与政府打交道的时间吗"时,2023 年 82% 的经营主体认可营商环境建设能够"省时间",与 2022 年的 89% 相比下降了 7个百分点。如图 1-14 所示,当被问及"您认为营商环境改革能够降低您与政府打交道的费用吗"时,2023 年 84% 的经营主体认可营商环境建设能够"降费用",与 2022 年的 89% 相比下降了 5 个百分点。

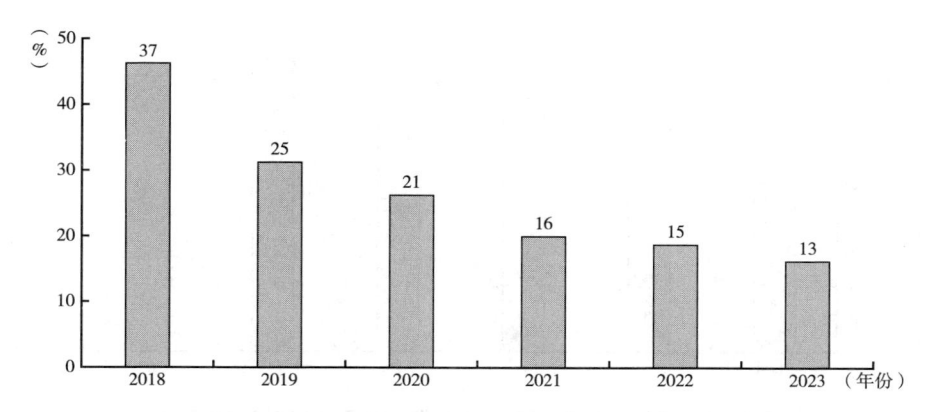

图 1-12　2018~2023 年减证获得感：认可办证数量减少的比例

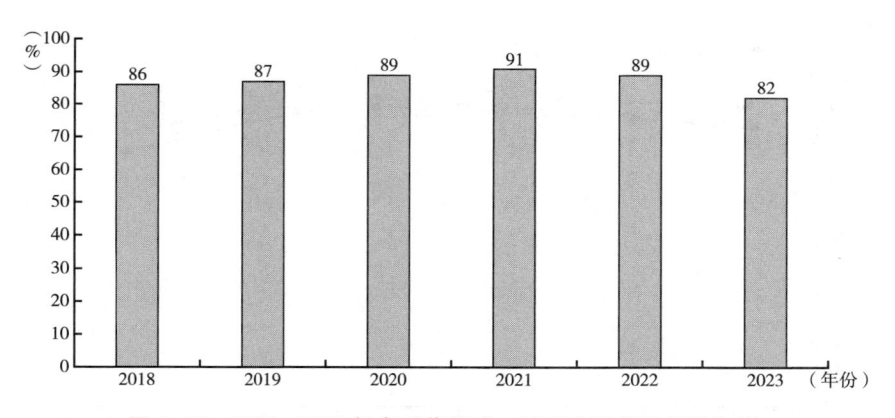

图 1-13　2018~2023 年省时获得感：认可改革省时间的比例

2. 个体工商户的省时降费获得感下降幅度更大

2023 年个体工商户对改革"省时间""降费用"的认可度均下降。在办事时间维度上，如图 1-15 所示，2023 年个体工商户中 77%认可营商环境改革降低了其与政府打交道的时间，与 2022 年相比下降了 9 个百分点，较非个体工商户低 6 个百分点。在办事费用维度上，如图 1-16 所示，2023 年个体工商户中 80%认可营商环境改革降低了其与政府打交道的费用，与 2022 年相比下降了 6 个百分点，较非个体工商户低 5 个百分点。

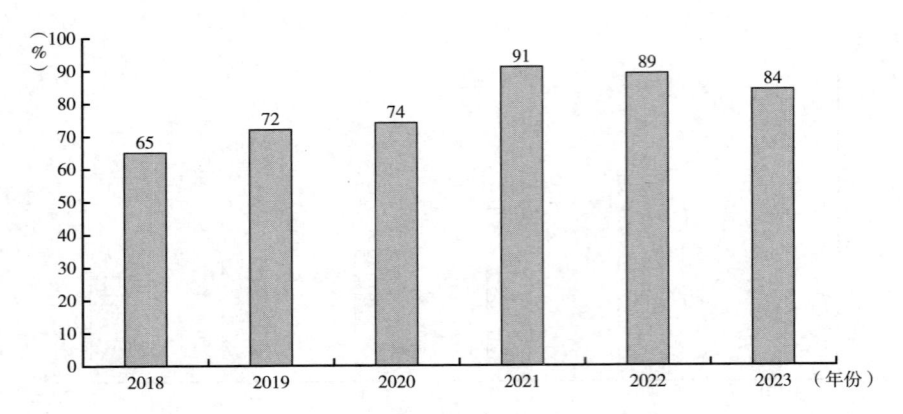

图 1-14　2018~2023 年降费获得感：认可改革降费用的比例

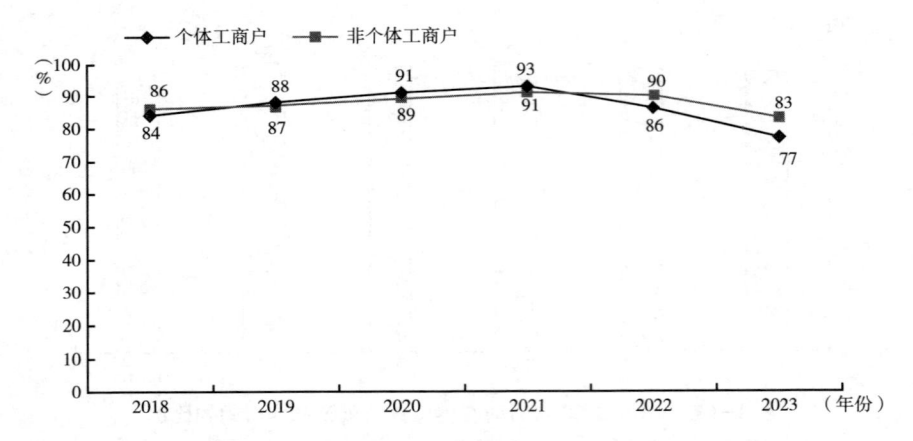

图 1-15　个体工商户"省时间"获得感：认可省时间的经营主体占比

（二）数字政府不够好用，提升便利度的效果不明显

1. 数字政府想用率下降，使用率一直没有突破70%

2023 年数字政府想用率较 2022 年下降了 7 个百分点。本报告将电脑端政务服务网、手机端各类 App 和小程序等办事平台统称数字政府，受访经营主体中愿意使用数字政府的比例定义为想用率。如图 1-17 所示，2019~2022 年数字政府想用率为 88%~93%，2023 年数字政府想用

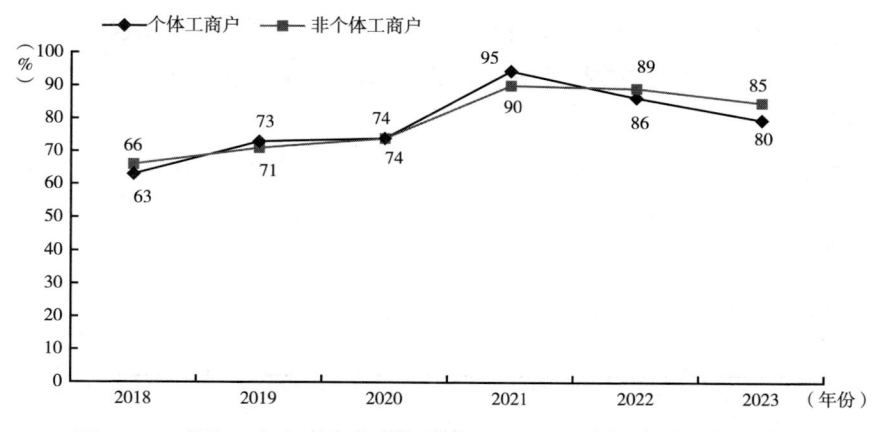

图1-16 个体工商户"降费用"获得感：认可降费用的经营主体占比

率为83%，较2022年下降7个百分点，为近五年最低。

2019~2023年数字政府使用率一直未突破70%。本报告将使用数字政府的经营主体比例定义为使用率。如图1-17所示，当被问及"您有在电脑上或手机上办理过业务吗"，2023年全国受访经营主体中61%表示使用过数字政府，全国数字政府使用率与2019年相比提升8个百分点，与2022年相比下降了4个百分点。从数值来看，尽管数字政府使用率已超过60%、进入大规模使用阶段，但该比例一直没有超过70%。需要承认的是，本报告实地调查访谈政务服务中心正在办理业务的经营主体，调查对象仅为线下办事经营主体，可能遗漏线上办事主体，低估了数字政府的实际想用率和使用率；但五年间基于同样的调查方法得到的数据是有可比性的，能够反映数字政府想用率和使用率的变化趋势。

2. 个体工商户的数字政府使用率更低，没有突破50%

2023年个体工商户数字政府使用率为40%，较非个体工商户低25个百分点，较2022年降低6个百分点。如图1-18所示，2019年个体工商户数字政府使用率为33%，2022年提升至46%，2023年下降至

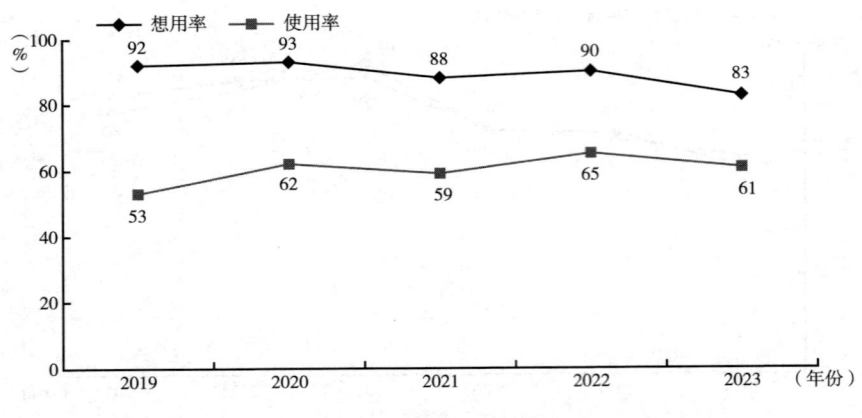

图1-17　2019~2023年全国数字政府想用率和使用率

40%，始终没有超过50%，尚未进入大规模使用阶段。与非个体工商户进行对比，2019~2023年个体工商户数字政府使用率低22~25个百分点，两者差距一直较大。

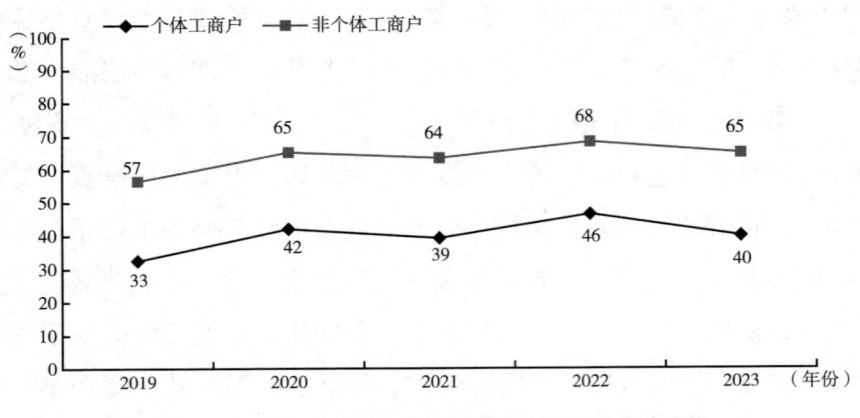

图1-18　个体工商户与非个体工商户数字政府使用率

3. 使用数字政府对提高办事效率的作用不够显著

使用数字政府提高经营主体办事效率的幅度在0~4个百分点。从效果来看，如图1-19所示，使用数字政府的经营主体"一次办结"比例为63%,"一窗办理"比例为69%,"一小时办结"比例为82%,"30分钟办结"比例为42%;相较于未使用数字政府的经营主体,"一次办结"比例高1个百分点,"一窗办理"比例相同,"一小时办结"比例高2个百分点,"30分钟办结"比例高4个百分点。相较而言,使用数字政府与否对提高经营主体办事效率的影响不大。

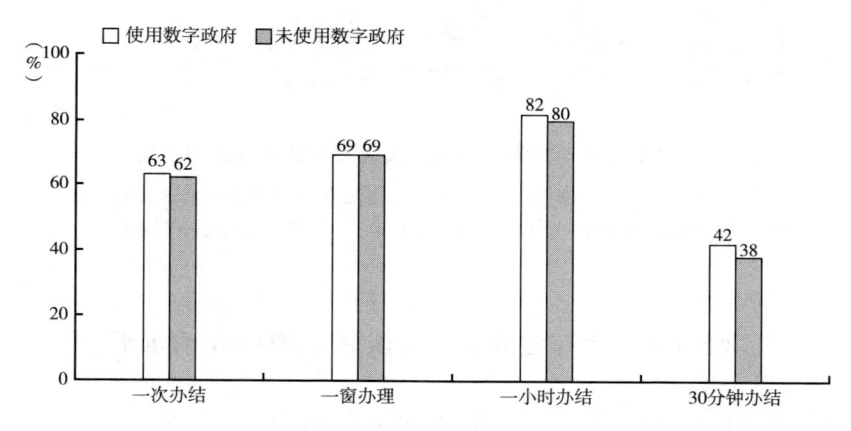

图1-19　2023年经营主体是否使用数字政府的办事效率差异

4. 业务不全、不能全流程办理是经营主体认为的"不好用"之处

2023年,42%的经营主体认为数字政府业务不全,21%认为不能全流程办理。课题组访谈经营主体,"本次办事您为什么没有选择电脑/手机上办理相关业务"。如图1-20所示,认为数字政府业务不全的比例最高,从2019年的34%升至2023年的42%,是经营主体认为数字政府"不好用"的最主要原因;认为数字政府不能全流程办理的比例从2019年的23%增加至2022年的31%,但在2023年降至21%,相比于2022年下降了10个百分点。尽管"不能全流程办理"仍然是经营主体认为数字政府不好用的第二大原因,但近年来数字政府全流程建设已取得了显著进步。

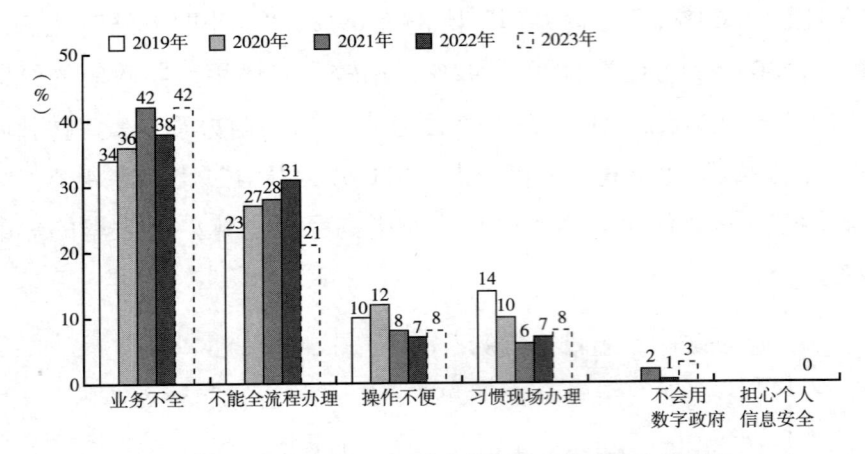

图1-20　2019~2023年经营主体不使用数字政府的原因

注：还有"其他"选项，未予汇报；2021年起新增"不会用数字政府"选项，故2019~2020年该选项数据缺失；2023年起新增"担心个人信息安全"选项。

（三）经营主体生存发展难，未恢复到2019年前水平

1.2023年经营主体生产、就业和创新水平均低于2019年

从产出看，2023年经营主体业绩增长指数为51%，比2019年低14个百分点。课题组访谈经营主体，"过去半年，企业销售业绩变好、不变还是变差"，并根据经营主体的回答计算业绩增长指数。如图1-21所示，2023年企业业绩增长指数为51%，与2019年的65%相比低14个百分点。

从具体选项来看，如图1-22所示，2023年34%的经营主体表示业绩变好，与2019年的49%相比低15个百分点；2023年32%的经营主体表示业绩变差，与2019年的19%相比高13个百分点。

从就业看，2023年经营主体就业增长指数为54%，比2019年低6个百分点。课题组访谈经营主体，"企业过去半年员工增多、不变还是减少"，并根据经营主体的回答计算就业增长指数。如图1-23所示，2023年就业增长指数为54%，与2019年的60%相比低6个百

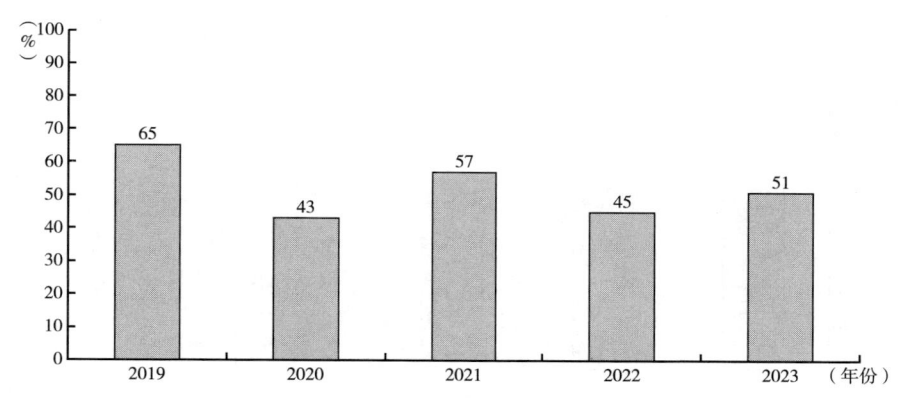

图 1-21　2019~2023 年业绩增长指数

注：业绩增长指数采用扩散指数法进行计算，即计算"业绩变好""业绩不变""业绩变差"三个选项占比，分别赋予权重为1、0.5、0，将各项的占比与相应的权重相乘，再相加得出最终的指数。所有指数取值范围在 0~100%。

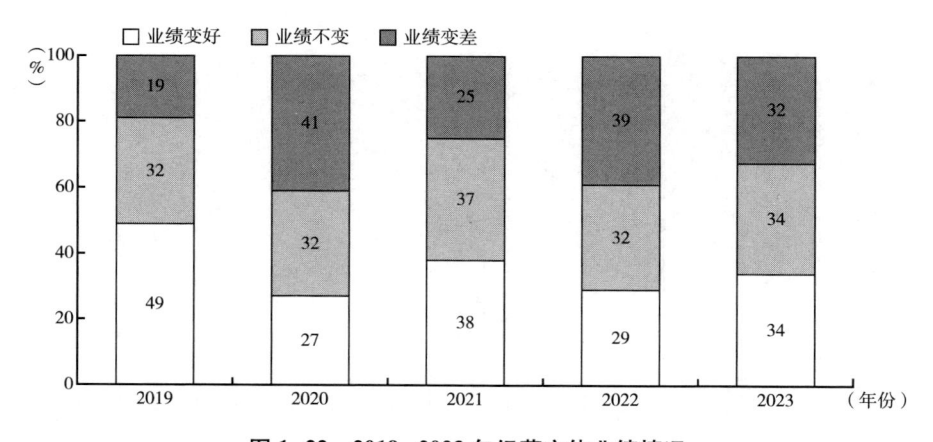

图 1-22　2019~2023 年经营主体业绩情况

分点。

从具体选项来看，如图 1-24 所示，2023 年 26% 的经营主体表示员工增多，与 2019 年的 34% 相比低 8 个百分点；2023 年 19% 的经营主体表示员工减少，与 2019 年的 14% 相比高 5 个百分点。

从创新维度看，2023 年 39% 的经营主体进行创新，比 2019 年低 5

中国营商环境企业调查(2024)

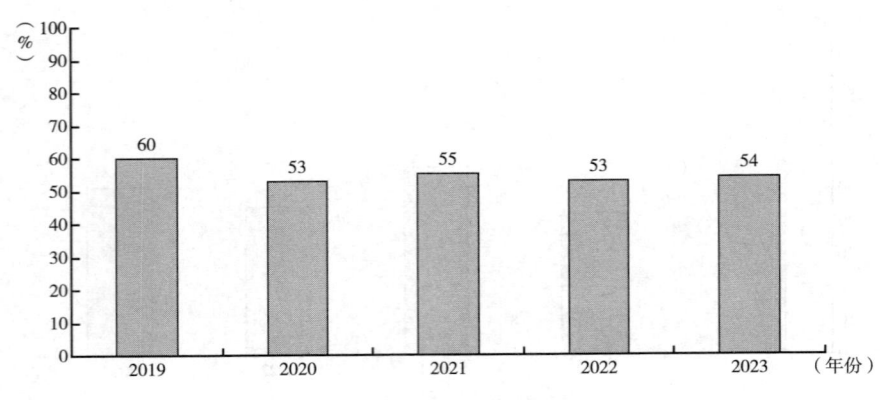

图 1-23 2019~2023 年就业增长指数

注：就业增长指数采用扩散指数法进行计算，计算"员工增多""员工不变""员工减少"三个选项占比，分别赋予权重1、0.5、0，将各项的占比与相应的权重相乘，再相加得出最终的指数。所有指数取值范围在0~100%。

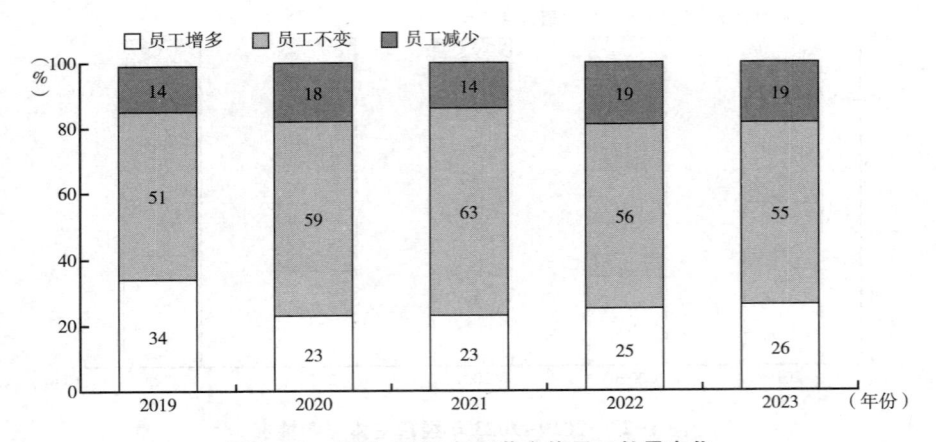

图 1-24 2019~2023 年经营主体员工数量变化

个百分点。课题组访谈经营主体，"企业在过去半年是否推出新产品或新服务"，并计算进行创新的经营主体占比。如图 1-25 所示，2023 年 39%的经营主体表示有推出新产品或新服务，与2019年的44%相比低5个百分点。

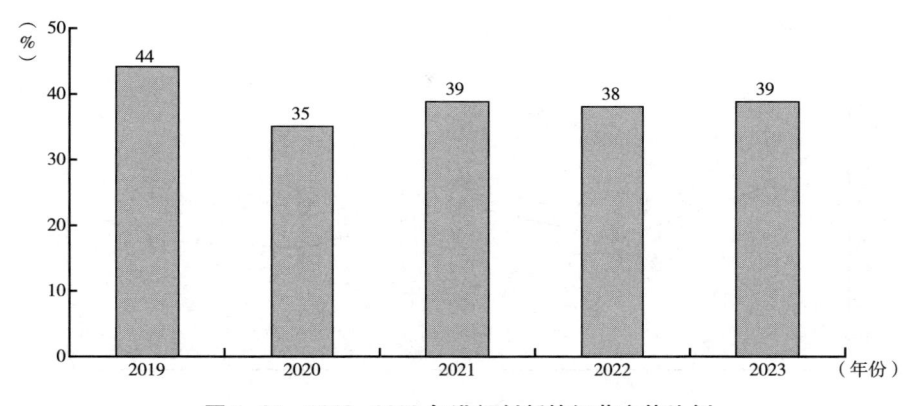

图 1-25　2019~2023 年进行创新的经营主体比例

2. 个体工商户就业、业绩与创新表现均弱于非个体工商户

从业绩角度看，2023 年个体工商户业绩增长指数为 39%，比非个体工商户低 14 个百分点。如图 1-26 所示，2023 年个体工商户业绩增长指数较 2019 年下降 17 个百分点。2023 年非个体工商户业绩增长指数为 53%，高于同期个体工商户 14 个百分点，业绩表现优于个体工商户。

从就业角度看，2023 年个体工商户就业增长指数为 48%，较非个体工商户低 7 个百分点。如图 1-27 所示，2023 年个体工商户就业增长指数与 2022 年持平，均为 48%，较 2019 年下降 6 个百分点，2019~2023 年整体呈现下降趋势。与非个体工商户相比，2023 年个体工商户就业增长指数低 7 个百分点，2019~2023 年非个体工商户就业增长指数整体好于个体工商户，由 2019 年相差 9 个百分点变为 2023 年相差 7 个百分点。

从创新角度看，2023 年个体工商户创新比例为 29%，比非个体工商户低 12 个百分点。如图 1-28 所示，2023 年个体工商户创新比例较 2022 年低 1 个百分点，较 2019 年下降 6 个百分点，2021~2023 年呈现波动下降趋势。与非个体工商户相比，2023 年个体工商户创

中国营商环境企业调查(2024)

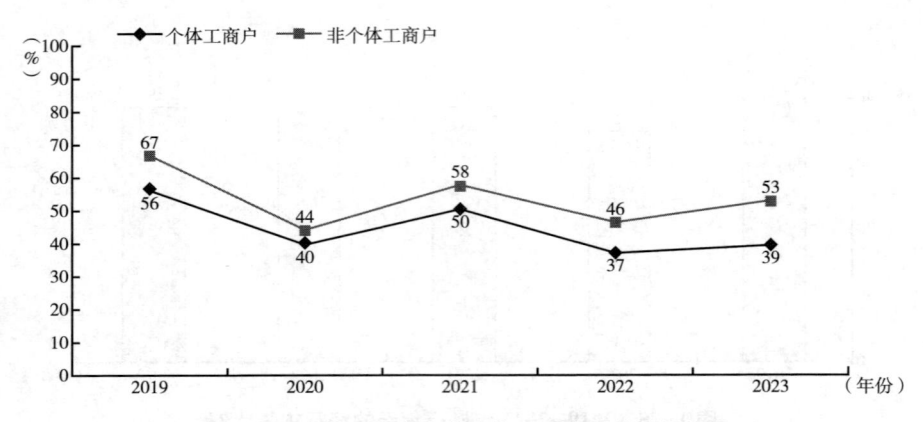

图 1-26　个体工商户与非个体工商户业绩增长指数

注：业绩增长指数采用扩散指数法进行计算，即计算"业绩变好""业绩不变""业绩变差"三个选项占比，分别赋予权重为 1、0.5、0，将各项的占比与相应的权重相乘，再相加得出最终的指数。所有指数取值范围在 0~100%。

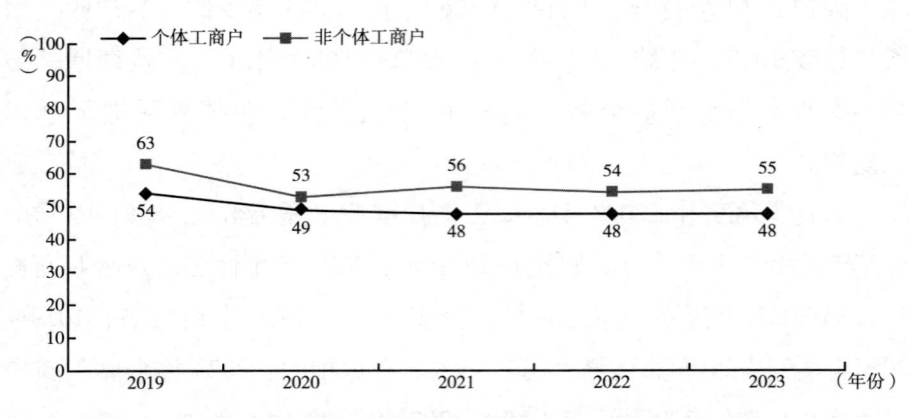

图 1-27　个体工商户与非个体工商户就业增长指数

注：就业增长指数采用扩散指数法进行计算，计算"员工增多""员工不变""员工减少"三个选项占比，分别赋予权重 1、0.5、0，将各项的占比与相应的权重相乘，再相加得出最终的指数。所有指数取值范围在 0~100%。

新比例低 12 个百分点，2019~2023 年个体工商户创新比例整体较低，两者差距由 2019 年的 10 个百分点变动至 2023 年的 12 个百分点。

```
(%) 100
     90
     80
     70
     60
     50        45                           39       39       41
     40   35                  36    38
     30        32                            30       29
     20
     10
      0
         2019       2020       2021       2022       2023    (年份)

         ◆ 个体工商户    ■ 非个体工商户
```

图 1-28　个体工商户与非个体工商户创新比例

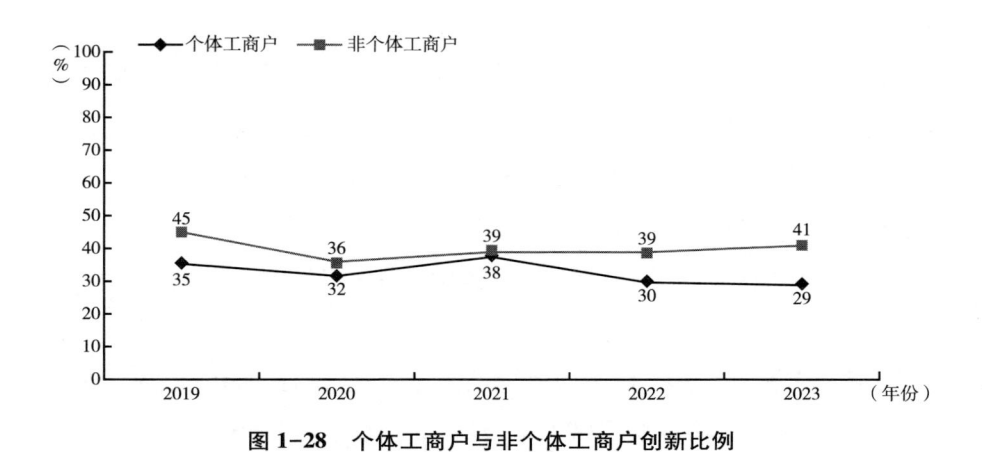

（四）经营主体的诉求从增加环境供给转变为增加市场供给和要素供给

1. 竞争激烈、要素成本高是经营主体面临的主要困难

从经济学的逻辑看，第一阶段便利化改革越成功，经营主体数量越多，第二阶段就越可能面临"发展难"。在营商环境建设的便利化改革阶段，政府不断优化市场准入环节的政务服务，为经营主体提供更加便利的办事环境，增加政务服务环境供给，解决企业"进入难"问题。短期内随着经营主体数量快速增长，当市场需求不变时，越来越多的经营主体参与竞争，主要表现为市场竞争越来越激烈；当要素供给不变时，越来越多的经营主体加入，主要表现为要素成本高、招工难、招工贵、融资难等问题。

从实地调查看，环境供给已经不再是经营主体面临的主要困难。课题组访谈经营主体，"您认为，目前在本地做生意遇到的主要困难是什么"。如图 1-29 所示，2019~2023 年，认为"开办企业难"的经营主体占比始终未超过 3%，认为"办理许可证难"的经营主体从 2019 年的 8%降至 2023 年的 4%，认为"合同执行难"的经营主体占比始终未

· 23 ·

中国营商环境企业调查(2024)

超过4%，认为"退出市场难"的经营主体占比始终未超过3%。2023年，经营主体面临的环境供给方面的困难包括税负重、各类市场检查多、办理许可证难、合同执行难、开办企业难、退出市场难，合计占21%，位列各类困难排名中的后六位。这表明环境供给已经不再是现阶段经营主体面临的主要困难。

从实地调查看，市场供给和要素供给是经营主体面临的新困难。如图1-29所示，市场供给方面的市场竞争激烈，以及要素供给方面的房租成本高、招工困难、劳动力成本高和融资难，始终是近年来经营主体面临的主要困难。2023年，经营主体面临的市场供给方面的困难为市场竞争激烈，占23%；经营主体面临的要素供给方面的困难包括房租成本高、招工困难、劳动力成本高、融资难，合计占47%。这表明目前经营主体面临的困难主要表现在市场供给和要素供给方面。

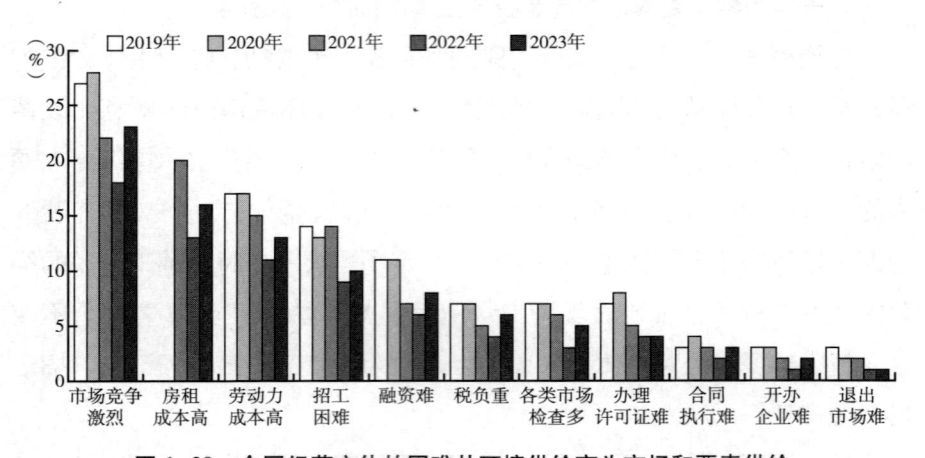

图1-29 全国经营主体的困难从环境供给变为市场和要素供给

注：问卷中还有"无困难""其他困难""疫情影响"选项，未予汇报。

在调查中，很多经营主体都会提及房租成本高这个问题，表示房租成本高增加了企业固定成本支出，加剧了经营压力，同时，房租成本增加也加大了员工的生活压力，提高了员工对工资的预期，成为劳动力成本增加的重要因素。招工困难问题同样困扰着经营主体，有受访经营主体表示，"主要还是人才缺口问题。现在的人普遍期望的薪资跟实力不匹配，他们想要很高的工资，但能给企业创造的价值却当不起这么高的工资，所以我们招适合的员工就变得很困难"。还有受访的小微企业主表示，"对于我们这些小本经营的人来说，关键是有钱赚。可是现在运营成本高、招工难，很难赚钱啊"。

2. 个体工商户面临的困难更加突出

认为市场竞争激烈、房租成本高的个体工商户比例均高于非个体工商户。如图1-30所示，2023年24%的个体工商户认为市场竞争激烈，比非个体工商户高1个百分点；19%的个体工商户认为房租成本高，比非个体工商户高3个百分点。将排名前五的困难占比加总来看，个体工商户为72%，非个体工商户为71%，说明个体工商户对市场供给和要素供给方面的需求更加迫切，对破解当前困境的改革呼声更高。

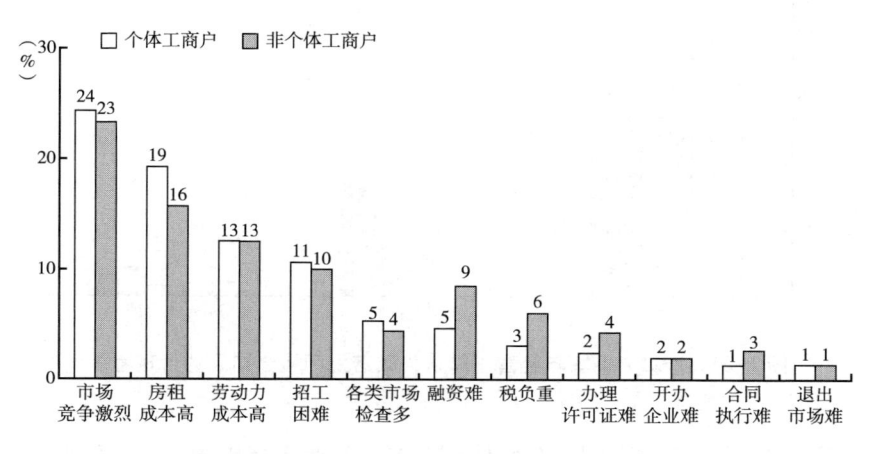

图1-30　2023年个体工商户与非个体工商户面临的困难

注：还有"其他""无困难""疫情影响"选项，未予汇报。

（五）经营主体对市场监管的满意度降低

1. 2023年9%的经营主体认为政府上门检查处理结果不合理

2023年，认为政府上门检查结果不太合理的比例较2022年上升6个百分点。课题组访谈经营主体，"在过去一年间，您认为政府部门的检查处理是否合理"，并将经营主体对上门检查结果的主观感受分为"合理""比较合理""不太合理"三类。如图1-31所示，2023年受访经营主体中，58%认为政府上门检查结果合理，较2022年下降12个百分点；33%认为结果比较合理，较2022年上升6个百分点；9%认为结果不太合理，较2022年上升6个百分点。总体而言，2023年91%的经营主体认为政府上门检查结果合理或比较合理，比2022年下降6个百分点，经营主体对政府上门检查结果的满意度降低。

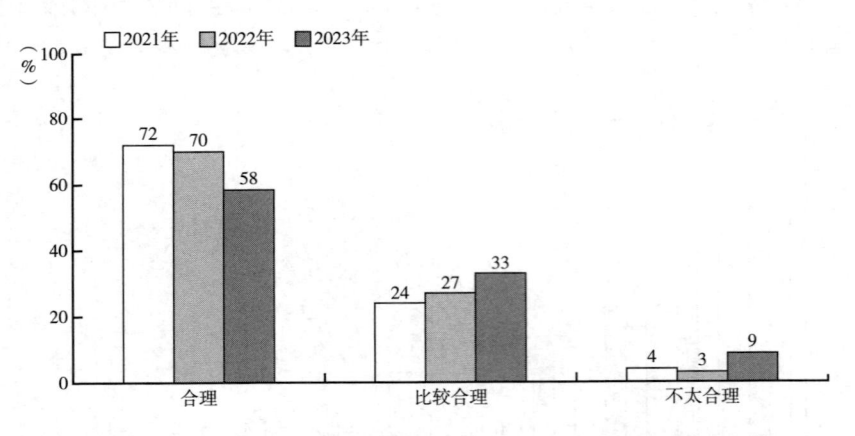

图1-31　2021~2023年经营主体认为政府上门检查结果的合理程度

2. 个体工商户被上门检查比例相对高，对检查结果满意度相对低

从检查覆盖面看，2023年个体工商户被上门检查比例为79%，较非个体工商户高9个百分点。如图1-32所示，2023年个体工商户被上门检查比例较 2022 年高 4 个百分点。与非个体工商户相比，2021~2023 年个体工商户被上门检查比例较高，且两者差距逐年增加，2023 年个体工商户被上门检查比例比非个体工商户高 9 个百分点。

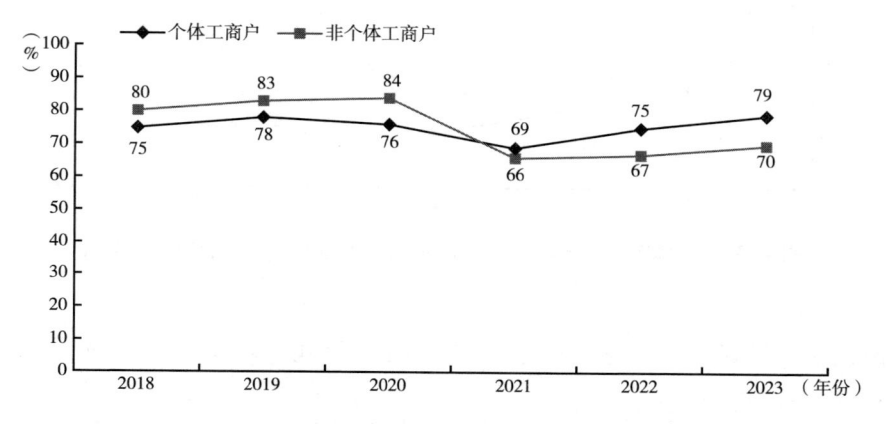

图 1-32　2018~2023 年个体工商户与非个体工商户被检查比例对比

从检查结果满意度看，2023 年个体工商户认为检查结果不太合理的比例为 11%，较非个体工商户高 3 个百分点。如图 1-33 所示，2023 年个体工商户认为检查结果不太合理的比例较 2022 年高 9 个百分点，较 2021 年上升 7 个百分点。与非个体工商户相比，2023 年个体工商户认为检查结果不太合理比例高于非个体工商户，个体工商户对检查结果的满意程度较低。

四　营商环境建设尽快转向增质性改革阶段的建议

过去十年，我国营商环境建设取得了经营主体从 5500 万户增加到 1.7 亿户的巨大成就，为经济高质量发展提供了坚实的基础，成果来之不易，需要努力解决经营主体成长中面临的新问题，努力把现有经营主体数量基础转化为质量基础。经营主体想要在竞争中活下来、高质量成

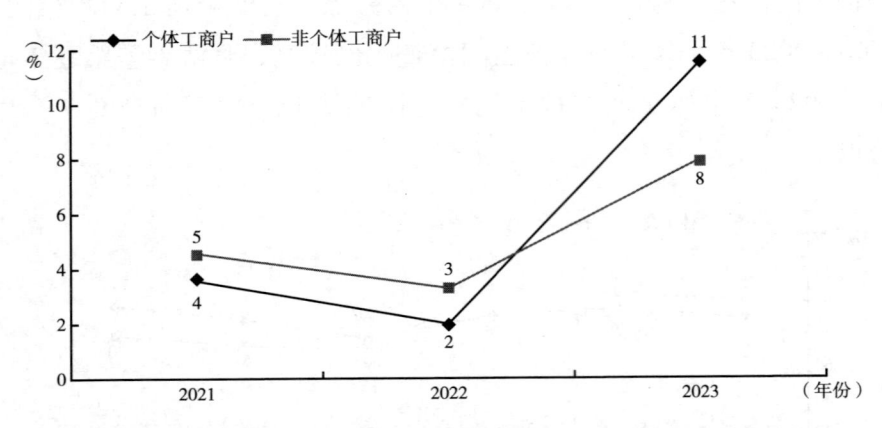

图 1-33　个体工商户与非个体工商户认为检查结果不太合理比例对比

长起来，就要提升自身竞争力，政府在营商环境增质性改革阶段可以采取以下做法。

一是持续降低涉企全生命周期办事成本。从逻辑来看，随着进一步破除隐性门槛、经营主体数量持续增加，"发展难"是经营主体面临的长期困难。在经营主体面临要素成本高的压力下，政府能做的是尽可能降低自身与企业打交道过程中的涉企全生命周期办事成本，最大限度减少对企业经营成本的影响。

二是推动政务服务从传统的便利性政务服务向增质性政务服务全面升级。调查显示，新阶段经营主体面临的困难已从环境供给领域转换至要素和市场供给领域，这意味着仅依靠第一阶段改革措施难以适应经营主体持续成长要求。对此，下一步改革应围绕经营主体在产品和要素上的迫切需求谋划新方案，推动改革走深走实。如浙江正在进行的政务服务增值化改革新实践，旨在优化政务服务，从传统的便捷服务向增值服务全面升级，在优化提升基本政务服务基础上，整合公共服务、社会服务、服务和市场服务功能，构建为企服务新生态；强化科技、人才、金融等资源要素对产业链的赋能，推动服务链与产业链、资本链、创新链、人才链深度融合。

三是为经营主体成长营造公平竞争的市场环境。公平竞争是市场经济的核心，倡导市场公平竞争有利于持续激发各类经营主体的创新和发展活力。对此，要加快建设高效规范、公平竞争、充分开放的全国统一大市场，依法促进各类生产要素自由流动，促进各类经营主体公平竞争。

第二章　中国省级营商环境建设现状[*]

课题组从经营主体的视角出发,基于全国分层随机抽样调查省份样本,评价中国分省份"放管服"改革和营商环境建设进展,发现如下。

从经营主体的评价看,上海、广东、浙江营商环境位居全国前三。

在经营主体发展环境上,各省份在市场监管环境、政务服务效率、数字政府使用率上差距大。

在经营主体发展质量上,约90%的省份的经营主体未恢复到2019年前水平,市场竞争激烈是各省份经营主体均面临的最大困难。

一　各省份营商环境口碑

(一)从经营主体视角看,2023年上海、广东、浙江营商环境位居全国前三

2023年受访经营主体评价显示,上海、广东、浙江是营商环境口碑排前三的省份。在调查中,调查员访谈经营主体"在全国除本省外,请选出做生意环境相对较好的省份(至多选择三个省份)"。对上述调查问题的结果进行汇总,可以得到各省份营商环境得票率。得票率越高,代表外省经营主体对该省份的营商环境认可度越高,该省营商环境口碑排名越靠前。如图2-1所示,2023年营商环境口碑排首位的是上海,得票率为48%,即全国48%的非上海市经

---

[*] 执笔人:韩睿、王文茂、吴曼聆、毕青苗。

营主体认为上海市的营商环境较好；排名第二的是广东，得票率为47%，即全国47%的非广东经营主体认为广东的营商环境较好，比上海低1个百分点；排名第三的是浙江，得票率为36%，比上海低12个百分点；排名第四的是北京，得票率为27%，比上海低21个百分点。

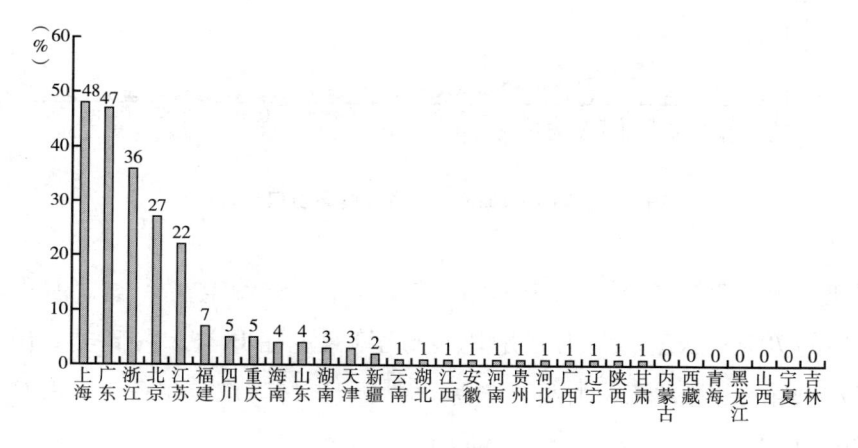

图 2-1　2023 年各省份营商环境得票率

（二）2018~2023 年各省份营商环境口碑排名比较稳定

全国省级营商环境口碑前六名省份不变。如图 2-2 所示，2018~2023 年，上海、广东、浙江、北京、江苏、福建这六个省份的营商环境口碑排名始终稳居全国前六名。其余省份营商环境口碑排名也较为稳定，得票率普遍低于 10%。

全国 55% 的省份营商环境口碑排名分类没有改变。本报告按营商环境得票率由高到低划分为 A、B、C 三类，其中 A 类为营商环境得票率前十名的省份；排名处于中间的 11 个省份为 B 类，排名后十名的省份为 C 类。从 2018~2023 年营商环境口碑分类来看，17 个省份的口碑分类没有发生改变，占 55%。其中，上海、广东、浙江、北京、江苏、

·31·

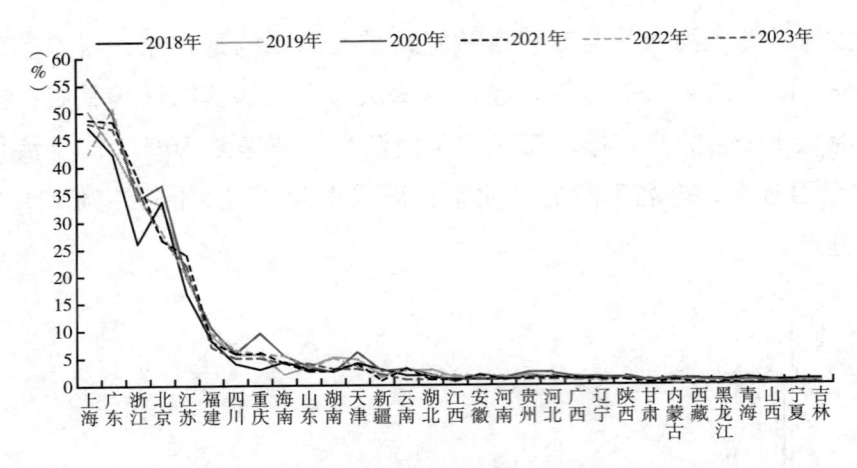

图 2-2 2018~2023 年各省营商环境口碑分布

福建、四川 7 个省份的营商环境口碑得票率始终稳定在 A 类，占 A 类省份的 70%；云南、湖北、贵州、河北等稳定在 B 类，占 B 类省份的 37%；西藏、黑龙江、山西、宁夏、甘肃、吉林等稳定在 C 类，占 C 类省份的 60%。

表 1 2018~2023 年省级营商环境得票率分类结果

省份	2023 年	2022 年	2021 年	2020 年	2019 年	2018 年
上海	A	A	A	A	A	A
广东	A	A	A	A	A	A
浙江	A	A	A	A	A	A
北京	A	A	A	A	A	A
江苏	A	A	A	A	A	A
福建	A	A	A	A	A	A
四川	A	A	A	A	A	A
重庆	A	A	A	A	A	B
海南	A	A	A	A	B	A
山东	A	B	B	B	A	A
湖南	B	A	B	A	B	B

续表

省份	2023年	2022年	2021年	2020年	2019年	2018年
天津	B	B	A	B	A	A
新疆	B	B	C	B	B	B
云南	B	B	B	B	B	B
湖北	B	B	B	B	B	B
江西	B	B	B	B	C	C
安徽	B	B	B	B	B	C
河南	B	B	B	B	B	C
贵州	B	B	B	B	B	B
河北	B	B	B	B	B	B
广西	B	B	C	B	C	C
辽宁	C	C	C	C	C	B
陕西	C	C	B	C	B	B
甘肃	C	C	C	C	C	C
内蒙古	C	C	B	C	C	C
西藏	C	C	C	C	C	C
青海	C	C	C	C	C	B
黑龙江	C	C	C	C	C	C
山西	C	C	C	C	C	C
宁夏	C	C	C	C	C	C
吉林	C	C	C	C	C	C

数据来源：本报告2018~2023年全国实地调查。

（三）各省份对标学习省份集中为广东、上海、北京、浙江

对标省份是指在本地企业眼中营商环境最好的外省。具体而言，本报告计算某省份经营主体针对其他30个省份营商环境的投票，得票率最高的省份被记为该省份经营主体眼中的营商环境对标省份。例如，2018~2023年广东共有2497位经营主体参与投票，其中1443位

认为上海营商环境较好，则上海在广东经营主体中的营商环境得票率为58%；1027家企业认为浙江营商环境好，则浙江在广东经营主体中的营商环境得票率为41%；842位经营主体认为北京营商环境好，则北京在广东经营主体中的营商环境得票率为34%。同理可得全国30个省份在广东经营主体中的营商环境得票率，其中上海得票率最高，因此，从经营主体的视角来看，广东营商环境建设的对标省份为上海。

从调查结果来看，对标省份多是广东、上海、北京和浙江。如图2-3所示，在被调查的29个省份中，13个省份的对标省份为广东，占比45%，12个省份的对标省份为上海，占比为41%；3个省份的对标省份为北京，占比为10%；1个省份的对标省份为浙江，占比为3%。

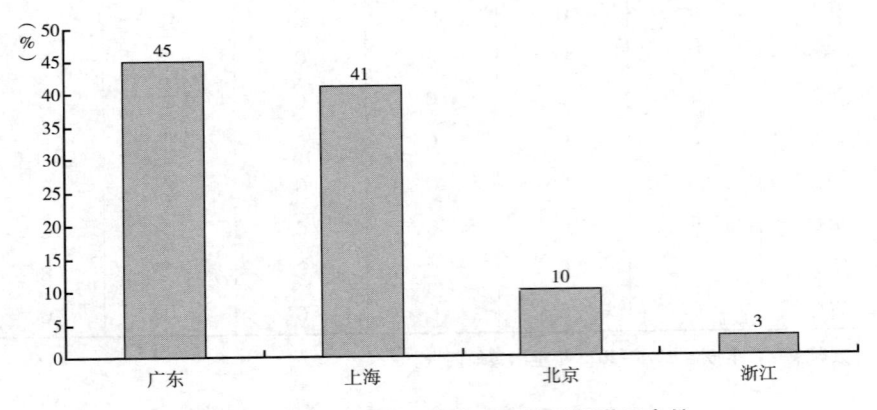

图2-3 经营主体眼中的营商环境对标学习省份

经营主体眼中的标杆省份与国家营商环境创新试点名单是比较吻合的。2021年国务院印发《关于开展营商环境创新试点工作的意见》，将北京、上海、重庆、杭州、广州、深圳确立为营商环境创新试点，并明确了破除不合理限制、规范经营主体准入和退出机制、提升投资和建设便利度等10个方面共101项改革举措。经营主体眼中排名前四的省份覆盖了除重庆外所有试点城市，从经营主体视角评选出的营商环境口碑城市与国家认同的营商环境标杆城市是吻合的。

二 分省份经营主体发展环境现状

（一）在市场监管环境上，上海经营主体被上门检查比例最低，最高值与最低值相差39个百分点

从经营主体的视角来看，市场监管工作"无事不扰"是民心所向。为实现"无事不扰"，各地市场监管部门不断创新监管方式，比如根据信用风险分类结果实施差异化监管，对于信用风险等级低的企业，降低抽查比例和频次等。从经营主体的反馈来看，如图2-4所示，在2023年调查覆盖的18个省份中，经营主体被上门检查的比例最高的是宁夏，89%的经营主体表示被上门检查；最低的是上海市，50%的经营主体表示被上门检查。

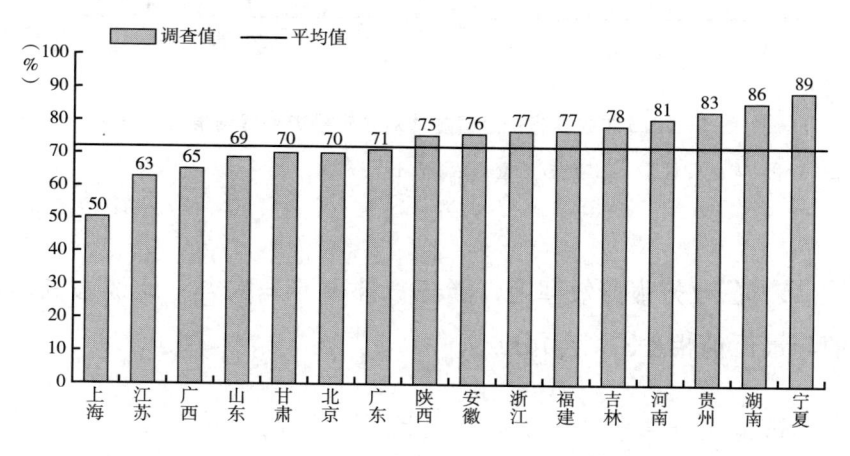

图2-4　2023年主要省份经营主体被上门检查的比例

注：天津、云南的样本量不足，故不予报告。

所有调查覆盖省份经营主体对政府检查处理结果的认可度都在80%以上。从对政府检查处理结果的认可度来看，如图2-5所示，在2023年调查覆盖的18个省份中，对政府检查处理结果的认可度最高的是广东和广西，均有96%的经营主体认为政府上门检查处理结果合理或比较合理，只有4%的经营主体认为不太合理；认可度相对较低的是甘肃，82%的经营主体认为合理或比较合理，18%认为不太合理。整体而言，在全国随机抽样调查的18个省份中，经营主体对政府上门检查处理结果的认可度都超过了80%。

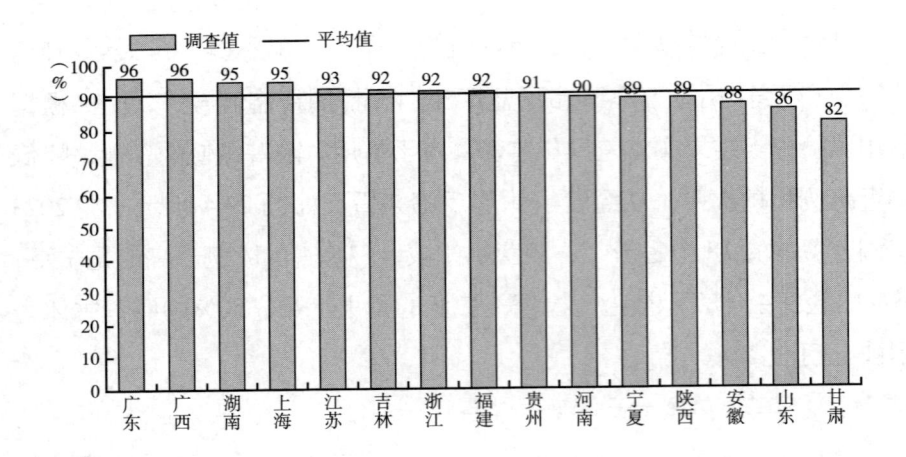

图2-5　2023年主要省份经营主体对政府检查处理结果的认可度

注：天津、北京、云南的样本量不足，故不予报告。

（二）在政务服务效率上，浙江一件事"一次办"比例最高，最高值与最低值相差38个百分点

尽管全国一件事"一次办"的比例已经达到63%，但各省份进展不平衡。如图2-6所示，在2023年调查覆盖的18个省份中，一件事"一次办"比例最高的是浙江，82%的经营主体表示可以一件

事"一次办";最低的为广东,44%的经营主体表示可以一件事"一次办"。在实地调查中,广东省一位经营主体表示,"办事倒是挺快的,但是办不了就是办不了,还得再来一趟"。广东省的一些经营主体表示,"线上提前办理一部分业务,但并不能减轻线下业务的烦琐程度"。还有经营主体表示,"自助一体机前没有工作人员,自己不会操作也没有人来指导,降低了办事效率"。

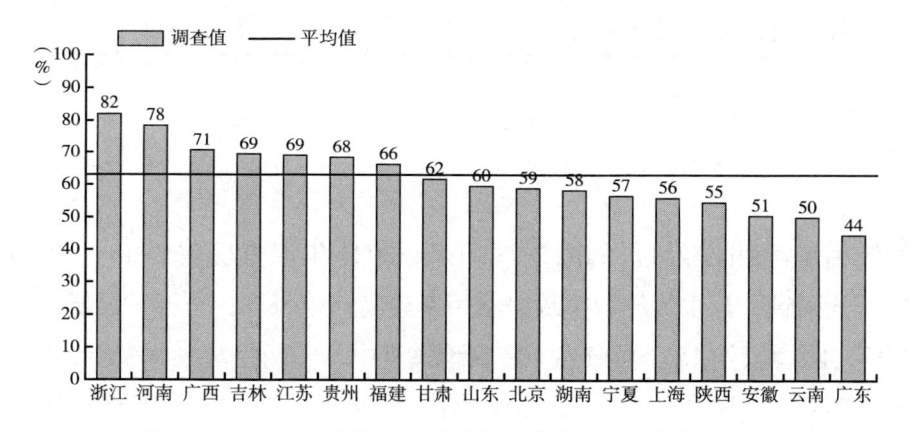

图 2-6　2023 年主要省份经营主体一件事"一次办"的比例

注：天津的样本量不足,故未予报告。

在"一窗办"比例上,调查省份中的最高值与最低值相差 28 个百分点。如图 2-7 所示,2023 年调查覆盖的 18 个省份中,"一窗办"比例最高的是上海,82% 的经营主体表示可以"一窗办";最低的是湖南,54% 的经营主体表示可以"一窗办"。在实地调查中,湖南省经营主体表示,"窗口审材料时间长,总是要花两三个小时","多达十几个的综合办事窗口,但实际开着的不到 3 个"。

(三) 在数字政府建设上,云南数字政府使用率最高,最高值与最低值相差45个百分点

全国数字政府使用率为 61%,进入大规模使用阶段,但各省份之

中国营商环境企业调查(2024)

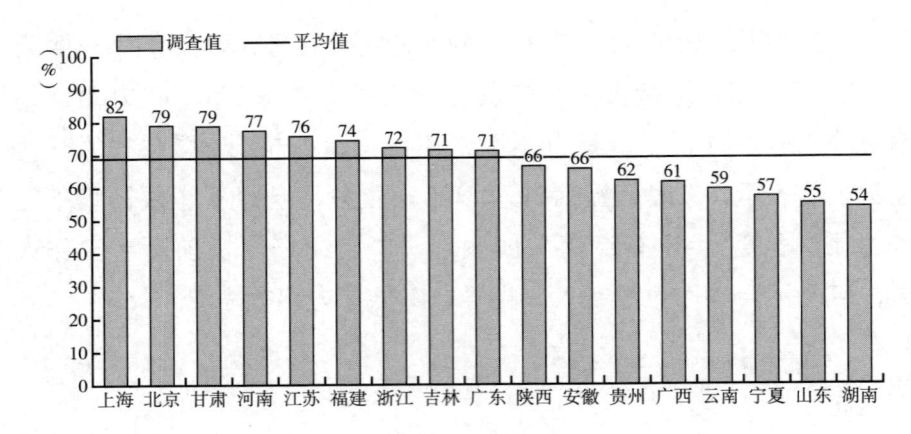

图 2-7 2023年主要省份经营主体"一窗办"的比例

注：天津的样本量不足，故未予报告。

间使用率差距比较大。如图2-8所示，2023年调查覆盖的18个省份中，云南省经营主体的数字政府使用率最高，为88%；吉林省最低，为43%，两者相差45个百分点。在实地调查中，云南经营主体表示，"在疫情期间，主要在线上办理业务，现在也觉得比较方便，不喜欢线下跑"。吉林经营主体表示，"线上办理有好有不好吧。年轻人可能觉得方便，但是老年人就搞不懂这些，很难办呐"。

三 分省份经营主体发展质量现状

（一）分地区看，89%的省份经营主体就业增长指数未恢复到2019年水平

本报告计算了2023年调查覆盖的18个省份就业增长指数。如图2-9所示，2023年云南省就业增长指数位居第一，为67%，稳就业能力最强；河南省就业增长指数较低，为45%，两者相差22个百分点。在18个省份中，15个省份就业增长指数大于等于50%，处于扩张区间；3个省份就业增长指数小于50%，处于收缩区间。

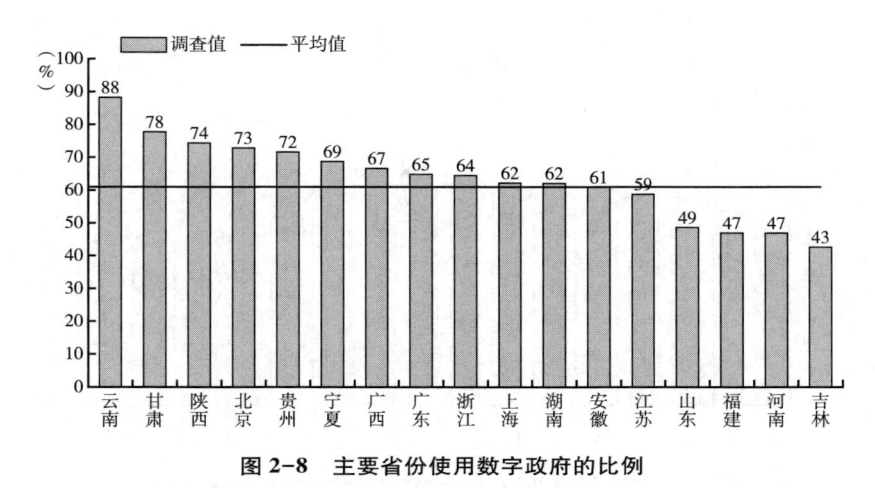

图 2-8 主要省份使用数字政府的比例

注：天津的样本量不足，故未予报告。

与2019年相比，2023年云南省和广东省就业增长指数增加约1个百分点；其他省份2023年就业增长指数均低于2019年水平，其中湖南下降幅度最大，2023年湖南就业增长指数为50%，较2019年下降20个百分点。整体上，大部分省份2023年就业增长指数未恢复至2019年水平。

（二）在调查省份中，94%的省份的经营主体业绩增长指数未恢复至2019年水平

本报告计算了2023年调查覆盖的18个省份业绩增长指数。如图2-10所示，2023年天津市业绩增长指数位居第一，为65%；安徽等省份业绩增长指数较低，为46%，与前者相差19个百分点。在18个省份中，13个省份业绩增长指数大于等于50%，处于扩张区间；5个省份就业增长指数小于50%，处于收缩区间。

2023年94%的省份经营主体业绩增长指数未恢复到2019年水平。天津市经营主体2023年的业绩增长指数为65%，比2019年增长6个百分点；其余省份经营主体2023年的业绩增长指数较2019年均有所下

中国营商环境企业调查(2024)

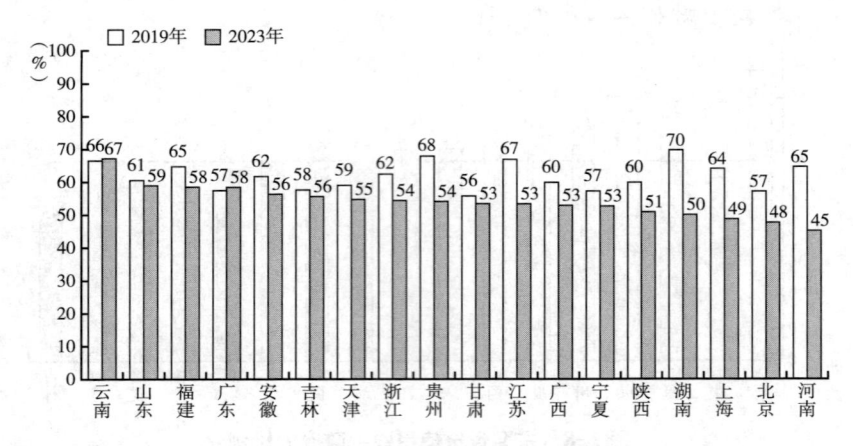

图 2-9　2019 年和 2023 年调查省份经营主体就业增长指数

注：就业增长指数采用扩散指数法进行计算，计算"员工增多""员工不变""员工减少"三个选项占比，分别赋予权重 1、0.5、0，将各项的占比与相应的权重相乘，再相加得出最终的指数。所有指数取值范围在 0~100%。

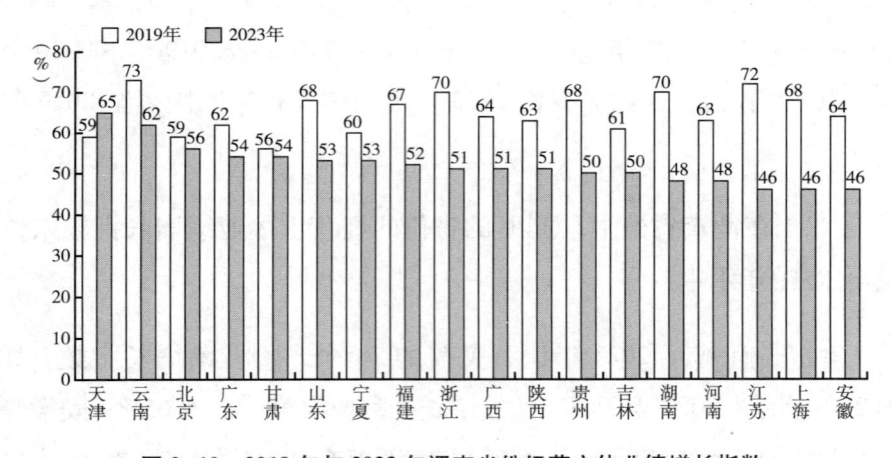

图 2-10　2019 年与 2023 年调查省份经营主体业绩增长指数

注：业绩增长指数采用扩散指数法进行计算，即计算"业绩增多""业绩不变""业绩减少"三个选项占比，分别赋予权重 1、0.5、0，将各项的占比与相应的权重相乘，再相加得出最终的指数。所有指数取值范围在 0~100%。

降，其中江苏省经营主体 2023 的业绩增长指数相较于 2019 年下降幅度最大，下降了 26 个百分点。

（三）在调查省份中，2023年71%的省份的经营主体创新水平还未恢复到2019年水平

本报告计算了2023年调查覆盖的18个省份业绩增长指数，如图2-11所示，2023年北京市创新比例位居第一，为54%；甘肃省创新比例排最末位，为27%，与前者相差27个百分点。

2023年，76%的省份经营主体创新比例未恢复到2019年水平。与2019年相比，2023年北京、浙江、河南、广东与宁夏有创新的经营主体占比提高，其余省份有创新的经营主体占比均下降；其中，江苏的下降幅度较大，为19个百分点；北京与宁夏的上升幅度较大，均为6个百分点。

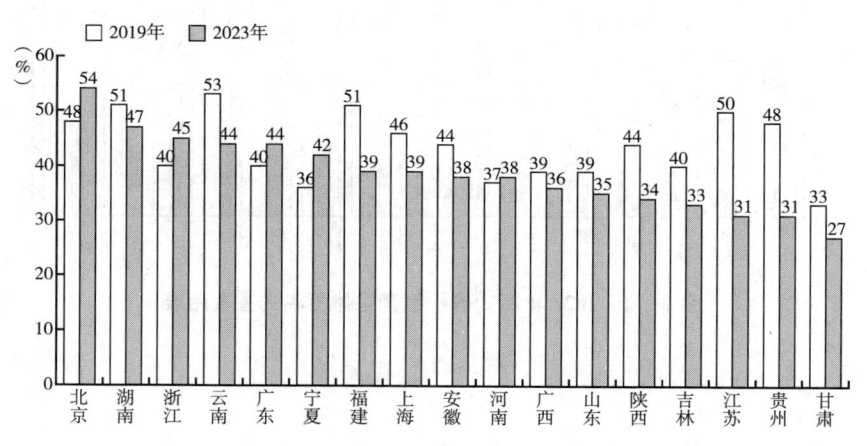

图 2-11 2019 年与 2023 年调查省份有创新的经营主体占比

注：天津的样本量不足，故未予报告。

（四）按地区划分，94%的省份的经营主体认为市场竞争激烈是当下最大困难

94%的省份的经营主体认为市场竞争激烈是面临的最大困难，如

图2-12所示，2023年调查覆盖的16个省份中，15个省份的经营主体认为市场竞争激烈是面临的最大困难。其中，浙江经营主体认为市场竞争激烈是面临的主要困难的比例最高，为28%；上海经营主体认为市场竞争激烈是面临的主要困难的比例最低，为18%。浙江经营主体认为房租成本高是面临的主要困难的比例最高，为23%；甘肃最低，为9%。上海经营主体认为劳动力成本高是面临的主要困难的比例最高，为17%；甘肃和吉林经营主体认为劳动力成本高是面临的主要困难的比例最低，均为7%。

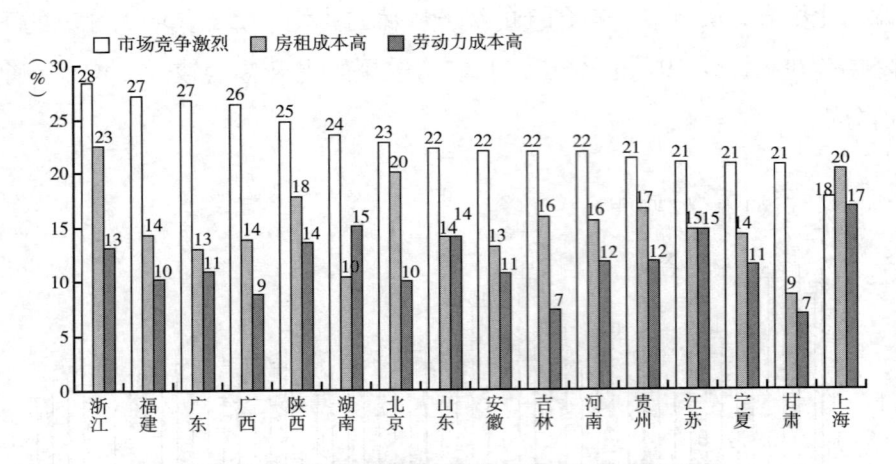

图 2-12 2023 年调查省份经营主体面临的主要困难

第二部分
营商环境需求侧建设进展

第三章　市场准入环境建设调查报告[*]

破除隐性门槛、降低市场准入成本一直是营商环境建设的工作重点。2022年9月《国务院办公厅关于进一步优化营商环境降低市场主体制度性交易成本的意见》（国办发〔2022〕30号）提出，要"进一步破除隐性门槛，推动降低市场主体准入成本"，具体措施包括全面实施市场准入负面清单管理，探索"一业一证"改革，推动行政许可减环节、减材料、减时限、减费用等。本章从经营主体的视角出发，基于2018~2023年的实地调查访谈数据，聚焦经营主体办理营业执照、各类许可证或涉其他证事项这一关键环节，考察我国市场准入环境建设的最新进展和问题，本章核心观点如下。

经营主体准入便利度持续提升，表现为办理营业执照耗时和所需打交道窗口数均持续下降，办理许可证（或涉证事项）的数量和耗时均下降。

准入便利度提升工作存在边界，随着减证工作的推进，减证空间减小，经营主体获得感必然会逐渐降低，为此，需要针对经营主体认为难办的涉证事项进行突破。

---

[*] 执笔人：许云琦、黄梓杰、吴鹏。

一 经营主体办理营业执照现状

（一）2023年登记注册耗时3.6天，六年间约缩短一半

2018~2023年的调查数据显示，我国经营主体登记注册所需时间持续缩短。调查中，调查员访谈经营主体，"企业注册成立时，完成企业注册（拿到营业执照）所需的时长为多少"。本报告基于经营主体登记注册年份、登记注册所需时间的访谈数据，计算每年新登记注册的经营主体完成登记注册所需平均时间。如图3-1所示，2018~2023年，经营主体登记注册所需时间持续下降，2023年全国经营主体登记注册平均所需时间为3.6天，与2018年的7.0天相比缩短了49%，降幅明显。需要说明的是，经营主体所回答的时长是指从前期准备材料、提交材料、等待审核到审核完成所需要的时间。

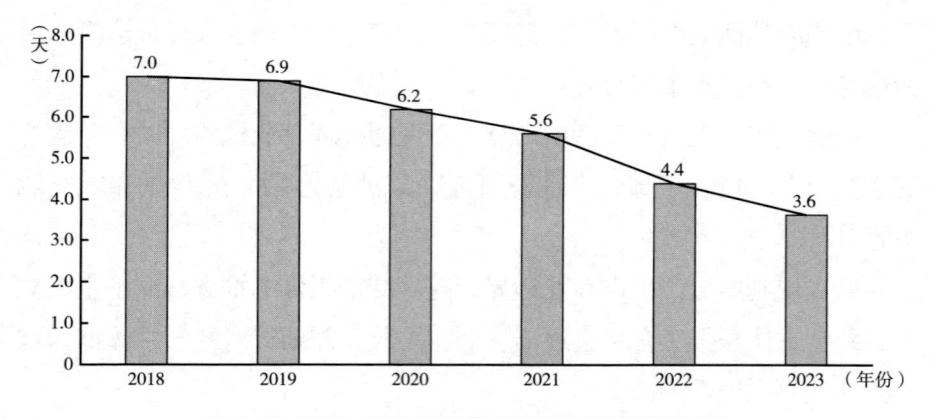

图3-1 2018~2023年经营主体登记注册所需时间

（二）2023年37%的经营主体"一天注册"，六年间提升17个百分点

2018~2023年的调查数据显示，"一天注册"经营主体占比呈

上升趋势。本报告基于经营主体登记注册年份、登记注册时所需时间的访谈数据，进一步计算一天完成登记注册的经营主体比例。如图 3-2 所示，与 2018 年相比，"一天注册"的经营主体占比从 2018 年的 20% 提升到 2023 年的 37%，六年间提升了 17 个百分点；与 2022 年相比，2023 年"一天注册"经营主体占比提升了 10 个百分点。

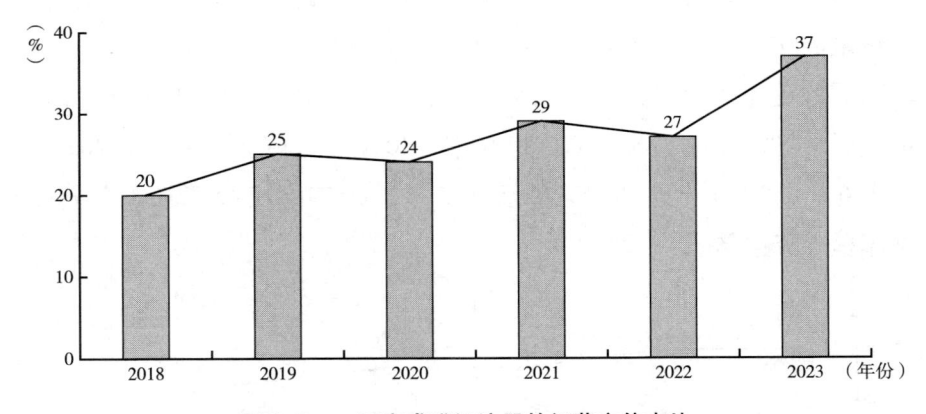

图 3-2　一天完成登记注册的经营主体占比

经营主体在访谈中普遍表示登记注册更便利了。北京市经营主体表示，"之前等很久才能拿到的证，现在就是今天办、第二天就能拿到了"。福建省宁德市经营主体表示，"一般只需要跑一趟，而且在一个窗口就办完了"。上海市奉贤区经营主体表示，"有了线上系统还是方便了很多，熟悉了以后很多业务就不需要来线下办理了，特别是上海人口众多，线下排队就要一两个小时"。湖南省邵阳市双清区的经营主体表示，"现在个体工商户注册事项已经下放至各所，可以选择便利的地点进行注册，线上的注册业务也已经普及，目前企业仅需要到现场领证签字"。

（三）2023年登记注册平均需与1.5个窗口打交道，六年间减少了0.3个窗口

2018~2023年的调查数据显示，2018~2023年全国经营主体登记注册所需窗口数量呈下降趋势。调查中，调查员访谈经营主体，"企业注册成立时，完成企业注册所需交涉和沟通的办事窗口数量有多少"。本报告基于经营主体登记注册年份、登记注册时所需打交道窗口数量的访谈数据，计算每年新登记注册的经营主体完成登记注册平均所需打交道的窗口数量。如图3-3所示，2018~2019年经营主体登记注册平均需要和1.8个窗口打交道，2020年下降至1.7个，2022年为1.6个，2023年进一步下降到1.5个，六年间减少了0.3个窗口，整体呈下降趋势。

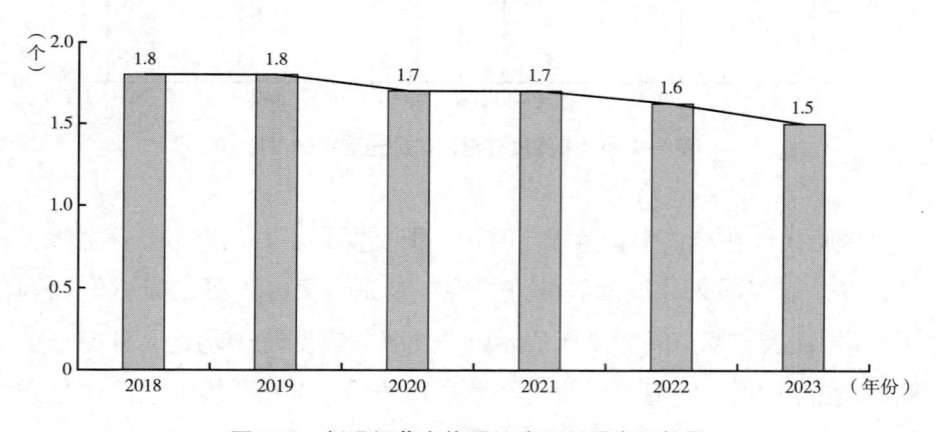

图3-3 新设经营主体登记注册所需窗口数量

（四）2023年"一窗注册"比例约为62%

2018~2023年的调查数据显示，"一窗注册"经营主体占比整体呈上升趋势。本报告基于经营主体登记注册年份、登记注册时所需打交道窗口数量的访谈数据，进一步计算"一窗注册"的经营主体占比。如

图3-4所示，2018年51%的经营主体表示可以"一窗注册"，2019年小幅提升至55%，2022年突破60%，达到64%，2023年为62%，与2018年相比提高了11个百分点。

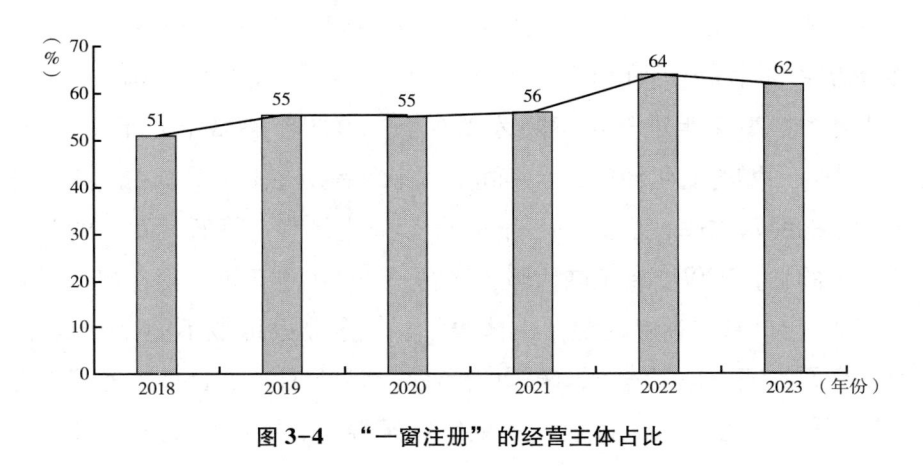

图3-4 "一窗注册"的经营主体占比

实地访谈中经营主体对此项改革的获得感也较高。上海市黄浦区的经营主体表示，"现场办理可以就在一个窗口全程解决，很方便，需要什么资料补充直接现场办理，只要之前准备充分，线下效率很高"。安徽省阜阳市的经营主体表示，"以前跑证件好麻烦，我印象中现在办营业执照都很方便了，用不了几个小时，而且直接过来打印就行，都不用跑窗口"。广东省揭阳市的经营主体也对政务大厅的办事效率比较满意，并表示"我今天来市监窗口办营业执照，现在来这里办理很方便，很多业务都可以一窗通办，省了很多事"。

二 经营主体办理许可证现状

（一）2023年经营主体平均办1.8个证，六年间大致不变

2018~2023年的调查数据显示，经营主体平均办理许可证（或涉

证事项）数量约为1.8个。调查中，调查员访谈经营主体，"企业在开始营业前，大致办了多少证"。本报告基于经营主体登记注册年份、登记注册时所需办理许可证数的访谈数据，计算每年新登记注册的经营主体平均所需办证（或涉证事项）数量。如图3-5所示，2018年经营主体开办平均所需办理许可证（或涉证事项）数量为2个，2019年下降至1.8个，2022年进一步下降为1.6个，2023年略微上升至1.8个，呈现先降后增的变化趋势，六年间整体来看保持在1.8个左右。江苏省苏州市的经营主体表示，"（三证合一）肯定是有（降低时间）的，因为以前的话，不仅要有工商执照还要有一个税务许可证，现在都不需要这些"。吉林省长春市的经营主体表示，"企业办证数不能完全减掉，有些必要的证还是不能省，像医疗行业、食品行业等，证件一省了就容易出问题。安全、健康问题一定要牢牢把控好，要严格把守审批这一关，维护行业的良好秩序"。

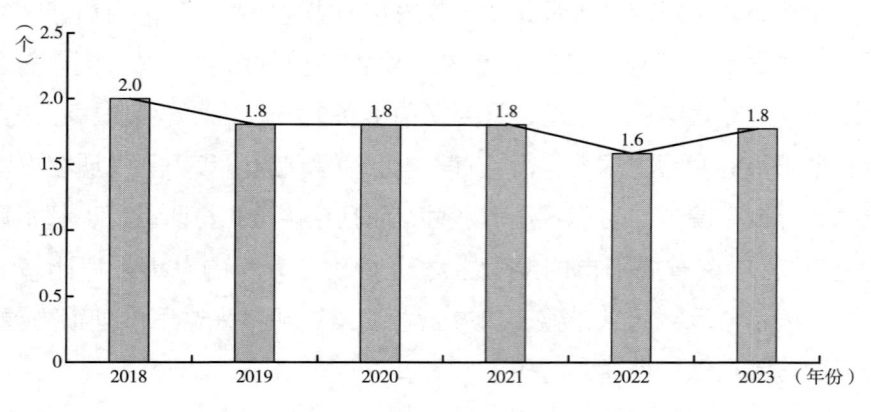

图3-5 新设经营主体平均办理许可证（或涉证事项）数量

（二）2023年办理耗时最长需13.2天，六年间约缩短了一半

2018~2023年的调查数据显示，全国经营主体办理耗时最长的证件（或涉证事项）平均所需时间持续减少，2023年下降至13.2天。

调查中，调查员访谈经营主体，"企业在开始营业前，在所有经历过的办证过程中，耗时最长的证大约花了多长时间"。如图3-6所示，2018年经营主体办理耗时最长的证件（或涉证事项）需要花费26.5天，2020年下降至17.7天，2022年下降至17.2天，2023年较2022年时间明显缩短，只需13.2天，相较2018年下降13.3天。安徽省蚌埠市的经营主体普遍称赞政务大厅的办证效率，表示"前几年办证花的时间比较久，要10天（甚至）半个月"。

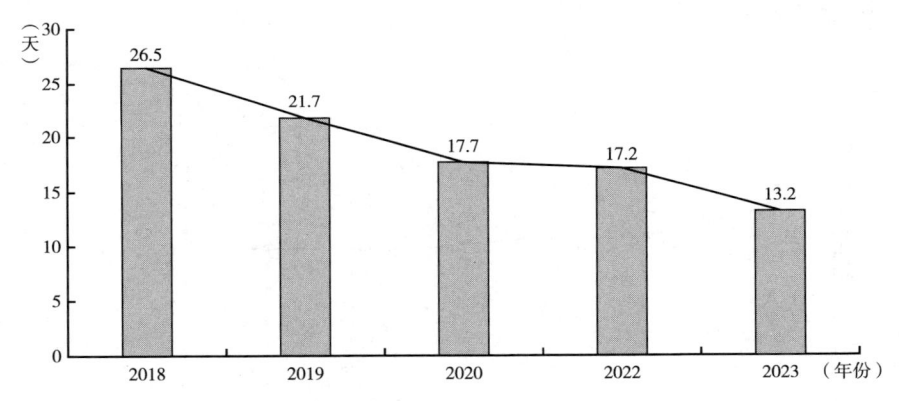

图3-6 经营主体办理耗时最长的证件（或涉证事项）平均所需时间

注：2021年未调查该问题，故数据缺失。

三　市场准入环境建设面临的挑战

（一）经营主体减证获得感指数持续下滑

2018~2023年经营主体减证获得感指数持续下降。调查中，调查员访谈经营主体，"您所在企业办理许可证的数量如何变化"，并根据经营主体的回答，分为"数量减少""数量不变""数量增加"三类，计算减证获得感指数。如图3-7所示，2018年减证获得感指数为61%，

2019~2022年下降为48%~52%，2023年经营主体减证获得感指数进一步下降至47%，与2022年相比减少了2个百分点，与2018年相比减少了14个百分点。从构成来看，如图3-8所示，减证获得感指数下降主要源于认为许可证数量减少的经营主体占比减少，由2018年的37%下降至2023年的13%，降低了24个百分点。需要说明的是，减证获得感指数降低并不代表经营主体不认可减证工作，随着减证工作的持续推进，许可证减少的空间必然越来越小，从经营主体的主观感受来看，获得感自然就会下降。

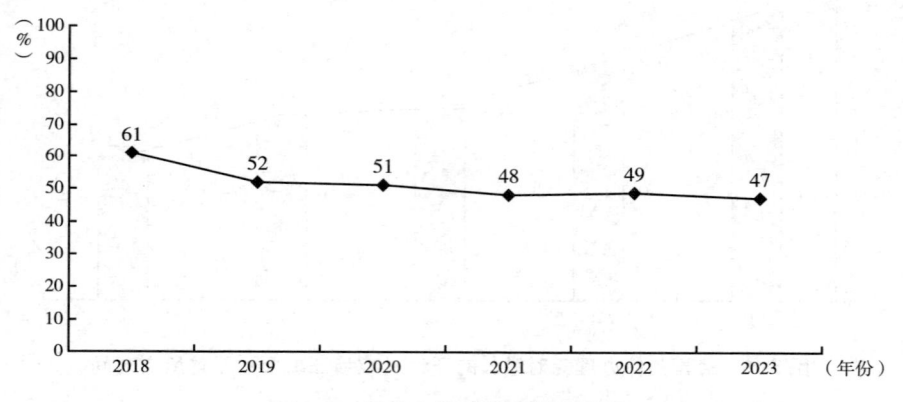

图3-7 经营主体减证获得感指数

注：减证获得感指数采用扩散指数法进行计算，即计算许可证"数量减少""数量不变""数量增加"三个选项占比，分别赋予权重为1、0.5、0，将各项的占比与相应的权重相乘，再相加得出最终的指数。所有指数取值范围为0~100%。

分行业看，各行业减证获得感指数均下降，其中新兴行业下降幅度最大。本报告分别计算工业建筑业、服务业、新兴行业经营主体的减证获得感指数，如图3-9所示，新兴行业的下降幅度最大，从2018年的65%下降到2023年的45%，下降了20个百分点；工业建筑业次之，从2018年的63%下降到2023年的48%，下降了15个百分点；服务业从2018年的61%下降到2023年的47%，下降了14个百分点。

第三章　市场准入环境建设调查报告

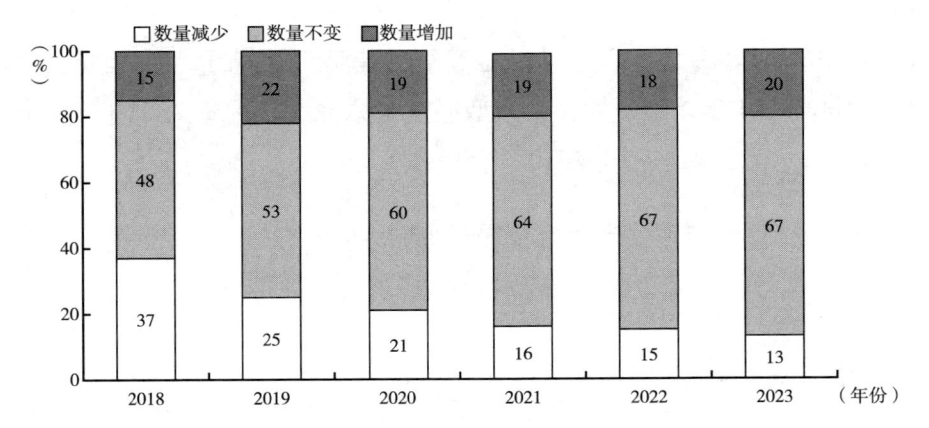

图 3-8　认为许可证数量增加、减少、不变的经营主体占比

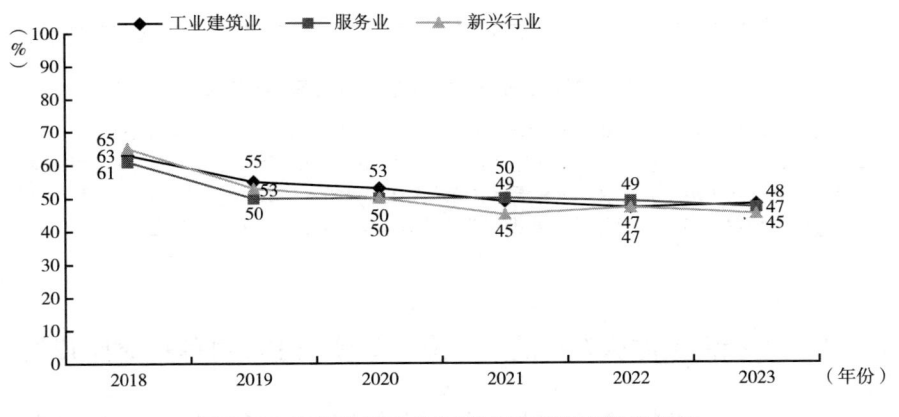

图 3-9　按行业划分的经营主体减证获得感指数

注：减证获得感指数采用扩散指数法进行计算，即计算许可证"数量减少""数量不变""数量增加"三个选项占比，分别赋予权重为 1、0.5、0，将各项的占比与相应的权重相乘，再相加得出最终的指数。所有指数取值范围为 0~100%。

分规模看，各规模经营主体减证获得感指数均下降，大中型经营主体下降幅度更大。本报告分别计算小微型经营主体与大中型经营主体的减证获得感指数，如图 3-10 所示，大中型经营主体的下降幅度较大，从 2018 年的 63% 下降到 2023 年的 43%，下降了 20 个百分点；小微型经营主体从 2018 年的 63% 下降到 2023 年的 48%，下降了 15 个百分点。2021~2023 年小微型经营主体减证获得感指数一直高于大中型经营主体，其中 2021 年差距最大，小微型经营主体减证获得感为 51%，与大中型经营主体的 41% 相比高 10 个百分点。

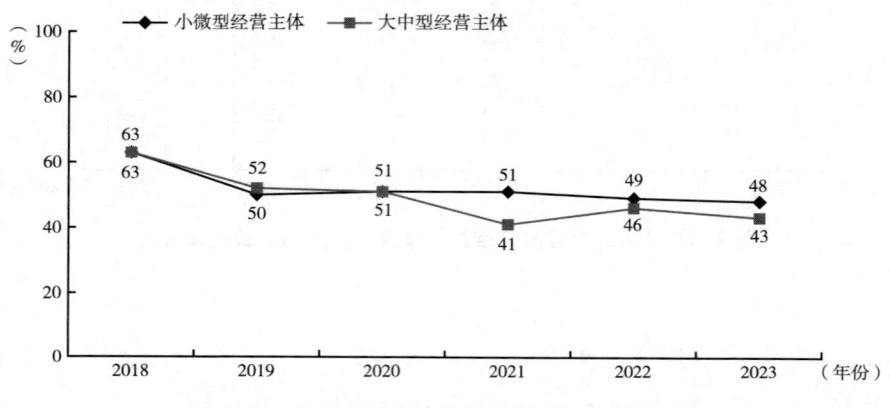

图 3-10　按规模划分的经营主体减证获得感指数

注：①减证获得感指数采用扩散指数法进行计算，即计算许可证"数量减少""数量不变""数量增加"三个选项占比，分别赋予权重为 1、0.5、0，将各项的占比与相应的权重相乘，再相加得出最终的指数。所有指数取值范围在 0~100%。②本报告中，员工人数 10 人以下为微型经营主体，10~100 人为小型经营主体，100 人以上为大中型经营主体。

（二）经营主体认为食品类、卫生类涉证事项办理耗时比较长

2023 年调查数据显示，认为食品类涉证事项耗时长的经营主体占比最高。调查中，调查员访谈经营主体，"企业在开始营业前，在所有经历过的办证过程中，耗时最长的证属于以下哪一类"。如图 3-11 所示，30% 的经营主体认为办理食品类涉证事项耗时最长，9% 的经营主体认为办理卫生类涉证事项耗时最长，有 7% 的经营主体认为办理消防和场地类涉证事项的耗时最长。

在访谈中，经营主体的反馈内容比较多样。北方某地经营主体认为许可证整体而言还较为难办，"只要不是营业执照，（证）就比较复杂

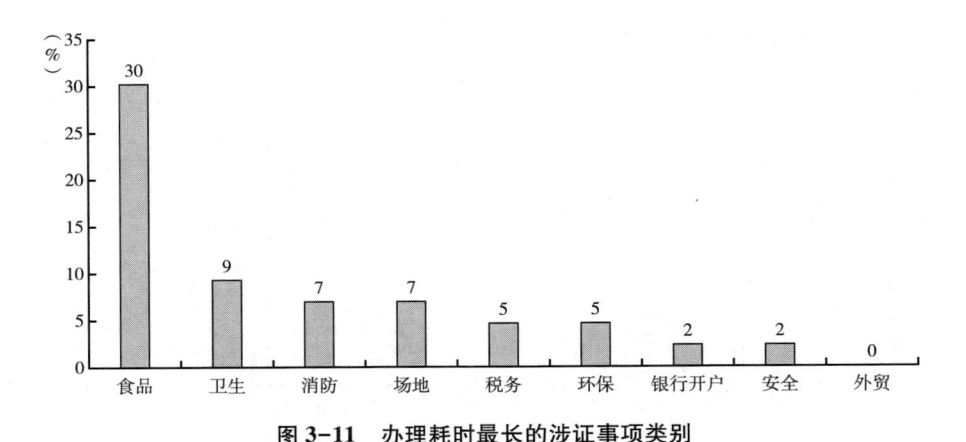

图 3-11　办理耗时最长的涉证事项类别

注：还有"其他"选项，未予汇报。

了"；中部某地的经营主体认为消防类涉证事项比较难办理，"消防资质的证明就要一个多月，比较难办"。西部某地的经营主体表示，"烟草证难办，每次要求的信息都不一样"。

（三）数字政府赋能市场准入环境建设的成效不够充分

本报告按是否使用过数字政府对经营主体进行分类，比较两类经营主体在登记注册平均窗口数量和完成登记注册平均时长上的差异。如图 3-12 所示，在未使用数字政府的经营主体中，完成登记注册平均窗口数量为 1.3 个，在使用数字政府的经营主体中，完成登记注册平均窗口数量为 1.6 个，使用数字政府需要的平均窗口数多 0.3 个；在未使用数字政府的经营主体中，完成登记注册平均时长为 3 天，在使用数字政府的经营主体中，完成登记注册平均时长为 4.3 天，使用数字政府登记注册平均时长多了 1.3 天。整体而言，使用数字政府在登记注册所需窗口数以及注册平均时长上都高于未使用数字政府的经营主体。

在实地访谈中，东部某地经营主体表示，"我要办理的事务不能在

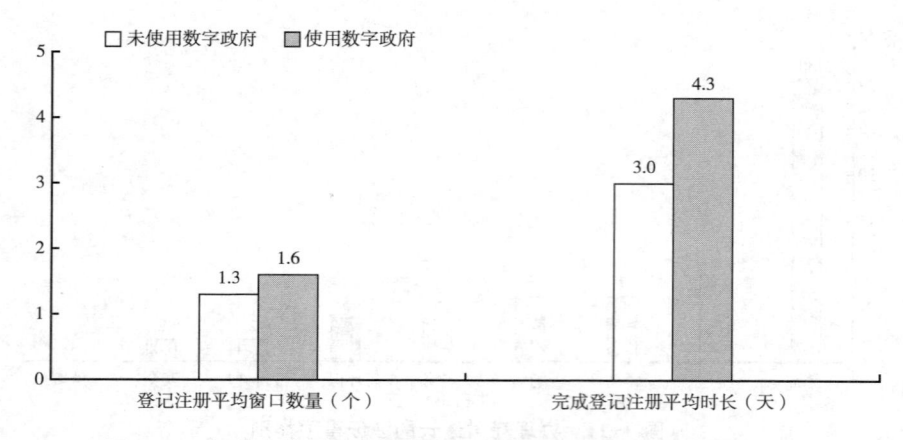

图3-12 经营主体是否使用数字政府的登记注册平均窗口数与时长

网上办，必须来线下一趟，有时为了查询办理流程和所需材料还要提前来一趟，如果在电脑或手机上就能够办理肯定愿意尝试在网上办理"。东部另一地经营主体表示，"办证确实比以前方便很多，但线上预约后还需要线下跑，而且还需要跑三层楼，跑来跑去很辛苦，希望能够一次性把事务办完"。北方某地经营主体表示更愿意到线下办理业务，因为电脑手机端系统不太好用，经常出现卡顿、闪退等状况，还不如到现场办理来得轻松。

四 本章小结

本章基于实地调查发现，从经营主体的视角来看，市场准入环境建设取得了以下进展。一是登记注册时间缩短了近一半，从2018年的7.0天缩短到2023年的3.6天；二是登记注册窗口减少，从2018年的1.8个减少到2023年的1.5个；三是办理涉证事项的最长耗时缩短了一半，从2018年的26.5天缩短到2023年的13.2天。

从经营主体的视角来看，市场准入环境建设面临以下挑战。一是随着减证工作的不断推进，减证空间逐渐缩小，经营主体对减证工作的整体获得感逐年降低；二是经营主体认为部分涉证事项耗时比较久，如食品类、卫生类、消防类、场地类等；三是在市场准入环节，使用数字政府对提高"一天注册""一窗注册"的促进作用不大，数字政府在进一步降低经营主体办事成本上的效果不明显。

第四章　市场监管环境建设调查报告[*]

2022年11月16日国务院办公厅发布的《关于市场监督管理综合行政执法有关事项的通知》指出，要积极推行"互联网+统一指挥+综合执法"，加强部门联动和协调配合，强化对行政执法权运行的监督。本章从经营主体视角出发，从政府职能部门线下上门监管、线上信用监管两个维度，考察全国市场监管环境建设的最新进展，本章核心观点如下。

在线下上门监管上，经营主体被政府职能部门上门检查的比例、频次等均小幅增加；91%的经营主体认为监管结果合理或比较合理。

在线上信用监管上，国家企业信用信息公示系统使用率为64%，微型经营主体使用率最低。

各省份市场监管环境建设不均衡，上门监管和信用监管的差距较大。

一　全国线下上门监管现状

（一）2023年72%的经营主体被上门检查，2018~2023年呈先增后降再增的变化趋势

课题组访问经营主体，"在过去一年间，政府部门是否上门进行检查"，并计算被上门检查的经营主体占比。如图4-1所示，2018~2020

---

[*] 执笔人：罗佳利、吴鹏。

年，被上门检查的经营主体占比逐年上升，分别为79%、81%和83%。2020~2021年，随着国家市场监督管理总局决定将双随机抽查的比例从2019年的5.98%下调到3%，调查访谈中被上门检查的经营主体占比也降至66%；2022年被上门检查的经营主体比例再次上升，为68%，2023年进一步升至72%。

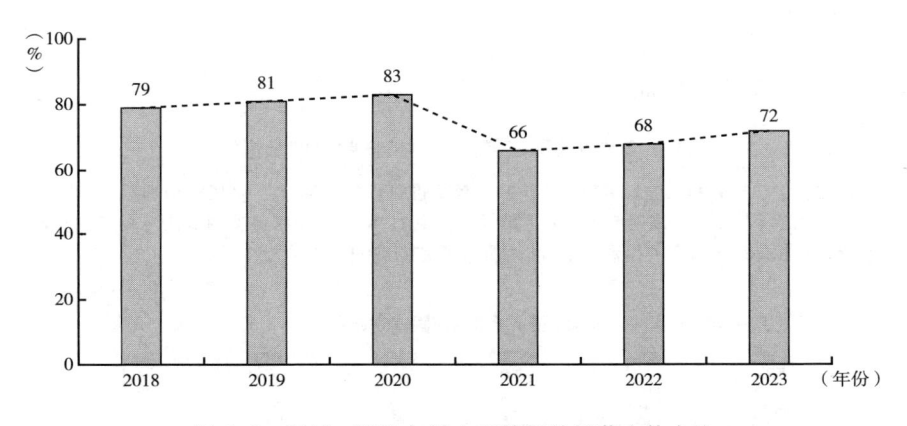

图4-1 2018~2023年被上门检查的经营主体占比

（二）2023年政府职能部门上门检查频次增长指数为44%，2018~2023年先增后降再增

在调查中，调查员询问经营主体"政府部门上门检查贵企业的次数有何变化"，根据经营主体回答的"频次增加""频次不变""频次减少"占比，计算出政府职能部门上门检查频次增长指数。如图4-2所示，政府职能部门上门检查频次增长指数先从2018年的51%增加到2019年的55%，然后连续三年下降，2022年为41%，2023年增长至44%。具体来看，如图4-3所示，2023年有21%的经营主体表示检查的"频次增加"，46%的经营主体表示"频次不变"，5%的经营主体表示"频次减少"。

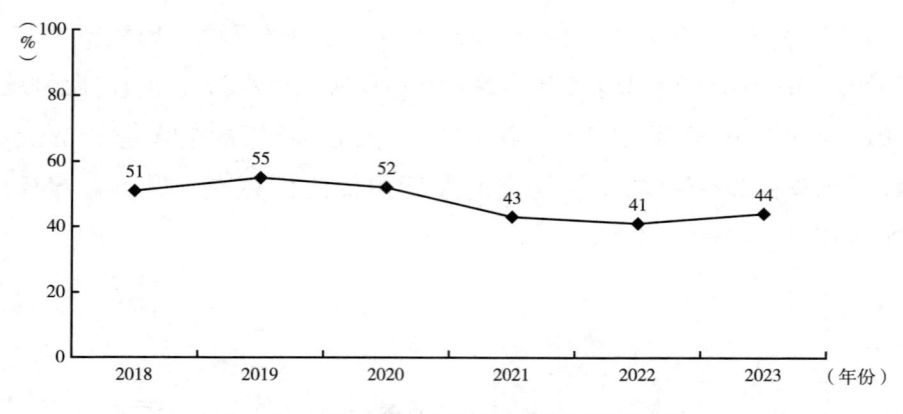

图 4-2　政府职能部门上门检查频次增长指数

注：上门检查频次增长指数采用扩散指数法进行计算，即计算"频次增加""频次不变""频次减少"三个选项占比，分别赋予权重为1、0.5、0，将各项的占比与相应的权重相乘，再相加得出最终的指数。所有指数取值范围在0~100%。

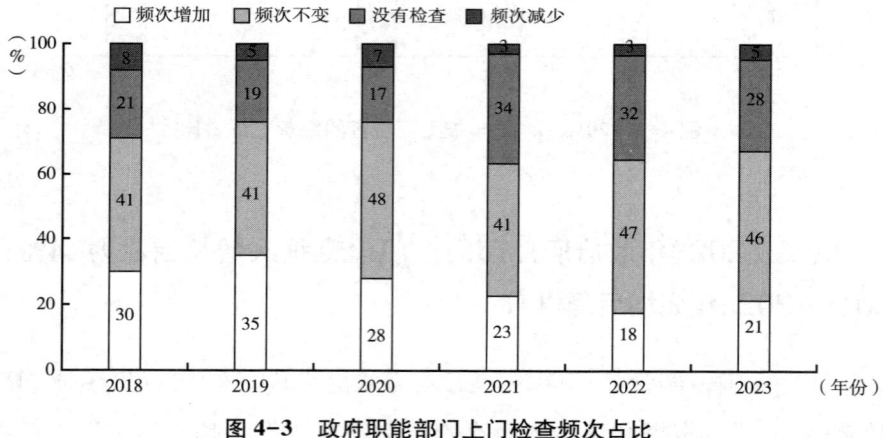

图 4-3　政府职能部门上门检查频次占比

（三）2023年上门检查部门数量增长指数为42%，2018~2023年先增后降再增

调查员访问经营主体，"在过去一年间，来贵企业检查的政府部门的数量如何变化"，根据经营主体回答的"数量增加""数量减少""数量不变"占比，计算出上门检查部门数量增长指数，如图4-4所

示，上门检查部门数量增长指数先从 2018 年的 47% 增加至 2019 年的 50%，2020~2021 年连续两年下降，2021 年为 39%，2022~2023 年连续两年增加，2023 年为 42%。具体来看，如图 4-5 所示，2023 年有 16% 的经营主体表示来企业检查的政府部门"数量增加"，较 2022 年上升 2 个百分点；有 53% 的经营主体表示"数量不变"，较 2022 年增长 1 个百分点；3% 的经营主体表示"数量减少"，较 2022 年增长 1 个百分点。

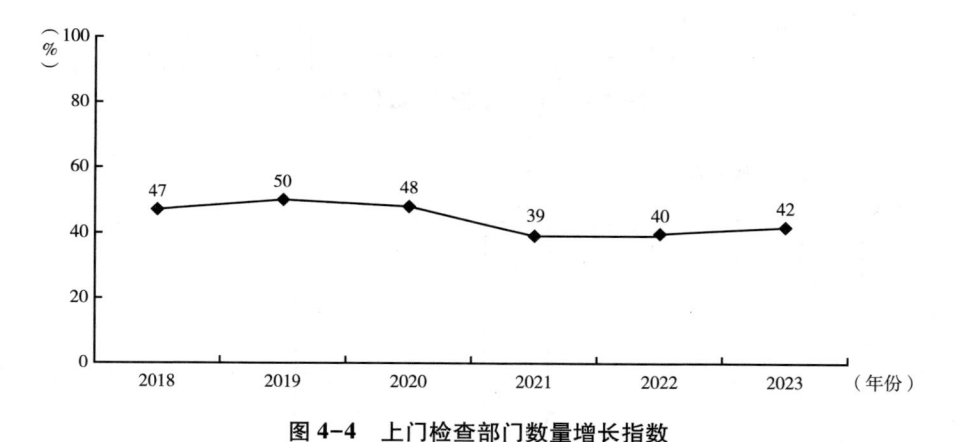

图 4-4 上门检查部门数量增长指数

注：上门检查部门数量增长指数采用扩散指数法进行计算，即计算"数量增加""数量不变""数量减少"三个选项占比，分别赋予权重为 1、0.5、0，将各项的占比与相应的权重相乘，再相加得出最终的指数。所有指数取值范围在 0~100%。

（四）2023年91%的经营主体认为上门检查处理结果合理或比较合理，2021~2023年连续三年下降

在调查中，调查员访问经营主体，"在过去一年间，您认为政府部门的检查处理是否合理"，将经营主体对上门检查处理结果的主观感受分为"合理或比较合理""不太合理"。如图 4-6 所示，2023 年受访经营主体中，有 92% 的经营主体认为政府上门检查的处理结果合理或比较合理，与 2021 年相比下降了 6 个百分点，与 2022 年相比下降了 5 个百分点。

图 4-5　上门检查部门数量变化

图 4-6　2021~2023 年经营主体认为上门检查处理结果的合理情况

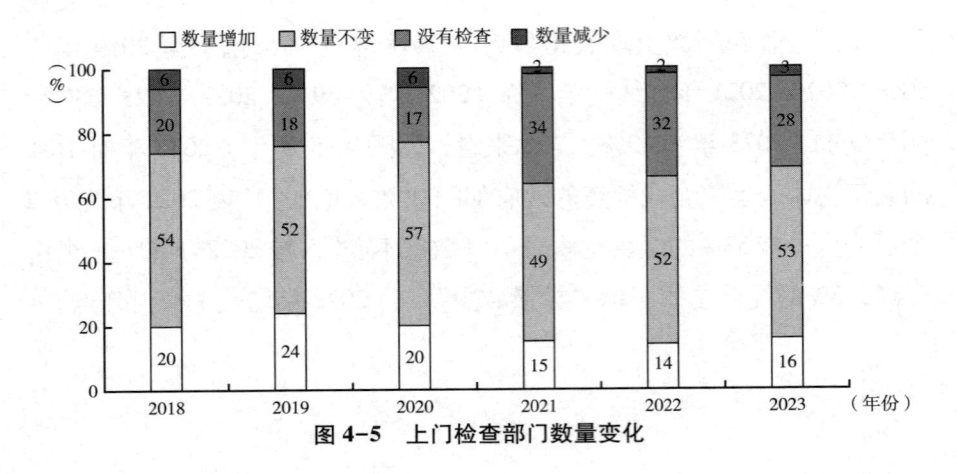

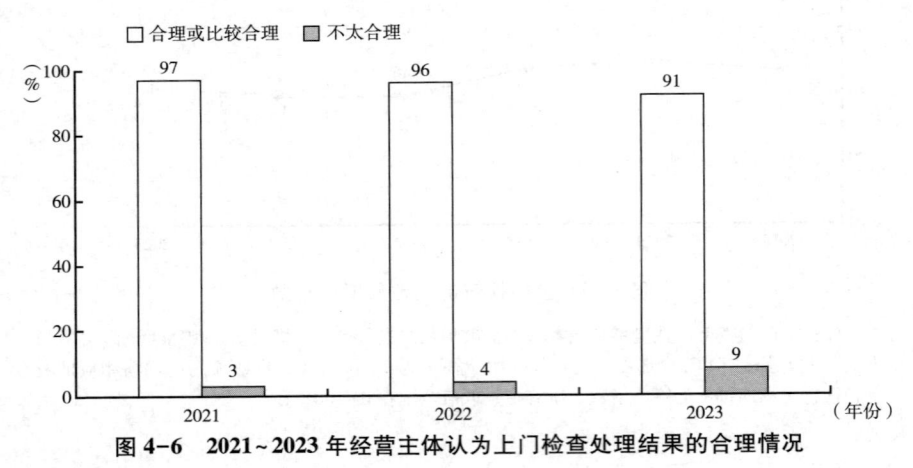

二　全国线上信用监管现状

（一）2023年国家企业信用信息公示系统使用率为64%，为近六年最低值

随着经营主体数量倍增，市场监管压力不断加大，构建以信用为基础的新型监管机制不仅有利于提高监管能力和水平，也能为企业间的交易往来提供保障。当被问及"贵企业在与其他企业打交道时，会查看对方的信用信息吗？"时，如图4-7所示，2018~2021年表示"会查看"的经营主体比例为66%~70%；2022年提升到73%；2023年下降至64%，较2022年下降了9个百分点，较2018年下降了2个百分点。

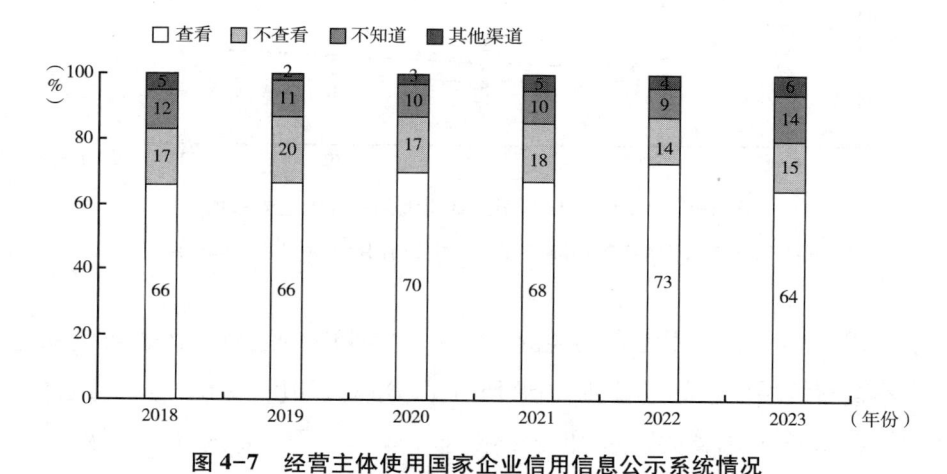

图4-7 经营主体使用国家企业信用信息公示系统情况

（二）查看国家企业信用信息公示系统的经营主体，员工增加、业绩提高、进行创新的比例更高

为考察是否查看交易对方信用信息与经营主体经营情况之间的相关性，本报告将经营主体分为"查看信用信息"和"不查看信用信息"两组，分别从员工数量、经营业绩、创新情况三个方面进行考察。

查看信用信息的经营主体中，员工数量增加的经营主体占比更高。如图4-8所示，在2023年查看信用信息的经营主体中，29%的经营主体员工数量增加，比不查看信用信息的经营主体高7个百分点。2019~2023年，查看信用信息的经营主体员工数量增加的比例始终高于不查看信用信息的经营主体，平均高6个百分点。

查看信用信息的经营主体中，进行创新的比例更高。如图4-9所

图 4-8　2019~2023 年员工数量增加的经营主体占比

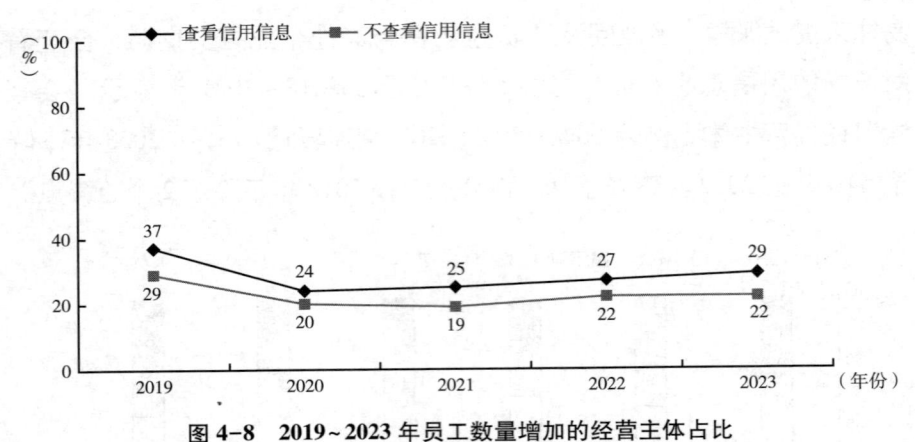

注：由于 2018 年未访谈经营主体经营状况，数据时间范围为 2019~2023 年。

示，2023 年查看信用信息的经营主体中，有 43% 的经营主体进行创新，比不查看信用信息的经营主体高 13 个百分点。2019~2023 年，查看信用信息的经营主体创新的比例始终高于不查看信用信息的经营主体，平均高 9 个百分点。

图 4-9　2019~2023 年进行创新的经营主体占比

查看信用信息的经营主体中，业绩提高的占比更高。如图 4-10 所示，2023 年，查看信用信息的经营主体中，有 37% 的经营主体业绩提高了，比不查看信用信息的经营主体高 8 个百分点。2019~2023 年，查看信用信息的经营主体业绩提高的比例始终高于不查看信用信息的经营主体，平均高 7 个百分点。

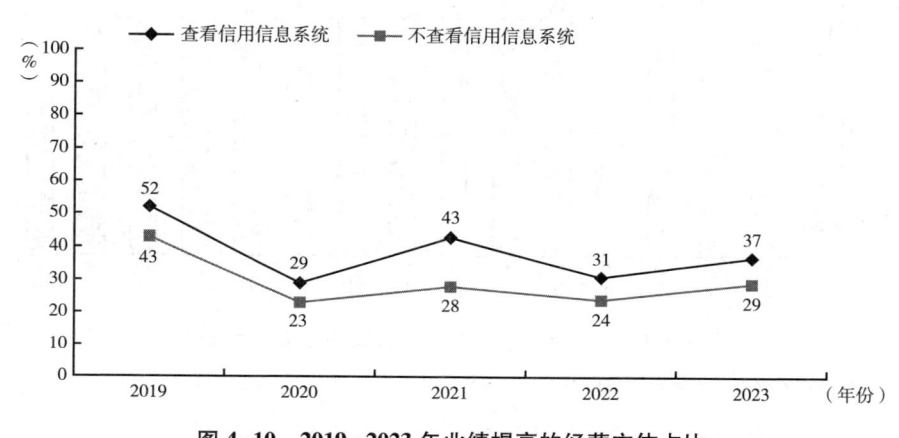

图 4-10　2019~2023 年业绩提高的经营主体占比

三　分省份市场监管环境现状

（一）各省份经营主体被政府部门上门检查的比例差异大，最高为89%，最低为50%

从被上门检查比例来看，如图 4-11 所示，在 2023 年调查覆盖的 18 个省份中，经营主体被政府部门上门检查比例最高的是宁夏，2023 年有 89% 的经营主体被政府部门上门检查；最低的是上海，2023 年有 50% 的经营主体被政府部门上门检查。

（二）各省份上门检查频次增长指数差距大，最高为67%，最低为30%

从上门检查频次增长指数来看，在 2023 年调查覆盖的 18 个省份中，上门检查频次增长指数最高的是宁夏，为 67%；上门检查频次增

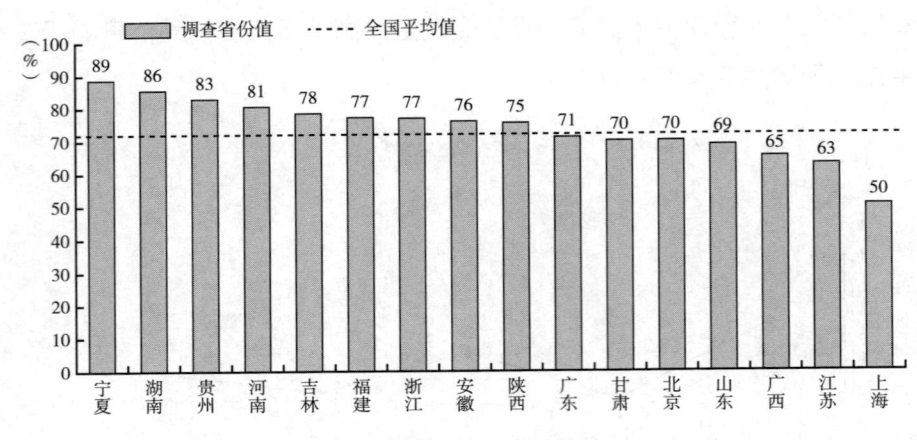

图 4-11 2023 年分省份被上门检查的经营主体比例

注：天津市、云南省样本量不足，故不予报告。

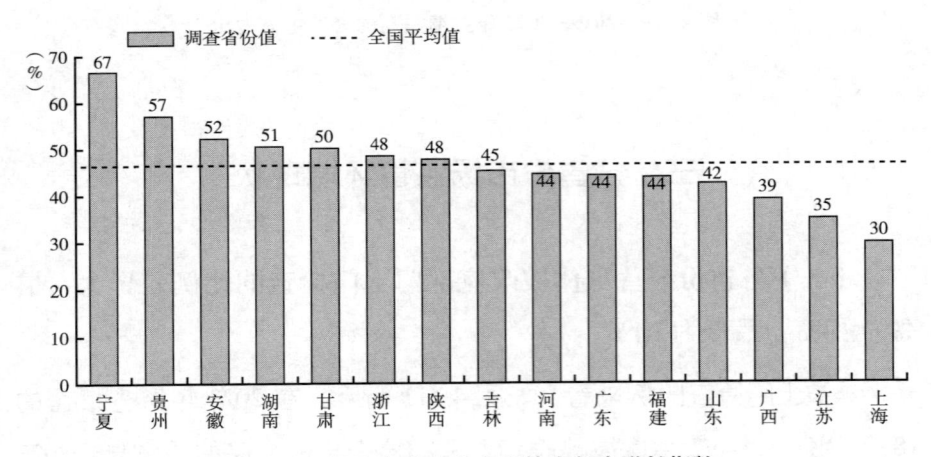

图 4-12 2023 年分省份上门检查频次增长指数

注：①北京、天津、云南数据样本量不足，不予汇报。②上门检查频次增长指数采用扩散指数法进行计算，即计算"频次增加""频次不变""频次减少"三个选项占比，分别赋予权重为 1、0.5、0，将各项的占比与相应的权重相乘，再相加得出最终的指数。所有指数取值范围在 0~100%。

长指数最低的是上海，为 30%。整体而言，在全国随机抽样调查的 18 个省份中，上门检查频次增长指数高于全国平均水平的省份仅有 7 个。

第四章　市场监管环境建设调查报告

（三）各省份上门检查部门数量增长指数差异大，最高为56%，最低为27%

从上门检查部门数量增长指数来看，在2023年调查覆盖的18个省份中，上门检查部门数量增长指数最高的是宁夏，为56%；上门检查部门数量增长指数最低的是上海，为27%。整体而言，在全国随机抽样调查的18个省份中，上门检查部门数量增长指数高于全国平均水平的省份仅有8个。

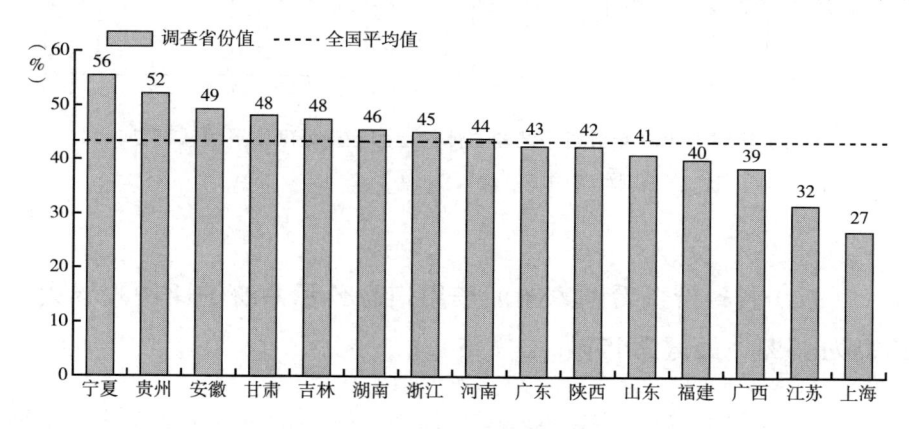

图 4-13　2023年分省份上门检查部门数量增长指数

注：①北京、天津、云南数据样本量不足，不予汇报。②上门检查部门数量增长指数采用扩散指数法进行计算，即计算"数量增加""数量不变""数量减少"三个选项占比，分别赋予权重为1、0.5、0，将各项的占比与相应的权重相乘，再相加得出最终的指数。所有指数取值范围在0~100%。

（四）各省份对上门检查处理结果认可度都在80%以上

从对上门检查处理结果的认可度来看，在2023年调查覆盖的18个省份中，认可度最高的是广东，2023年96%的经营主体认为上门检查处理结果合理或比较合理，只有4%的经营主体认为不合理；认可度相对较低的是甘肃，2023年82%的经营主体认为合理或比较合理，18%认为不合理。整体而言，在全国随机抽样调查的18个省份中，经营主体对上门检查结果的认可度都超过了80%。

中国营商环境企业调查(2024)

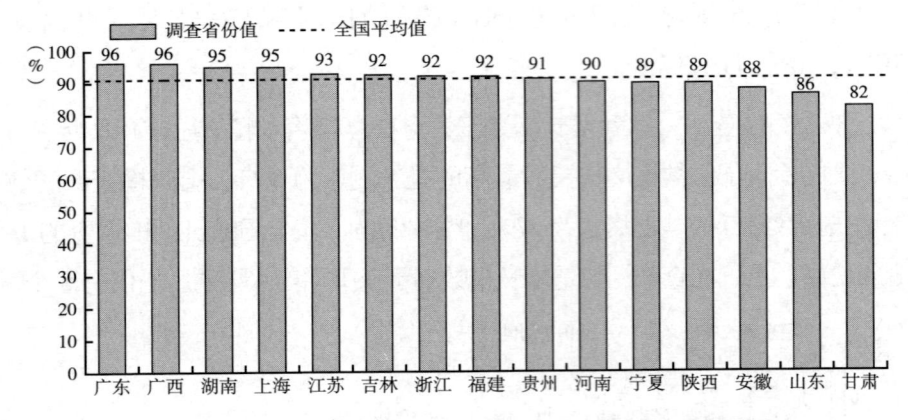

图 4-14　2023年分省份经营主体对上门检查处理结果的认可度

注：天津、北京、云南样本量不足，故不予报告。

（五）各省份查看国家企业信用信息公示系统的比例差异大，最高为85%，最低为47%

在分省份的基础上来考察经营主体查看国家企业信用信息公示系统的比例情况。在2023年调查覆盖的18个省份中，查看国家企业信用信息公示系统的比例最高的是云南省，为85%，查看国家企业信用信息公示系统的比例最低的是安徽，为47%。最高与最低的省份之间的差距达到了38个百分点。2023年，在调查样本覆盖的范围内，有10个省份的经营主体查看国家信用信息公示系统的比例高于全国平均水平。

四　市场监管环境建设面临的挑战

（一）国家企业信用信息公示系统使用不充分，近一半微型经营主体不使用

从整体样本看，全国约30%的经营主体不使用国家企业信用信息公示系统。国家企业信用信息公示系统自2014年2月上线运行至今已

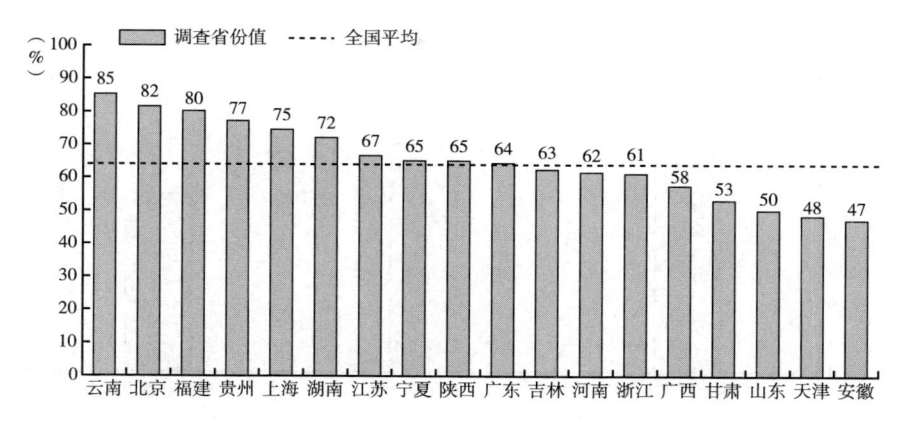

图 4-15 2023 年分省份经营主体查看国家企业信用信息公示系统的比例

（数据：云南 85，北京 82，福建 80，贵州 77，上海 75，湖南 72，江苏 67，宁夏 65，陕西 65，广东 64，吉林 63，河南 62，浙江 61，广西 58，甘肃 53，山东 50，天津 48，安徽 47；全国平均参考线）

注：天津、北京、云南样本量不足，故不予报告。

有十年，从 2018~2023 年全国实地调查结果来看，如图 4-7 所示，使用国家企业信用信息公示系统的经营主体为 64%~73%，其中 2023 年使用率最低。这意味着，还有 27%~36% 的经营主体在与其他企业打交道之前，不会通过国家企业信用信息公示系统查询对方的信用信息，对国家企业信用信息公示系统的使用并不充分。

分样本看，主要是微型经营主体的使用率较低。按照经营主体规模进行划分，如图 4-16 所示，2023 年大中型经营主体使用国家企业信用信息公示系统的比例最高，为 71%。经营主体规模越小，使用率越低。微型经营主体使用率最低，为 54%，意味着还有 46% 的微型经营主体在交易中不会通过这一系统查看交易对方信用信息。按照经营主体所属行业进行划分，如图 4-17 所示，行业间使用国家企业信用信息公示系统的差异不大。

（二）综合行政执法不充分，政府上门检查频次和部门数量高于上年

从经营主体的反馈来看，综合行政执法改革效果不够明显。2022

· 69 ·

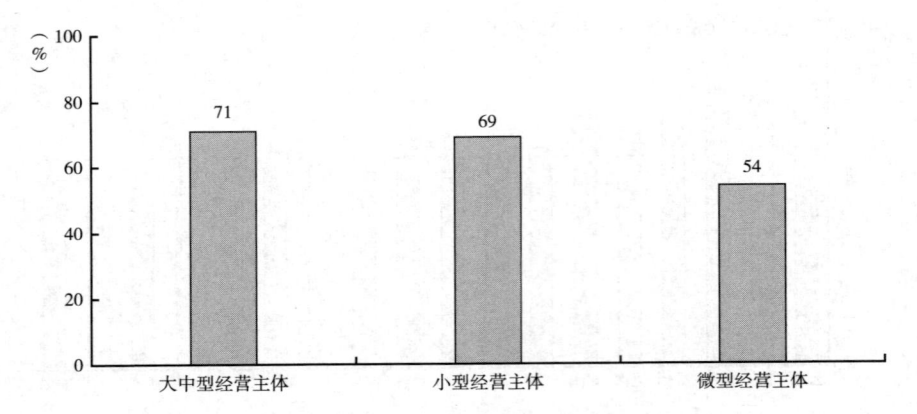

图 4-16　各规模经营主体使用国家企业信用信息公示系统的比例

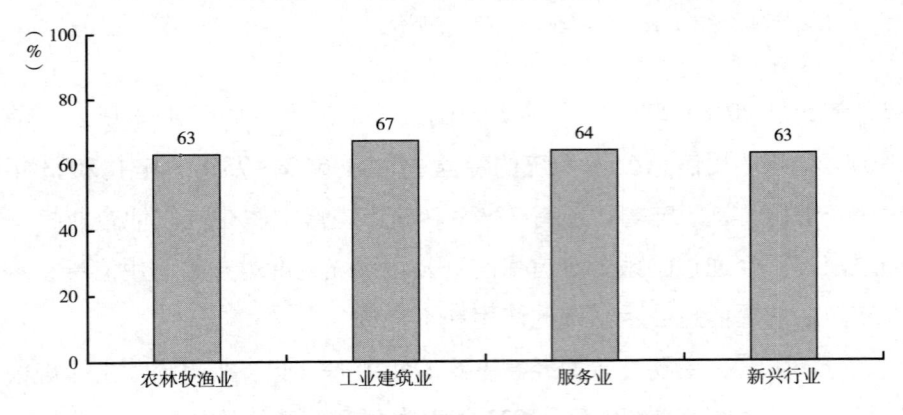

图 4-17　各行业使用国家企业信用信息公示系统的比例

年发布的《国务院办公厅关于市场监督管理综合行政执法有关事项的通知》明确提出，"扎实推进市场监管综合行政执法改革，统筹配置行政执法职能和执法资源，切实解决多头多层重复执法问题"。从经营主体的反馈来看，2022~2023年经营主体的上门检查频次增长指数从41%增加到44%，不降反增；2022~2023年经营主体的上门检查部门数量增长指数从40%增加到42%，不降反增。

分行业看，主要是工业经营主体认为上门检查次数多、部门多。如图4-18所示，2023年工业建筑业、新兴行业、服务业的上门检查频次增长指数分别为52%、43%、42%，工业建筑业最高；与2022年相比，工业建筑业、新兴行业、服务业分别上升了10个百分点、1个百分点、1个百分点，工业建筑业增加幅度最大。如图4-19所示，2023年工业建筑业、服务业、新兴行业的上门检查部门数量增长指数分别为49%、41%、42%，工业建筑业最高；与2022年相比，工业建筑业、服务业、新兴行业分别上升了7个百分点、2个百分点、1个百分点，工业建筑业增加幅度最大。

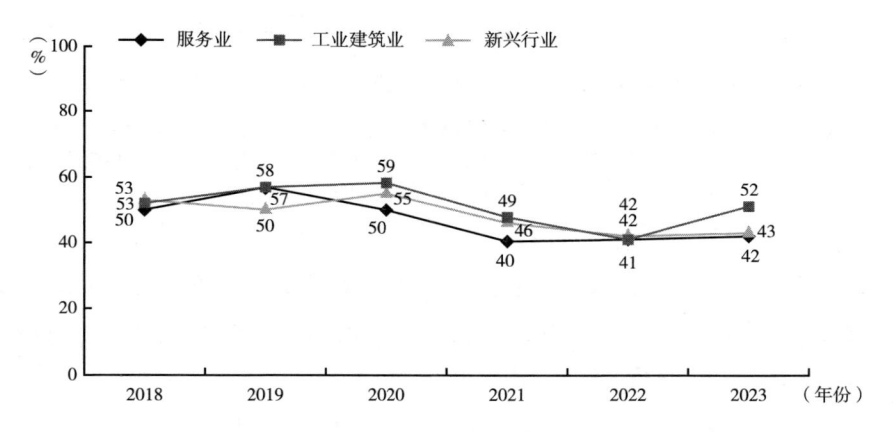

图4-18　2018~2023年按行业类别划分的上门检查频次增长指数

注：上门检查频次增长指数采用扩散指数法进行计算，即计算"频次增加""频次不变""频次减少"三个选项占比，分别赋予权重为1、0.5、0，将各项的占比与相应的权重相乘，再相加得出最终的指数。所有指数取值范围在0~100%。

分规模看，主要是大中型经营主体认为上门检查次数多、部门多。如图4-20所示，2023年大中型、小型、微型经营主体的上门检查频次增长指数分别为53%、43%、40%，大中型经营主体最高；与2022年相比，大中型经营主体下降了1个百分点，小型、微型经营主体分别上升了2个百分点、4个百分点，微型经营主体增加幅度最大。如图4-21所示，2023年大中型、小型、微型经营主体的上门检查部门数量增长指数分别为50%、41%、38%，大中型经营主体最

中国营商环境企业调查（2024）

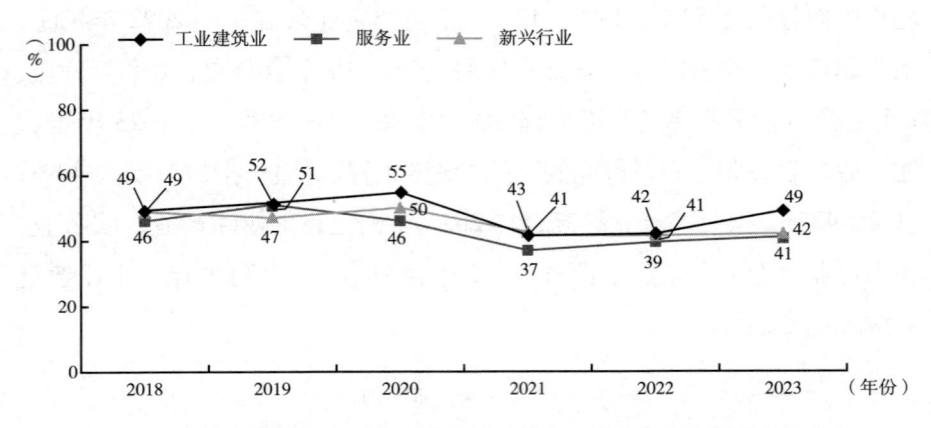

图 4-19　2018~2023 年按行业类别划分的上门检查部门数量增长指数

注：上门检查部门数量增长指数采用扩散指数法进行计算，即计算"数量增加""数量不变""数量减少"三个选项占比，分别赋予权重为 1、0.5、0，将各项的占比与相应的权重相乘，再相加得出最终的指数。所有指数取值范围在 0~100%。

高；与 2022 年相比，大中型经营主体下降了 2 个百分点，小型、微型经营主体分别上升了 2 个百分点、3 个百分点，微型经营主体增加幅度最大。

（三）上门检查认可度降低，工业建筑业的认可度相对更低

从整体样本来看，如图 4-6 所示，2023 年有 91% 的受访经营主体认为上门检查结果合理或比较合理，与 2021 年相比下降了 6 个百分点，与 2022 年相比下降了 5 个百分点。从不同行业来看，如图 4-22 所示，2023 年农林牧渔业和新兴行业认为检查结果合理或比较合理的比例最高，均为 94%；服务业次之，为 92%；工业建筑业最低，为 89%，与农林牧渔业和新兴行业相比低了 5 个百分点。与 2022 年相比，工业建筑业、服务业、新兴行业等认为检查结果合理或比较合理的比例分别下降了 7 个、6 个和 2 个百分点，工业建筑业下降幅度最大。这表明，工业建筑业经营主体对检查结果的认可度相对低。

第四章　市场监管环境建设调查报告

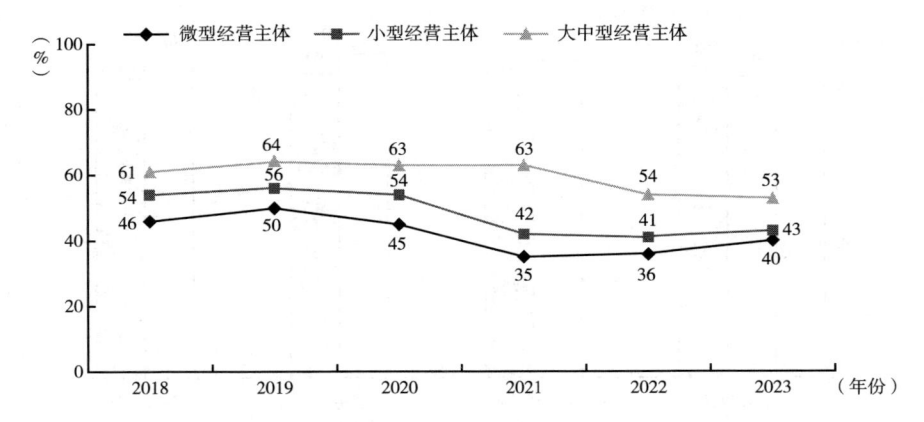

图 4-20　2018~2023 年按企业规模划分的上门检查频次增长指数

注：①报告将员工人数 10 人以下的定义为微型经营主体，10~100 人的为小型经营主体，100 人以上的为大中型经营主体。②上门检查频次增长指数采用扩散指数法进行计算，即计算"频次增加""频次不变""频次减少"三个选项占比，分别赋予权重为 1、0.5、0，将各项的占比与相应的权重相乘，再相加得出最终的指数。所有指数取值范围在 0~100%。

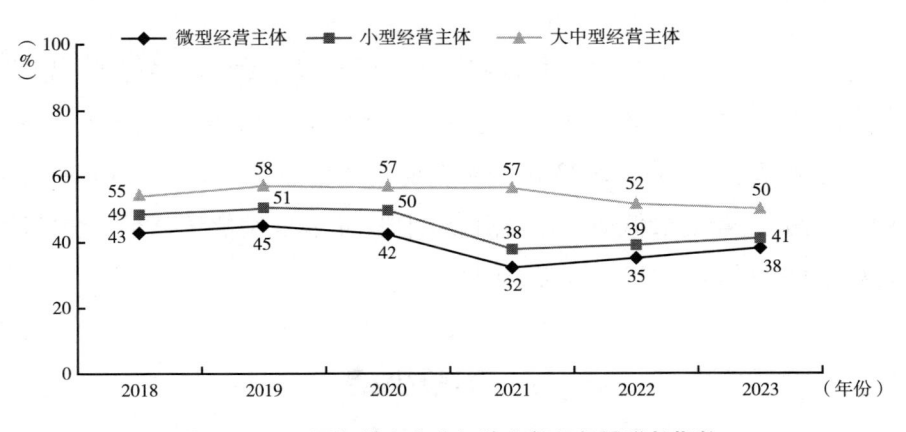

图 4-21　不同规模企业上门检查部门数量增长指数

注：①报告将员工人数 10 人以下的定义为微型经营主体，10~100 人的为小型经营主体，100 人以上的为大中型经营主体。②上门检查部门数量增长指数采用扩散指数法进行计算，即计算"数量增加""数量不变""数量减少"三个选项占比，分别赋予权重为 1、0.5、0，将各项的占比与相应的权重相乘，再相加得出最终的指数。所有指数取值范围在 0~100%。

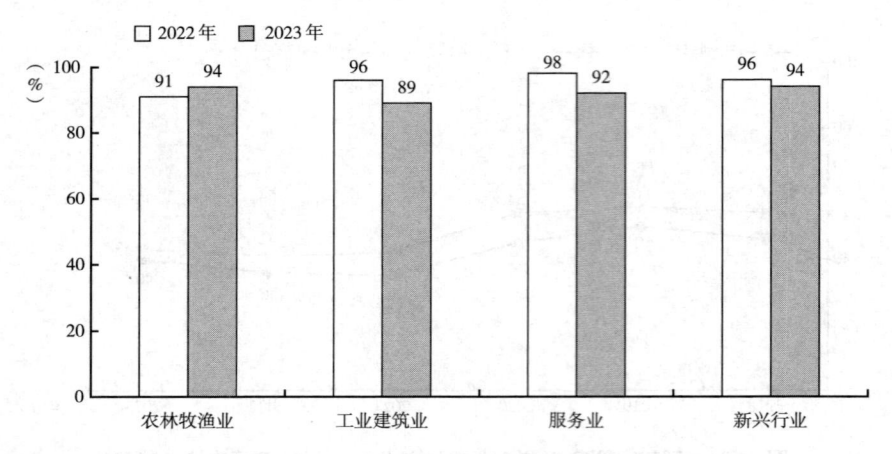

图 4-22　2022~2023 年主要行业认为上门检查结果合理或比较合理的经营主体占比

（四）市场监管环境建设不平衡，各省上门检查和信用监管差距都比较大

从线下上门监管的频次和政府检查部门数量来看，各省份市场监管水平差异大，如上门检查部门数量增长指数最高为 56%，最低为 27%。从信用监管现状来看，2023 年国家企业信用信息公示系统使用率仅为 64%，是近六年的最低值，各省份查看国家企业信用信息公示系统的比例差异大，最高为 85%，最低为 47%。

五　本章小结

本章从经营主体的视角出发，评价全国市场监管环境建设进展以及面临的主要问题。

第一，就线下上门监管而言，2022~2023 年政府职能部门上门检查的比例、频次均小幅增加；91% 的经营主体认为上门检查结果合理或比较合理，工业建筑业对于上门检查结果的认可度相对较低。

第二，就信用监管而言，国家企业信用信息公示系统的使用率逐步提升，但 2023 年为近六年的最低值；微型经营主体和农林牧渔业使用国家企业信用信息公示系统的比例相对较低。

第三，分地区看，各省份上门检查比例、频次、国家企业信用信息公示系统使用率等差异较大，市场监管环境发展不均衡。

第五章　政务服务中心建设调查报告[*]

推动"高效办成一件事"是近年来持续提升一体化政务服务能力、优化营商环境的重点工作之一。2023 年《国务院办公厅关于依托全国一体化政务服务平台建立政务服务效能提升常态化工作机制的意见》指出，要全面巩固实践成果，围绕为民办实事、惠企优服务、"高效办成一件事"；聚焦企业和群众所思所盼，实现政务服务从"能办"向"好办"发展。本章从经营主体需求侧的视角出发，考察全国线下政务服务建设进展，核心观点如下。

全国政务服务中心硬件基础设施配备率接近 100%、效能服务设施配备率接近 90%、意见反馈设施配备率大致为 80%。

全国政务服务中心服务效率整体稳步提升，2023 年经营主体"一次办""一窗办""一小时办"的比例分别为 63%、69%、81%。

全国政务服务中心建设中存在的主要问题是标准化建设不充分、便利化建设到达边界，亟须转向增质化改革新阶段。

一　政务服务中心硬件设施建设现状

（一）进驻部门集中，2023年平均进驻27.1个部门

部门集中进驻政务大厅有助于事项集中高效办理，实现"高效办

---

[*] 执笔人：梁清扬、丁意茹、周荃。

第五章　政务服务中心建设调查报告

成一件事"。在调查中，调查员实地计算了各个政务大厅进驻部门数量。如图5-1所示，2018~2023年线下政务大厅平均进驻部门数量分别为24.0个、19.2个、18.7个、27.0个、23.5个和27.1个，整体呈上升趋势。

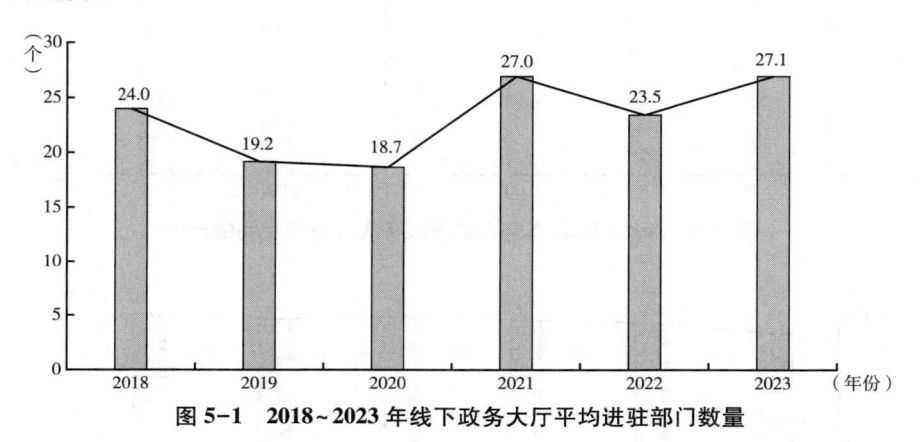

图5-1　2018~2023年线下政务大厅平均进驻部门数量

（二）基础硬件设施几乎100%齐备，办事环境舒适

本报告将卫生间、茶水间、空调或暖气、取号机、LED显示屏、等候区等统称为基础硬件设施。卫生间方面，如图5-2所示，2018~2023年全国线下政务大厅有卫生间的比例均保持在97%以上，接近100%。空调或暖气方面，如图5-3所示，2018~2023年全国线下政务大厅有空调或暖气的比例保持在95%以上，2023年达100%，总体呈上升趋势。等候区方面，如图5-4所示，2018~2023年，全国政务大厅有等候区的比例从2018年的96%上升到2023年的100%，总体呈上升趋势。取号机方面，如图5-5所示，2018~2023年全国线下政务大厅有取号机的比例整体呈上升趋势，从2018年的80%增加至2023年的95%。茶水间方面，如图5-6所示，2023年全国线下政务大厅有茶水间的比例为93%，2018~2023年总体呈上升趋势。LED显示屏方面，如图5-7所示，2023年全国线下政务大厅有LED显示屏的比例为88%。

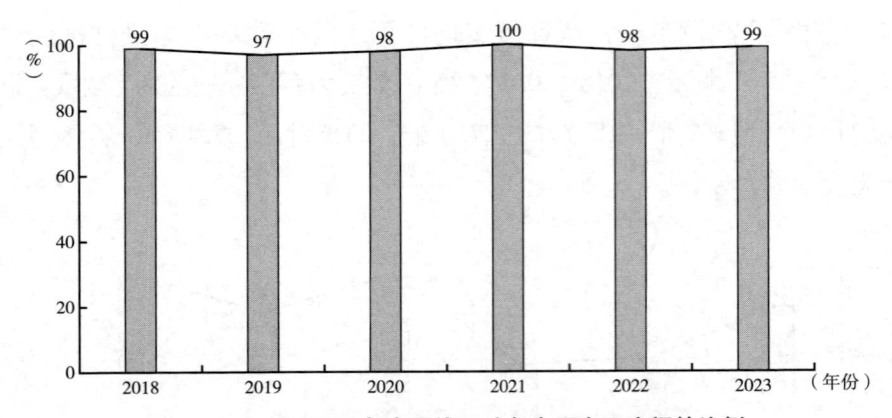

图 5-2 2018~2023 年全国线下政务大厅有卫生间的比例

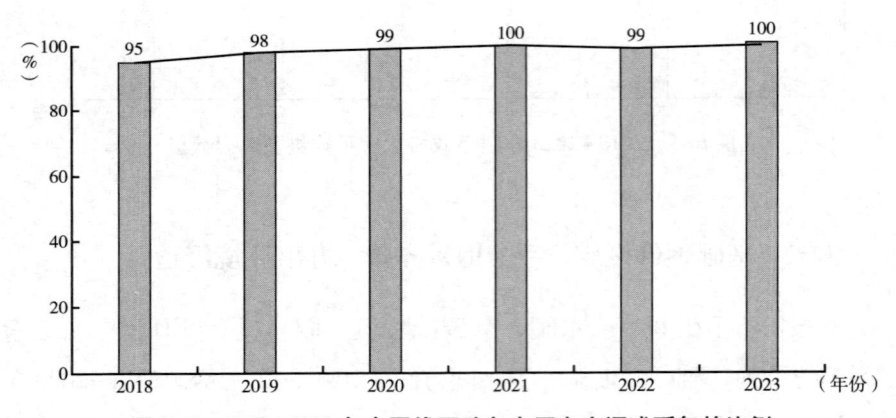

图 5-3 2018~2023 年全国线下政务大厅有空调或暖气的比例

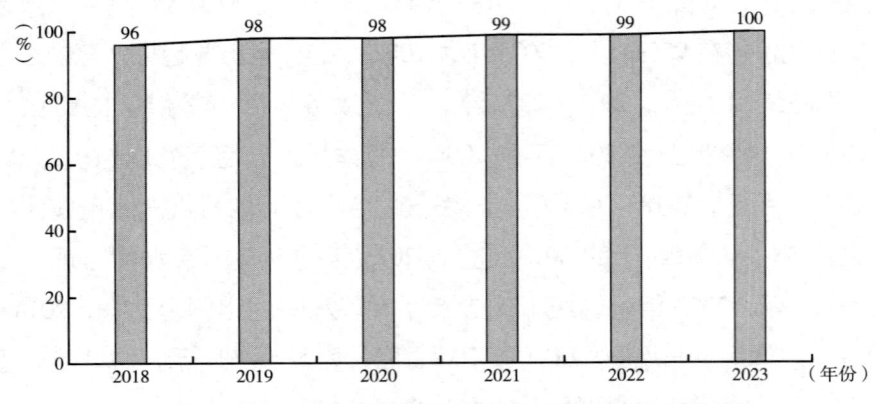

图 5-4 2018~2023 年全国线下政务大厅有等候区的比例

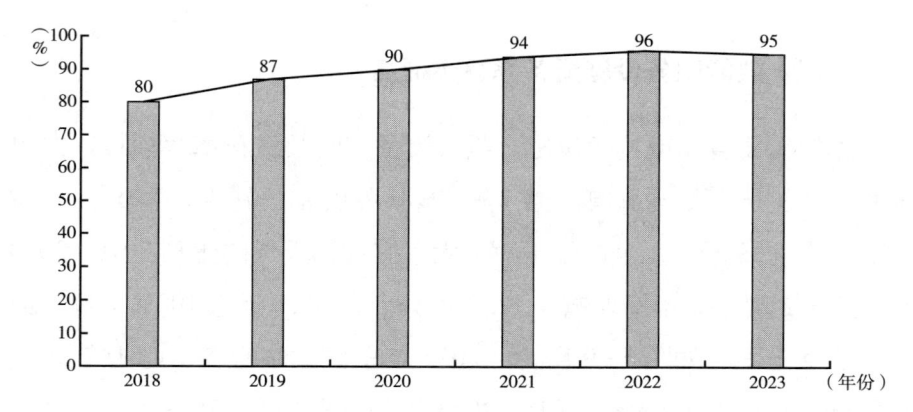

第五章　政务服务中心建设调查报告

图 5-5　2018~2023 年全国线下政务大厅有取号机的比例

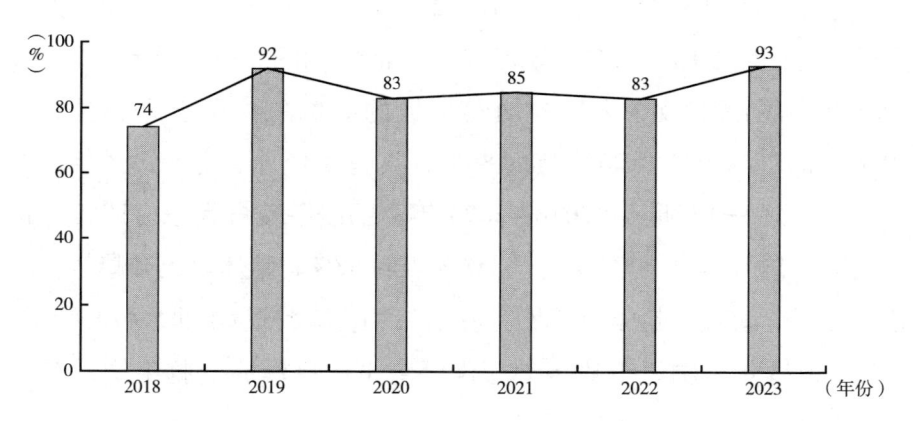

图 5-6　2018~2023 年全国线下政务大厅有茶水间的比例

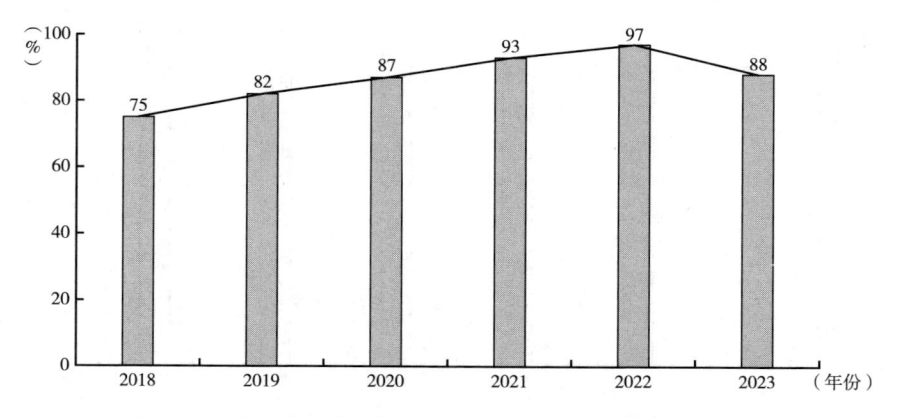

图 5-7　2018~2023 年全国线下政务大厅有 LED 显示屏的比例

· 79 ·

（三）效能服务设施配备率逐步提高

本报告将复印或打印设施、照相设备，以及资料填写模板、办事流程、咨询人员、电脑等定义为效能服务设施。其中，咨询人员方面，如图5-8所示，全国线下政务大厅有咨询人员的比例2018~2023年呈上升趋势，6年间增幅为11个百分点，2023年达100%。复印或打印服务方面，如图5-9所示，2023年全国线下政务大厅有复印或打印服务的比例为93%，2018~2023年基本保持在87%~97%。办事流程方面，如图5-10所示，2018~2023年全国线下政务大厅有办事流程的比例在79%~92%。填写模板方面，如图5-11所示，2018~2023年全国线下政务大厅有填写模板的比例总体呈上升趋势，从2018年的72%上升至2023年的88%，共提升16个百分点。照相设备方面，如图5-12所示，2018~2023年全国线下政务大厅有照相设备的比例从2018年的48%上升至2023年的58%，整体呈上升趋势。电脑方面，全国线下政务大厅平均配备的电脑数量如图5-13所示，2019~2023年全国线下政务大厅供经营主体操作的电脑平均数量为4.2~7.8台。

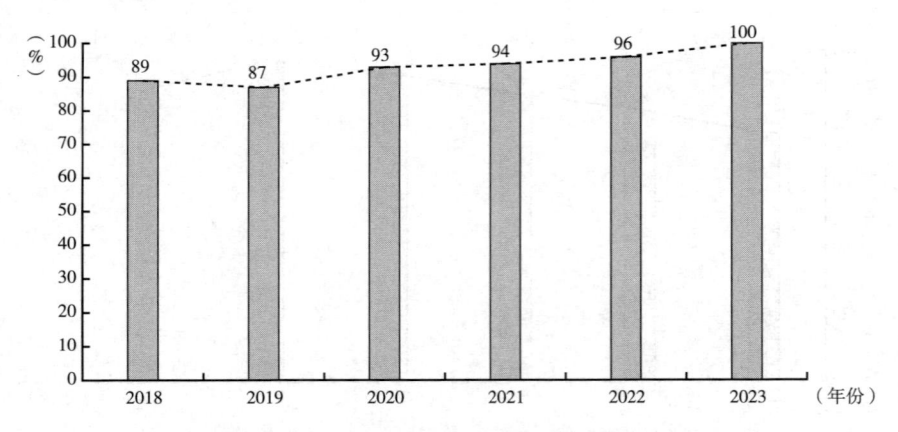

图5-8　2018~2023年全国线下政务大厅有咨询人员的比例

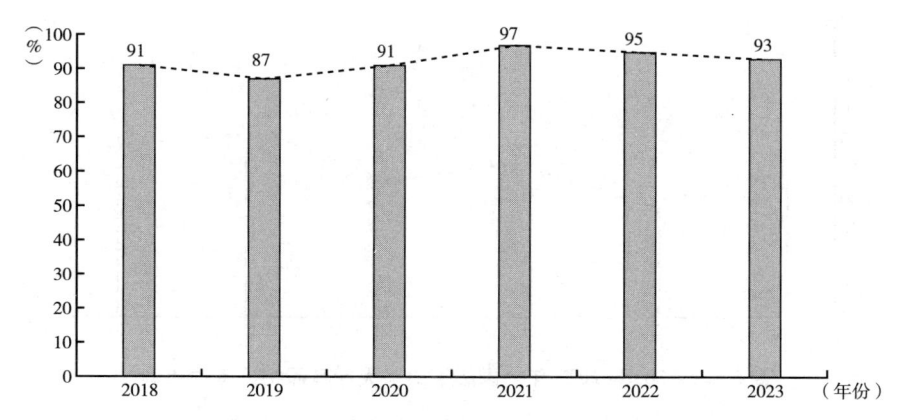

第五章 政务服务中心建设调查报告

图 5-9 2018~2023 年全国线下政务大厅有复印或打印服务的比例

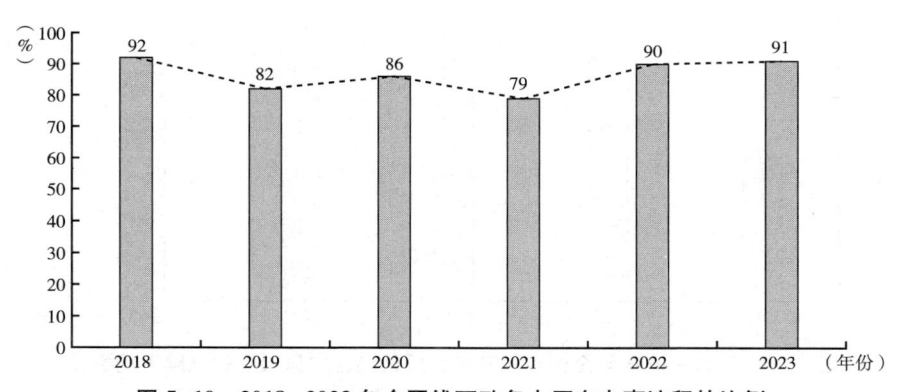

图 5-10 2018~2023 年全国线下政务大厅有办事流程的比例

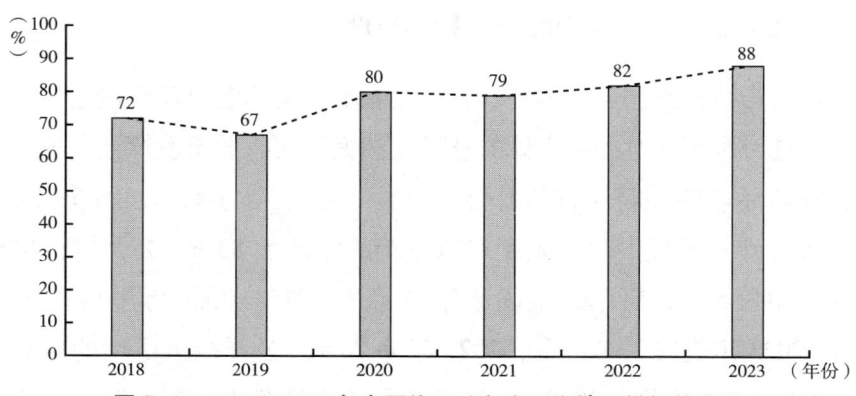

图 5-11 2018~2023 年全国线下政务大厅有填写模板的比例

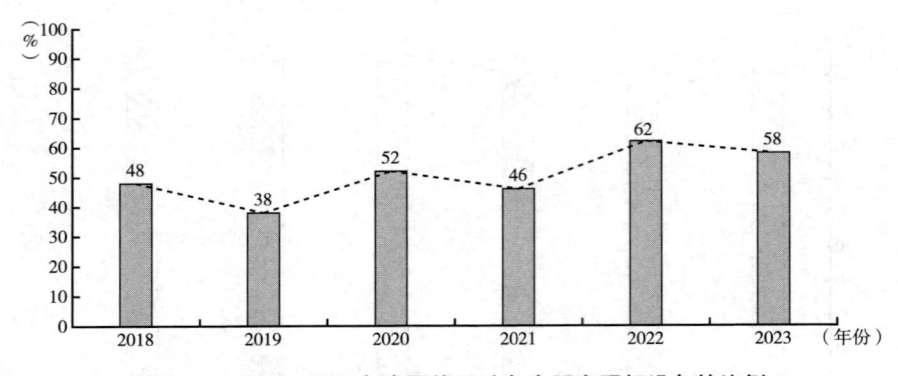

图 5-12　2018~2023 年全国线下政务大厅有照相设备的比例

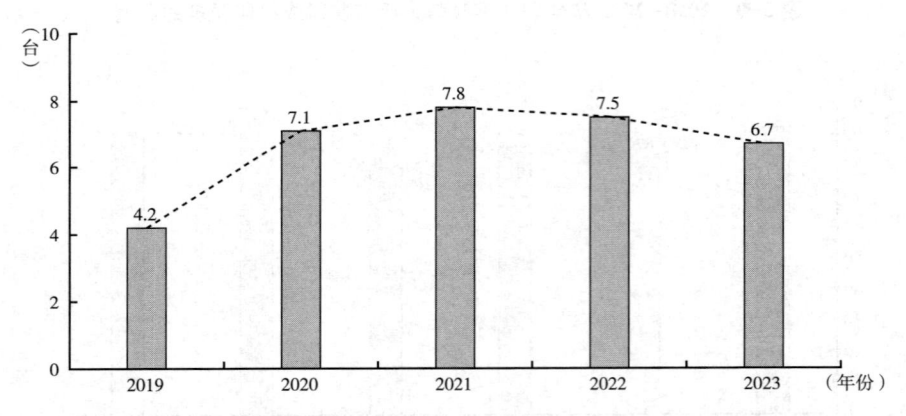

图 5-13　2019~2023 年全国线下政务大厅供经营主体操作的电脑平均数量

（四）意见反馈设施配备率约为80%

本报告将评价器、投诉电话和意见箱等定义为意见反馈设施。意见反馈设施有利于拓宽经营主体的意见反馈渠道，有助于发挥社会公众对优化营商环境的监督和促进作用。其中，意见箱方面，如图 5-14 所示，2023 年全国线下政务大厅有意见箱的比例为 83%。公开投诉电话方面，如图 5-15 所示，全国线下政务大厅有公开投诉电话的比例 2021~2023 年连续三年上升，2023 年为 78%。公开投诉电话的接听方面，如图 5-16 所示，2019~2023 年全国线下政务大厅有人接听公开投

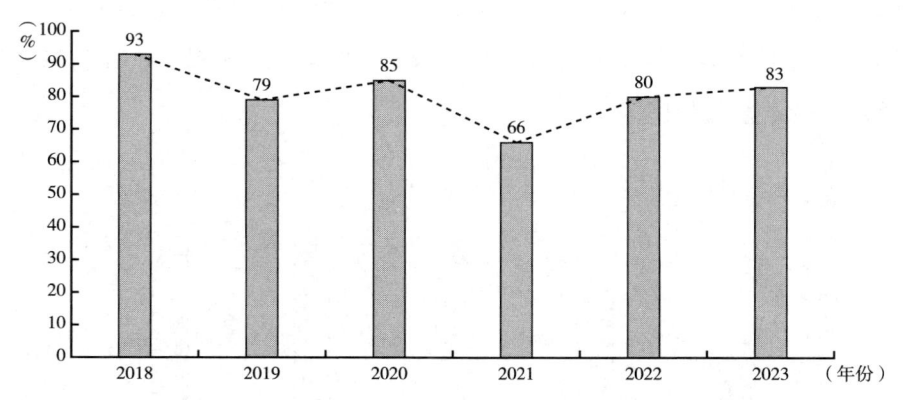

第五章　政务服务中心建设调查报告

图 5-14　2018~2023 年全国线下政务大厅有意见箱的比例

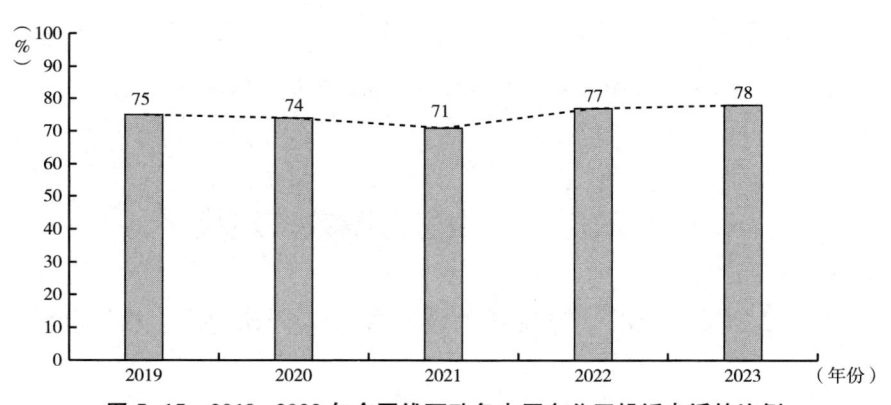

图 5-15　2019~2023 年全国线下政务大厅有公开投诉电话的比例

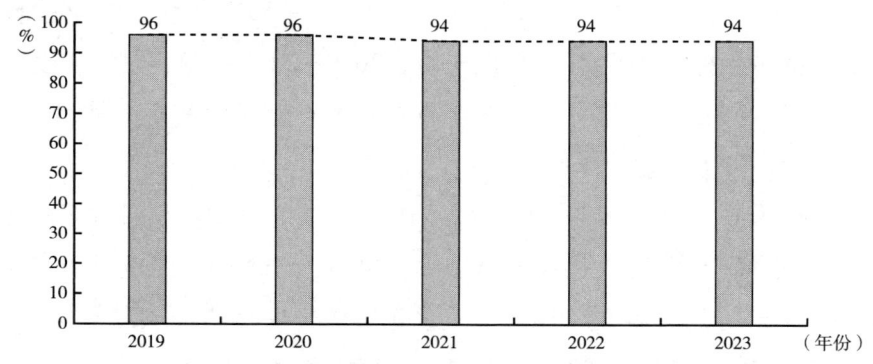

图 5-16　2019~2023 年全国线下政务大厅有人接听公开投诉电话的比例

诉电话的比例为94%~96%。评价器方面，如图5-17所示，2019~2023年全国线下政务大厅有评价器的比例分别为40%、59%、66%、82%、75%，总体呈上升趋势。

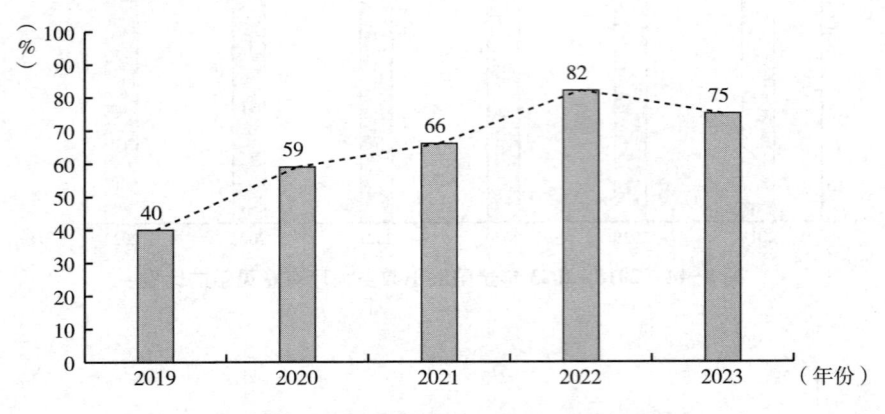

图5-17 2019~2023年全国线下政务大厅有评价器的比例

二 政务服务中心办事效率现状

（一）2023年63%的经营主体一件事"一次办"，六年间约增加一倍

经营主体为办事前往线下政务服务中心的次数越少，越有利于"高效办成一件事"。如图5-18所示，2018年有30%的经营主体反馈来政务服务中心办成一件事只需跑一次，2019~2023年这一比例持续提升，2023年首次突破60%。2023年有63%的经营主体实现一件事"一次办"，较2018年提升1倍左右。

分规模看，2023年各规模经营主体一件事"一次办"比例都超过60%。如图5-19所示，微型经营主体一件事"一次办"比例从2018年的31%提升至2023年的60%，小型经营主体一件事"一次办"比例从2018年的26%提升至2023年的64%，大中型经营主体一件事"一次

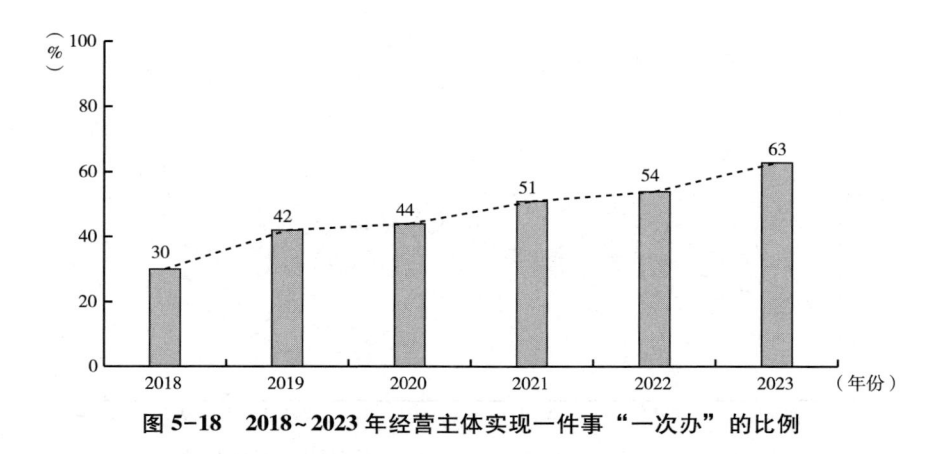

图 5-18 2018~2023 年经营主体实现一件事"一次办"的比例

办"比例从 2018 年的 29% 提升至 2023 年的 62%。2018~2023 年，不同规模经营主体的一件事"一次办"比例均呈提高态势，其中小型经营主体增幅最大，为 38 个百分点。

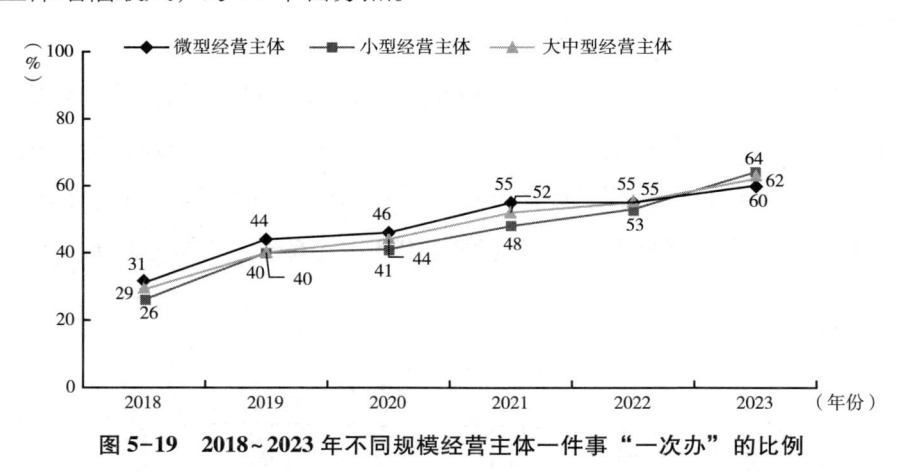

图 5-19 2018~2023 年不同规模经营主体一件事"一次办"的比例

分行业看，2023 年各行业经营主体一件事"一次办"比例均超过 60%。如图 5-20 所示，服务业一件事"一次办"比例从 2018 年的 29% 提升至 2023 年的 62%，新兴行业与工业建筑业一件事"一次办"比例均从 2018 年的 29% 提升至 2023 年的 64%。从增幅来看，新兴行业与工业建筑业增幅最大，均达 35 个百分点。

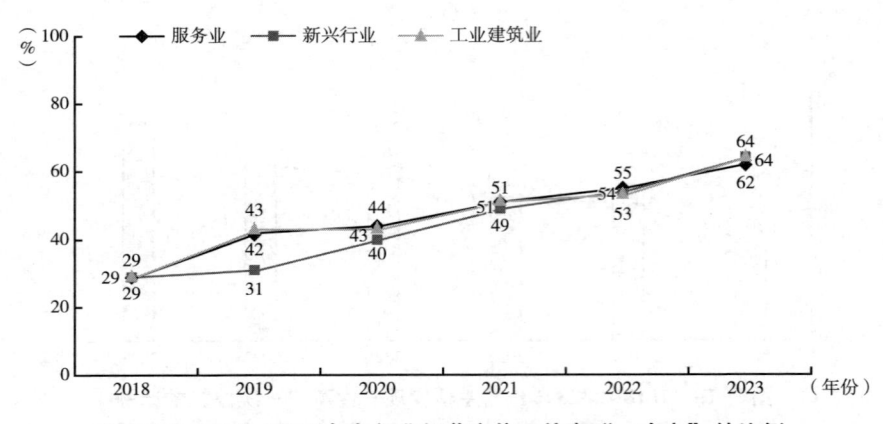

图 5-20　2018~2023 年各行业经营主体一件事"一次办"的比例

注：农林牧渔业经营主体样本不足，故不予报告，下同。

（二）2023年69%的经营主体"一窗办"，六年间保持在七成左右

经营主体打交道的办事窗口数越少，越有助于"高效办成一件事"。在调查中，调查员访问经营主体，"在过去半年中，您来这个办事大厅每次大致与几个窗口打交道"。如图 5-21 所示，2018~2023 年经营主体业务"一窗办"比例由 2018 年的 65%提高到 2023 年的 69%，整体呈上升趋势。

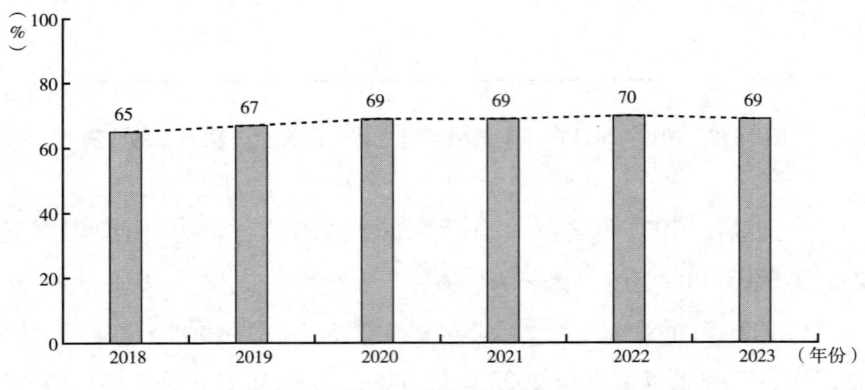

图 5-21　2018~2023 年经营主体业务"一窗办"比例

分规模看，2023年各规模经营主体业务"一窗办"比例在66%以上。如图5-22所示，2023年，微型、小型、大中型经营主体业务"一窗办"比例分别为68%、71%、66%。从2018~2023年趋势来看，微型经营主体2023年业务"一窗办"比例与2018年基本持平；小型经营主体2023年业务"一窗办"比例较2018年提升了7个百分点，整体呈逐年上升趋势；大中型经营主体2023年业务"一窗办"比例与2018年相比提升了1个百分点，整体变化不大。

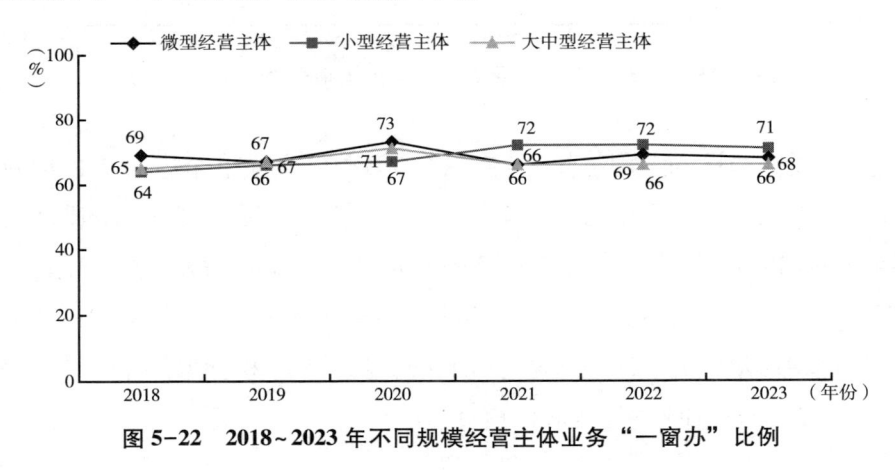

图 5-22　2018~2023 年不同规模经营主体业务"一窗办"比例

分行业看，2023年，主要行业经营主体业务"一窗办"的比例在68%以上。如图5-23所示，2023年，工业建筑业、服务业、新兴行业经营主体业务"一窗办"比例分别为68%、70%、70%。从2018~2023年趋势来看，工业建筑业经营主体2023年业务"一窗办"比例比2018年提升了4个百分点，整体呈上升趋势；服务业经营主体2023年业务"一窗办"比例比2018年提升了2个百分点，整体变化不大；新兴行业经营主体2023年业务"一窗办"比例比2018年提升了7个百分点，整体呈上升趋势。

（三）2023年81%的经营主体一件事"一小时办"，2018~2023年提高9个百分点

经营主体办事花费时间越少，越能体现"高效办成一件事"。在调

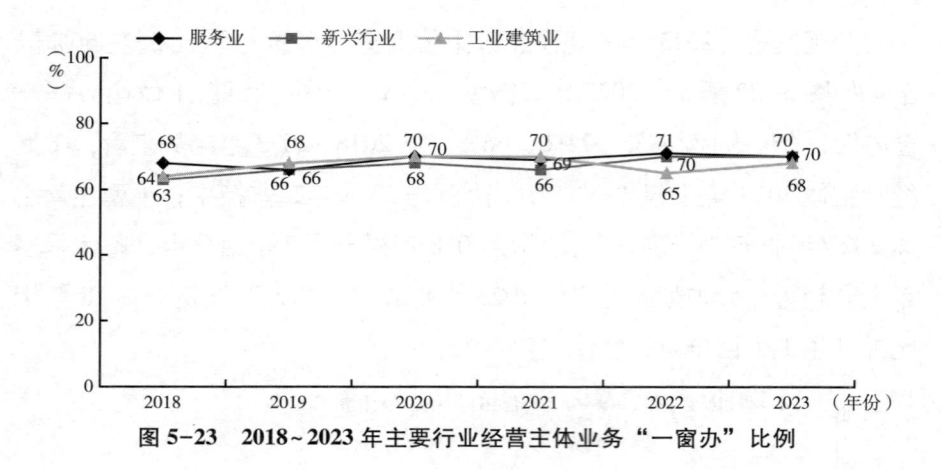

图 5-23　2018~2023 年主要行业经营主体业务"一窗办"比例

查中，调查员访问经营主体"在过去半年中，您来这个办事大厅办理业务每次大概需要几小时（不含交通时间）"，然后计算一小时即可办结一件事的经营主体占比。如图 5-24 所示，2018 年 72% 的经营主体一件事办理业务时间不到 1 小时，2018~2023 年经营主体一件事"一小时办"比例波动上升，2023 年达到 81%，与 2018 年相比增加了 9 个百分点，与 2022 年相比增加了 6 个百分点。

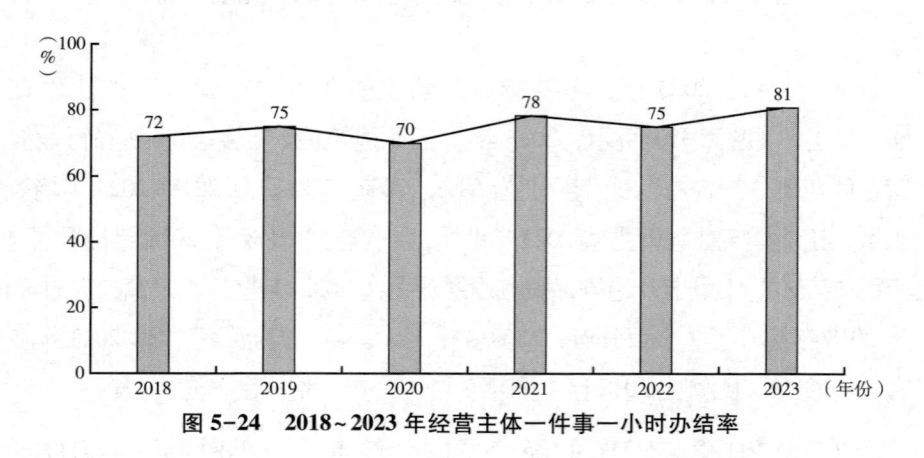

图 5-24　2018~2023 年经营主体一件事一小时办结率

分规模看，2023 年各规模经营主体一件事"一小时办"比例在 80% 以上。如图 5-25 所示，2023 年，微型、小型、大中型经营主体一件事"一小时办"比例分别为 80%、81%、83%。从 2018~2023 年趋势来看，微型经营主体 2023 年一件事"一小时办"比例较 2018 年提升了 4 个百分点，整体呈上升趋势；小型经营主体 2023 年一件事"一小时办"比例较 2018 年提升了 10 个百分点，整体呈上升趋势；大中型经营主体 2023 年一件事"一小时办"比例较 2018 年提升了 12 个百分点，整体呈上升趋势。

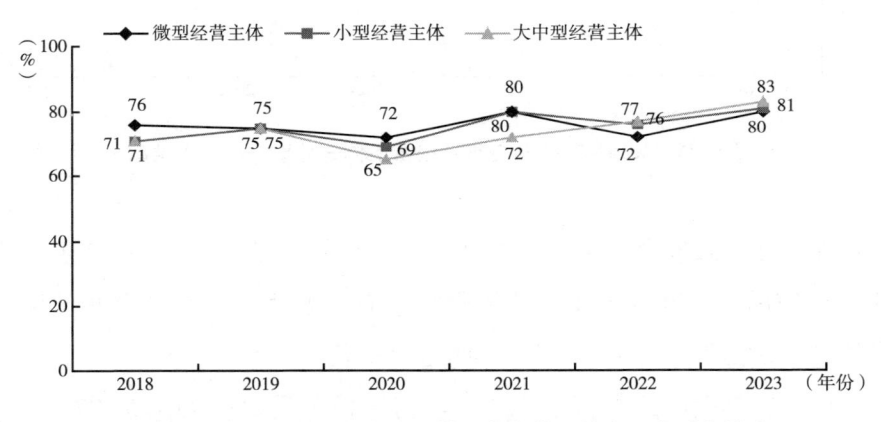

图 5-25　2018~2023 年不同规模经营主体一件事一小时办结率

分行业看，2023 年主要行业经营主体一件事"一小时办"比例在 80% 以上。如图 5-26 所示，2023 年，工业建筑业、服务业、新兴行业经营主体一件事"一小时办"分别为 80%、82%、83%。从 2018~2023 年变化趋势来看，工业建筑业经营主体 2023 年一件事"一小时办"比例比 2018 年提升了 9 个百分点，整体呈上升趋势；服务业经营主体 2023 年一件事"一小时办"比例比 2018 年提升了 9 个百分点，整体呈上升趋势；新兴行业经营主体 2023 年一件事"一小时办"比例比 2018 年提升了 9 个百分点，整体呈上升趋势。

（四）使用数字政府能够提高"一次办""一小时办"比例

本报告所定义的数字政府包括网上办事大厅、手机端办事 App 和

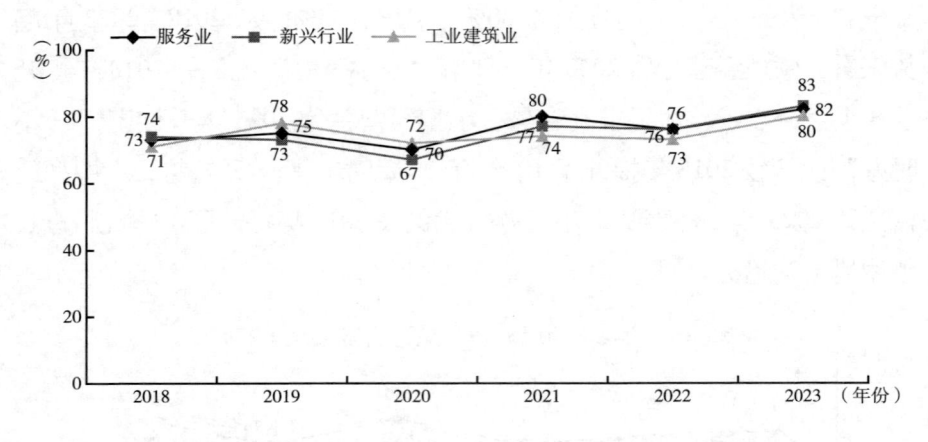

图 5-26 2018~2023 年各行业经营主体一件事一小时办结率

小程序等线上政府办事平台，以是否使用数字政府为依据将经营主体分为"未使用数字政府"和"使用数字政府"两类，分别计算两类经营主体"一次办""一窗办""一小时办"比例。

使用数字政府的经营主体"一次办"比例更高。如图 5-27 所示，2019~2023 年两类经营主体的"一次办"比例总体呈上升趋势，且使用数字政府的经营主体比未使用数字政府的经营主体"一次办"比例更高，2019 年使用数字政府的经营主体比未使用数字政府的经营主体"一次办"比例高 1 个百分点，2020 年高 6 个百分点，2021 年高 2 个百分点，2022 年持平，2023 年高 1 个百分点。

使用数字政府的经营主体"一窗办"比例更高。如图 5-28 所示，2019~2023 年，由于"一窗通办"改革的持续推行，经营主体"一窗办"比例整体呈上升趋势，且使用数字政府的经营主体比未使用数字政府的经营主体"一窗办"比例更高。2019 年使用数字政府的经营主体比未使用数字政府的经营主体"一窗办"比例高 3 个百分点，2020 年高 2 个百分点，2021 年高 6 个百分点，2022 年高 1 个百分点，2023 年持平。

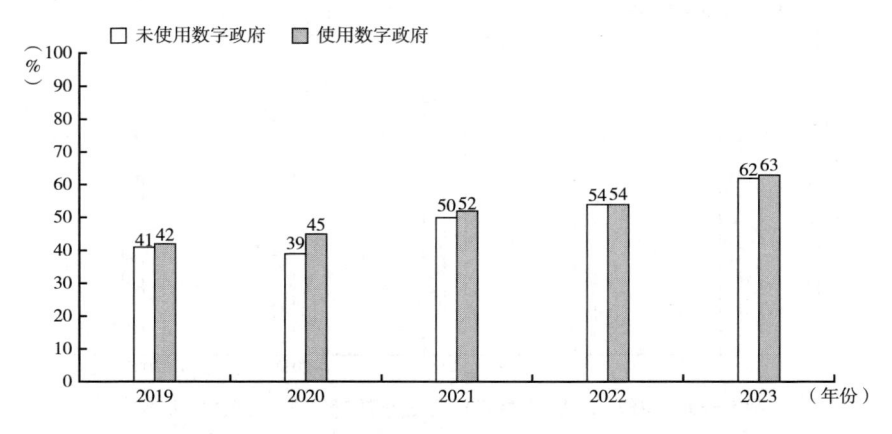

图 5-27　2019~2023 年是否使用数字政府"一次办"比例

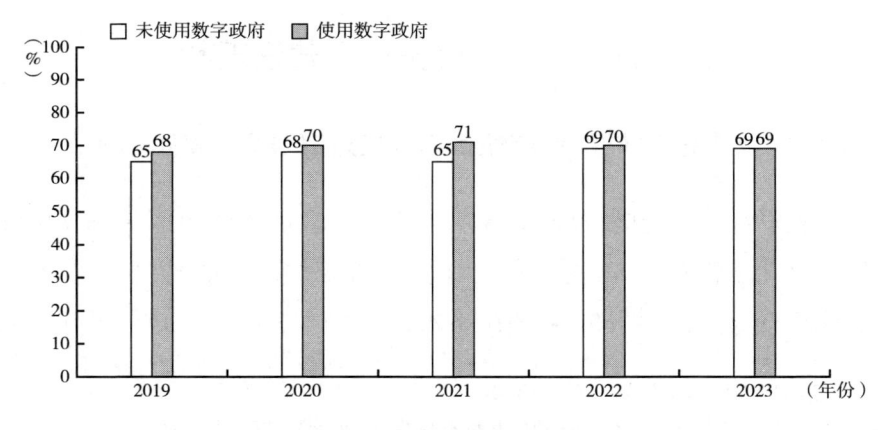

图 5-28　2019~2023 年是否使用数字政府"一窗办"比例

使用数字政府的经营主体"一小时办"比例更高。如图 5-29 所示，2019~2023 年使用数字政府的经营主体比未使用数字政府的经营主体"一小时办"比例更高。2019 年，使用数字政府的经营主体比未使用数字政府的经营主体"一小时办"比例高 3 个百分点，2020 年高 7 个百分点，2021 年高 1 个百分点，2022 年高 1 个百分点，2023 年高 2 个百分点。

图 5-29　2019~2023 年是否使用数字政府"一小时办"比例

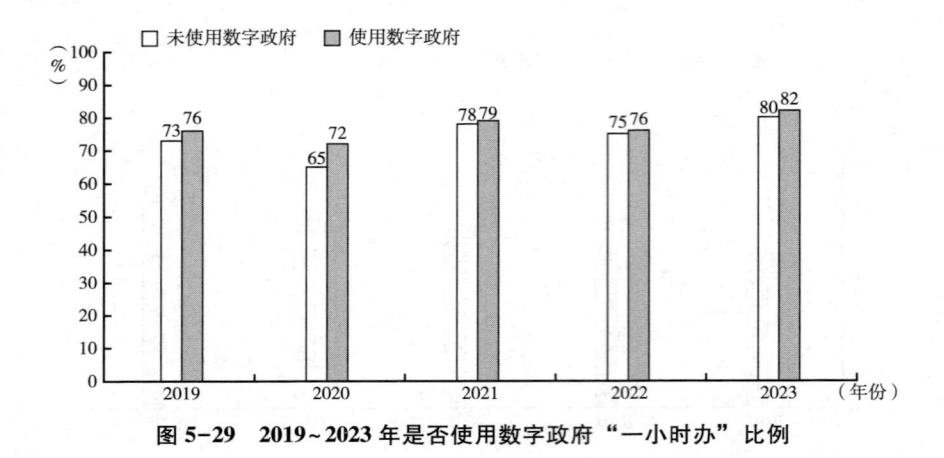

三　分省份政务服务中心建设现状

（一）各地基础硬件设施配备率都接近100%，差距不大

调查发现，在全国抽样的 18 个省份中，各地政务大厅基础硬件设施配备率几乎都接近 100%，差距不大。以等候区、取号机、卫生间、空调或暖气为例，如图 5-30 所示，2023 年样本省份线下政务大厅有等

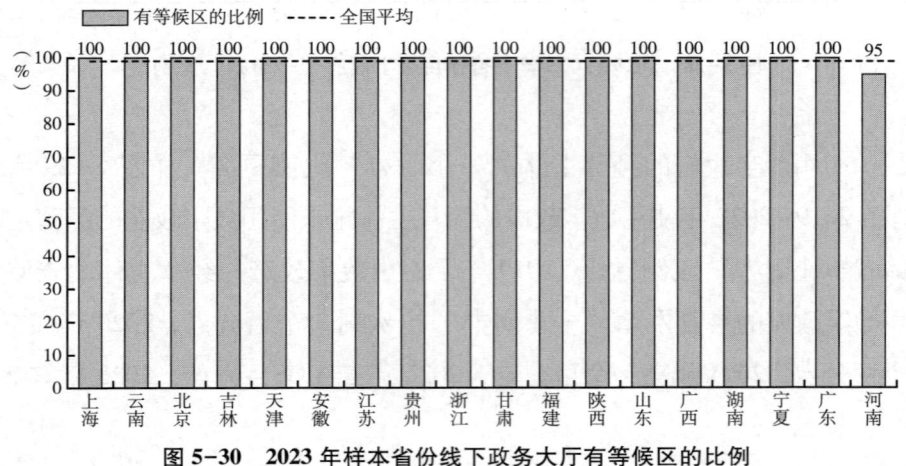

图 5-30　2023 年样本省份线下政务大厅有等候区的比例

候区的平均比例为99%，配备率接近100%。如图5-31所示，2023年样本省份线下政务大厅有取号机的平均比例为96%，配备率平均水平在90%以上。如图5-32所示，2023年样本省份线下政务大厅有卫生间的平均比例为99%，配备率接近100%。如图5-33所示，2023年样本省份有空调或暖气的平均比例为99%，配备率接近100%。

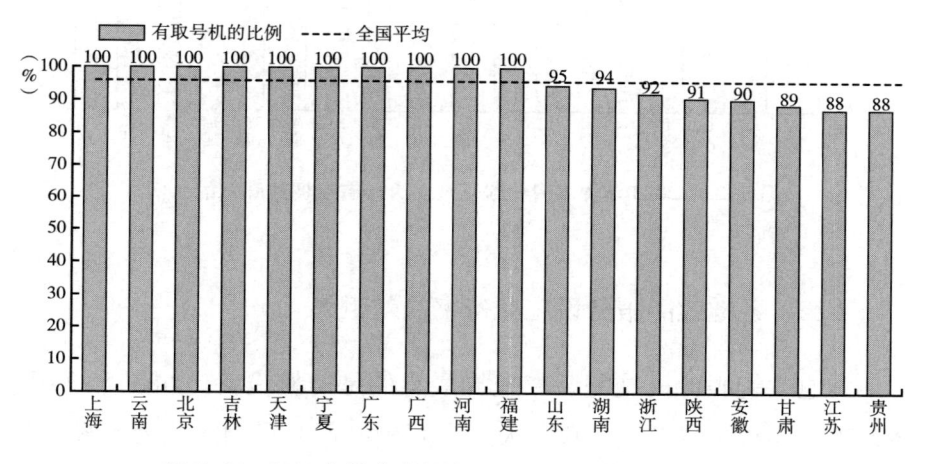

图5-31 2023年样本省份线下政务大厅有取号机的比例

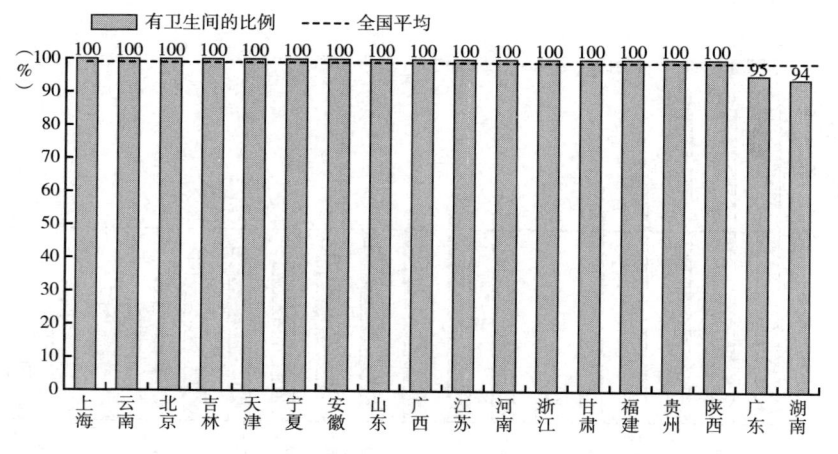

图5-32 2023年样本省份线下政务大厅有卫生间的比例

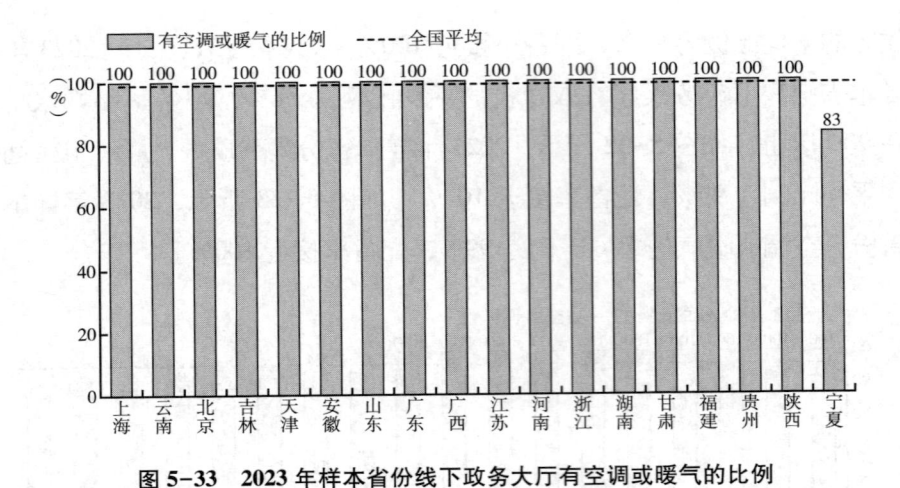

图 5-33　2023 年样本省份线下政务大厅有空调或暖气的比例

（二）各地效能服务设施配备率的差距大

各地效能服务设施配备率差异最大的是照相设备。如图 5-34 所示，2023 年样本省份线下政务大厅有照相设备的平均比例为 61%。其中配备率最高的是北京、天津、浙江，均为 100%；最低的是陕西，配备率为 18%。

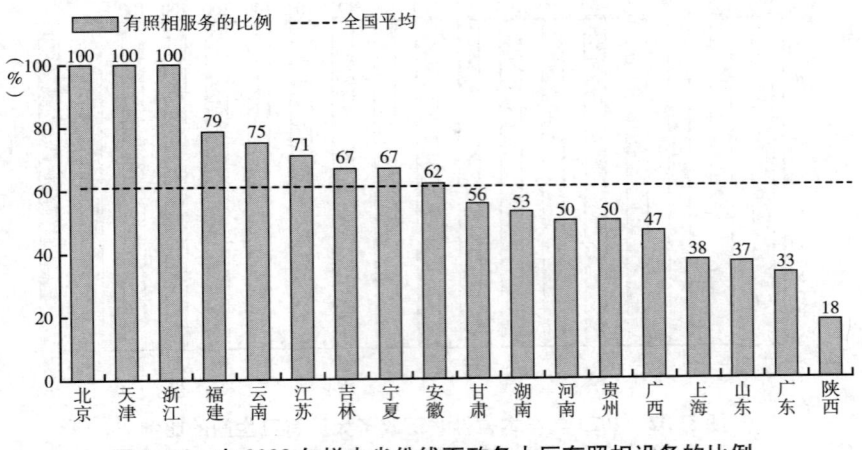

图 5-34　有 2023 年样本省份线下政务大厅有照相设备的比例

样本省份办事流程、填写模板、打印或复印设备的配备率差异次之。如图 5-35 所示，2023 年样本省份线下政务大厅有办事流程的平均比例为 93%。其中，配备率最高的是上海、云南、北京、天津、宁夏、广西、浙江、湖南、贵州和陕西，均为 100%；最低的是吉林，为 56%。如图 5-36 所示，2023 年样本省份线下政务大厅有填写模板的平均比例为 89%。其中，配备率最高的是上海、云南、北京、天津、广西、湖南、福建和陕西，均为 100%；最低的是吉林，为 56%。如图 5-37 所示，2023 年样本省份线下政务大厅有复印或打印服务的平均比例为 94%。

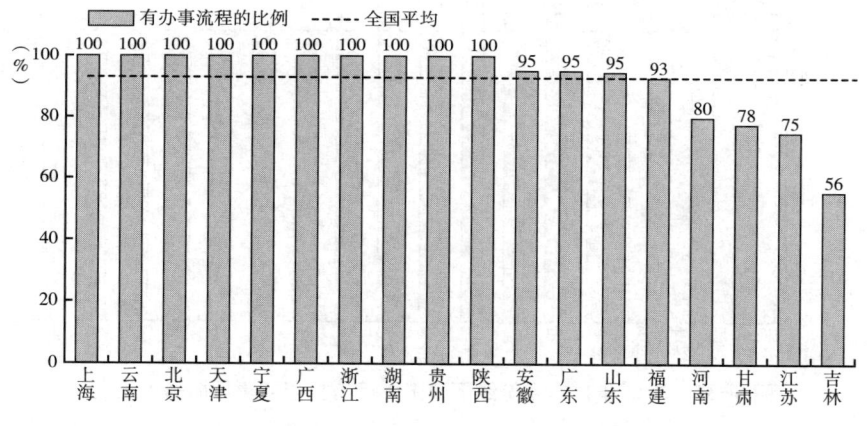

图 5-35　2023 年样本省份线下政务大厅有办事流程的比例

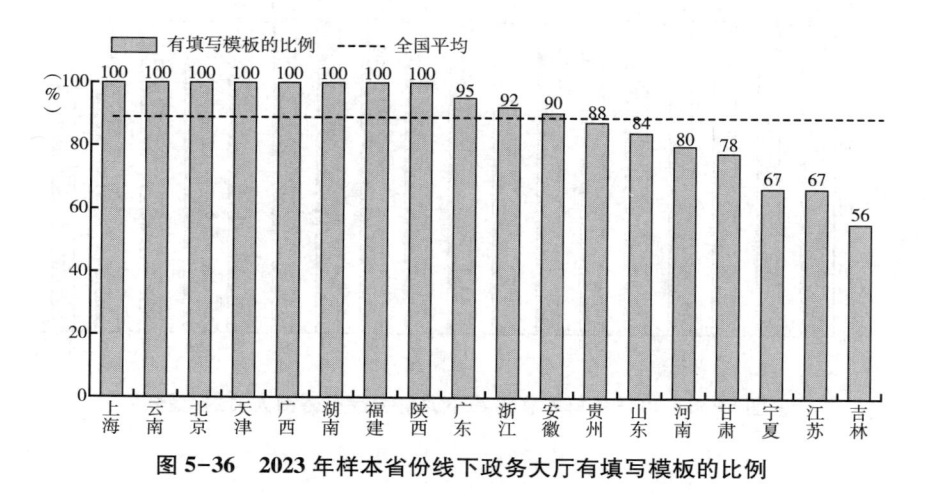

图 5-36　2023 年样本省份线下政务大厅有填写模板的比例

其中，配备率最高的是云南、北京、吉林、天津、宁夏、安徽、山东、广西、浙江和贵州，均为100%；最低的是上海，配备率为63%。

样本省份咨询人员配备率差异最小。如图5-38所示，2023年样本省份线下政务大厅有咨询人员的平均比例为96%，样本省份配备率在70%以上。其中，配备率最高的是上海、云南、北京、天津、吉林、宁夏、广东、河南、江苏、浙江、湖南、甘肃、福建和贵州，均为100%；最低的是陕西，配备率为73%。

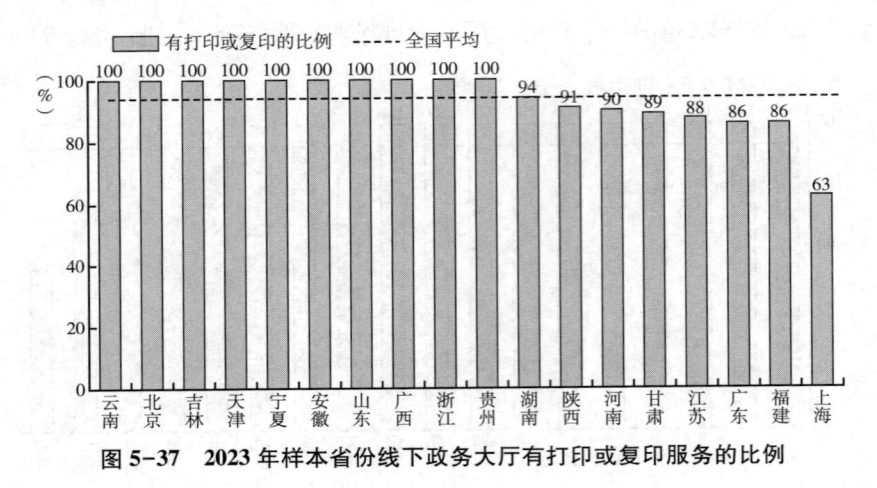

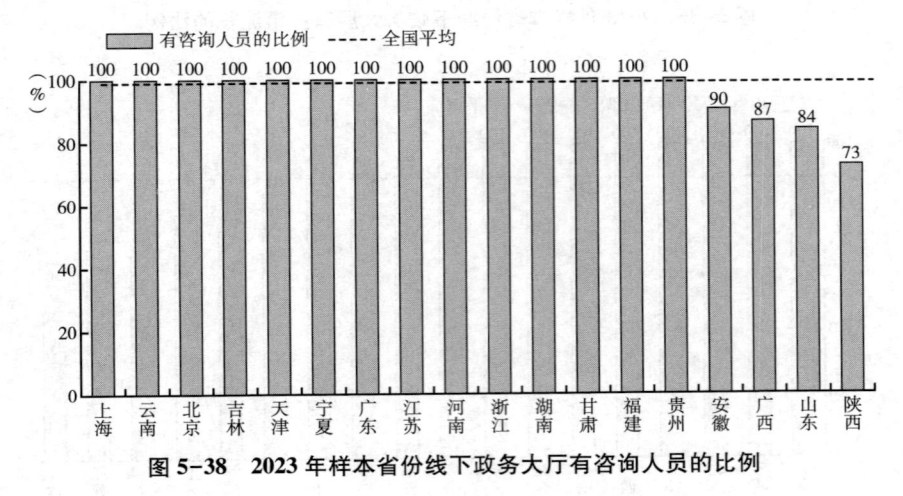

图5-37　2023年样本省份线下政务大厅有打印或复印服务的比例

图5-38　2023年样本省份线下政务大厅有咨询人员的比例

（三）各地办事效率差距大，浙江一件事"一次办"比例最高

在一件事"一次办"比例上，调查省份中的最高值与最低值相差38个百分点。如图5-39所示，2023年调查的18个省份中，一件事"一次办"比例最高的是浙江，2023年82%的浙江受访经营主体表示可以一件事"一次办"；最低的是广东，2023年44%的广东经营主体表示可以一件事"一次办"。广东省一位经营主体表示，"办事倒是挺快的，但是办不了就是办不了，还得再来一趟"；广东省部分经营主体表示，线上提前办理一部分业务并不能减轻线下业务的烦琐程度。

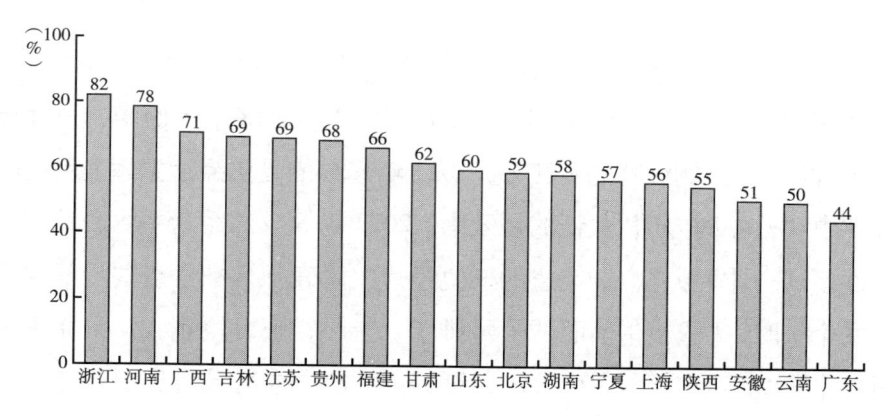

图5-39 2023年样本省份一件事"一次办"的比例

（浙江82、河南78、广西71、吉林69、江苏69、贵州68、福建66、甘肃62、山东60、北京59、湖南58、宁夏57、上海56、陕西55、安徽51、云南50、广东44）

注：天津市样本不足，故未予报告。

在一件事"一窗办"比例上，调查省份中的最高值与最低值相差28个百分点。如图5-40所示，2023年调查的18个省份中，一件事"一窗办"比例最高的是上海，2023年82%的上海受访经营主体表示可以一件事"一窗办"；最低的是湖南，2023年54%的湖南经营主体表示可以一件事"一窗办"。湖南省有经营主体表示，"窗口审材料时间长，总是要花两三个小时"。还有经营主体表示，"办事大厅内有十几个综合办事窗口，但实际开着的不到3个"。

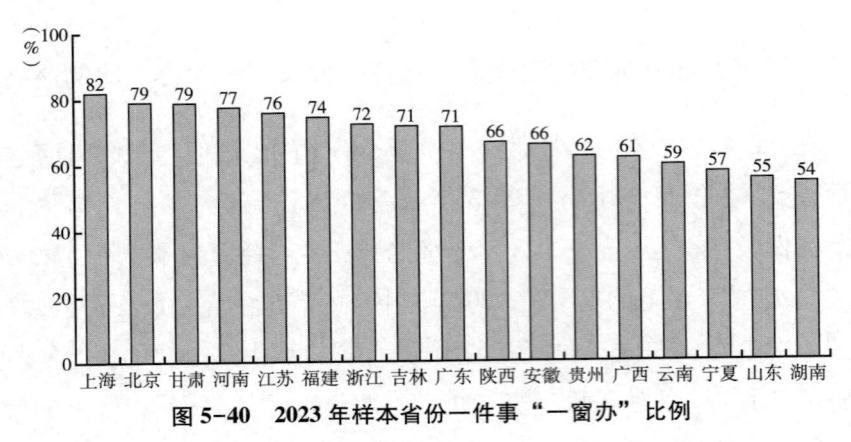

中国营商环境企业调查（2024）

图 5-40　2023 年样本省份一件事"一窗办"比例

数据（%）：上海 82、北京 79、甘肃 79、河南 77、江苏 76、福建 74、浙江 72、吉林 71、广东 71、陕西 66、安徽 66、贵州 62、广西 61、云南 59、宁夏 57、山东 55、湖南 54。

注：天津市样本不足，故未予报告。

在一件事"一小时办"比例上，调查省份中的最高值与最低值相差 26 个百分点。如图 5-41 所示，2023 年调查的 18 个省份中，一件事"一小时办"比例最高的是江苏，2023 年 92% 的受访经营主体表示可以一件事"一小时办"；最低的是云南，2023 年 66% 的经营主体表示可以一件事"一小时办"。云南省的一位经营主体表示，排号基本上都要等一两个小时，"我上午前面两个号排了一上午，都没轮到我，只能下午再过来了"。也有经营主体表示，没有在工商办事区域看见引导办事的工作人员，导致办事效率低。

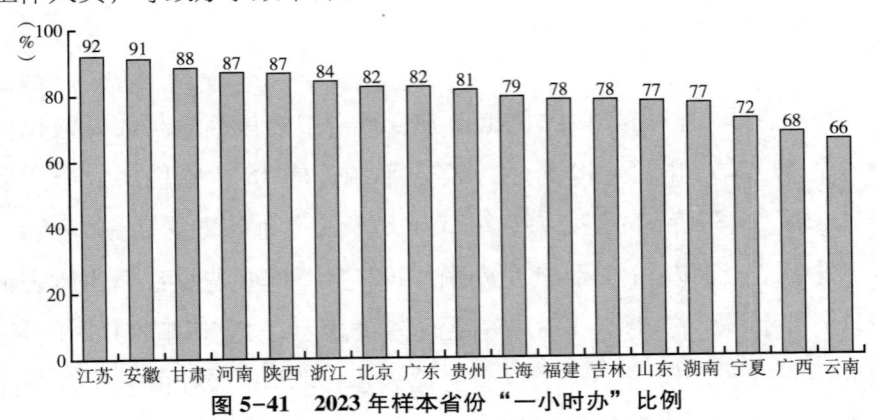

图 5-41　2023 年样本省份"一小时办"比例

数据（%）：江苏 92、安徽 91、甘肃 88、河南 87、陕西 87、浙江 84、北京 82、广东 82、贵州 81、上海 79、福建 78、吉林 78、山东 77、湖南 77、宁夏 72、广西 68、云南 66。

注：天津市样本不足，故未予报告。

四 政务服务中心建设面临的挑战

(一)政务服务标准化建设不充分,同一大厅不同窗口办事标准不统一

部分经营主体表示,当前仍存在不同部门、不同窗口之间办事标准不统一的问题,降低了办事效率。东部某地政务服务中心的一位经营主体表示,"大厅有很多窗口,我每次来办事情,每个窗口提出的要求都是不一样的,导致一份资料要改多次,似乎没有一个非常完整的标准,资料变更也不会及时通知"。东部另一省份的经营主体也有相同的感受,"大厅的税务和工商窗口对材料要求不统一,给办事带来了很多麻烦"。另一位经营主体也表示,"不同窗口的办事人员要求不一,我在一个窗口办了一半事情然后回去取资料,回来以后到了另一个窗口,窗口的工作人员就说我的资料不合格"。还有经营主体表示线上和线下的标准不统一,认为"现在网上提供的办事信息和线下要求的不符合,且线上信息不够详细,对加快业务办理进度并没有太大的促进作用"。

(二)政务服务便利化建设有边界,减次数、减时间的幅度收窄

从逻辑上看,"放管服"改革便利经营主体办事的程度必然存在一个边界。当经营主体办事要跑的次数较多、时间较长时,通过"放管服"改革降低经营主体办事成本的空间较大。随着改革的不断推进,办事成本不断降低,进一步压缩办事时间、次数的空间必然会越来越小,经营主体的获得感可能也会降低,营商环境建设就应当告别便利化改革阶段。

从调查数据看,与预期一致,减次数、减时间的幅度都逐渐减

小。如图5-42所示，2018~2019年，经营主体办一件事要跑的次数从2.3次降低到1.9次，减少了0.4次；2019~2023年，经营主体办事次数每年减少的幅度为0.1次。在办事时间上，如图5-43所示，2018~2019年，经营主体每次办事要花费的时间从1.4小时降低到1.2小时，减少了0.2小时；2019~2023年，经营主体每次办事要花费的时间为1.0~1.3小时，没有明显的减少。这说明，政务服务便利化改革成效已经到达边界，进一步降低办事次数和时间的难度越来越大，要转向增质化改革新阶段。

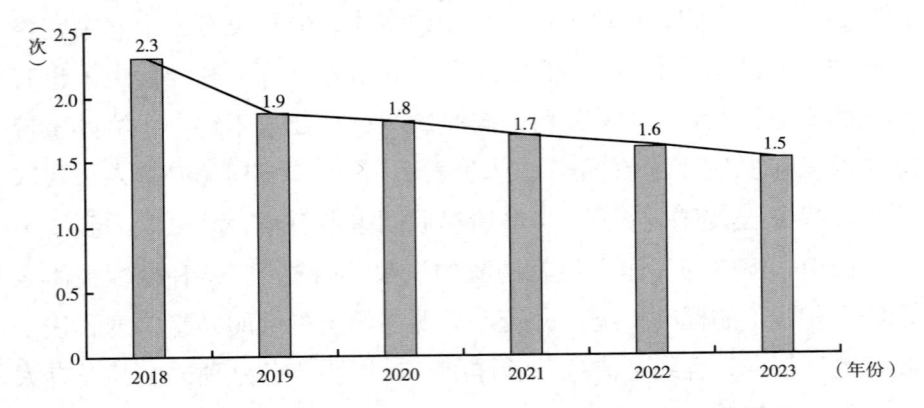

图5-42　2018~2023年经营主体办成一件事平均需要跑的次数

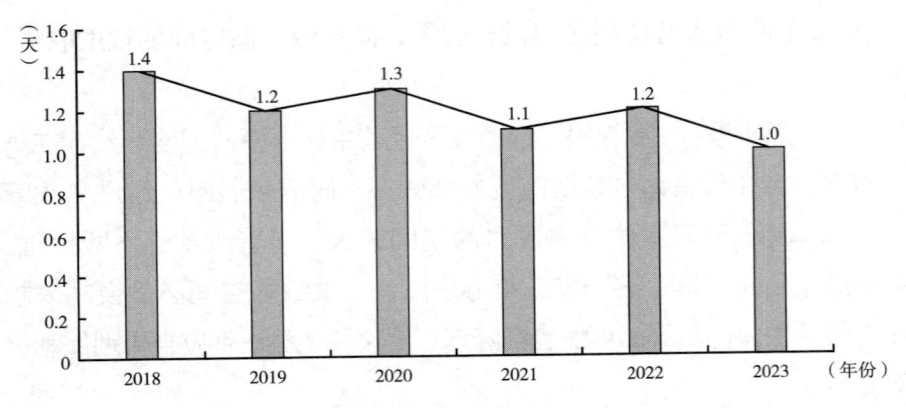

图5-43　2018~2023年经营主体每次来大厅要花费的时间

（三）政务服务中心建设不平衡，各地办事效率差异大

各地政务大厅设施建设水平有差异。基础硬件设施配备率均接近100%，差异不大，为经营主体提供了舒适的办事环境。效能服务设施直接关系到事项办理效率，在效能服务设施配置上各地差异较大，其中差异最大的是照相设备配置情况，差异最小的是咨询人员配备情况。各地意见反馈设施配备率差异大，不利于意见的反馈和后续工作的改进，其中差异最大的是公开投诉电话配置情况，差异最小的是意见箱配置情况。

各地办事效率差异体现为"一次办""一窗办""一小时办"比例差异。综上所述，各地办事效率差异较大，反映出政府职能转变不够彻底、各地营商环境的持续优化力度与进度差异较大等问题，使得企业在跨省域经营时面临更大的挑战，不利于全国统一大市场建设。

五　本章小结

本报告基于实地调查，从经营主体的视角考察了全国各地线下政务大厅设施建设情况和办事效率。

第一，在硬件设施上，2018~2023年全国线下政务大厅平均进驻部门数由24.0个增加到27.1个，事项集中办理便利性提高；线下大厅硬件基础设施配备率接近100%，如取号机配备率提升至95%，等候区配备率达100%；效能设施配备率逐步提高，如咨询人员配备率提高到100%，填写模板配备率提高到88%；意见反馈设施配备率较低，如评价器配备率为75%。

第二，在办事效率上，2018~2023年全国政务大厅办事效率整体提升。从办事次数上看，2023年63%的经营主体实现一件事"一次办"，与2018年的30%相比上升33个百分点。在办事窗口上，2023年69%

的经营主体实现一件事"一窗办"。在办事时间上，2023年81%的经营主体办一件事平均花费时间不足1小时。

第三，政务大厅建设面临的主要挑战是标准化建设不足，区域间差距大，窗口间标准不统一；便利化改革到达边界，进一步减时间、减次数的幅度有限，要转向增质化改革新阶段。

第六章　数字政府建设调查报告[*]

2022~2023年，我国对数字政府建设提出了新目标和新要求。一是强调"一网通办"，要在全国复制推广"一网通办"等营商环境创新试点改革举措。[①] 二是强调"好办易办"，提出数字政府要依托全国一体化政务服务平台，构建统一的电子证照库等，实现全面提升线上线下服务能力；[②] 通过强化数字政府"好办易办"的特点，对地方和部门服务优化的先进经验和典型案例进行推广和共享应用，多样化展示和推广"一网通办"服务应用，便利企业和群众了解和获取政务服务应用；[③] 在政务服务平台设立专栏，并向政务服务移动端拓展，便利企业和群众线上申办、自助申办，[④] 进一步提升数字政府的好用易用性。

经营主体是数字政府的需求者、使用者和评价者，本章以经营主体的获得感为标准，考察全国数字政府需求侧建设的新进展和新问题，核心观点如下。

从经营主体的反馈看，全国数字政府使用率为61%，处于大规模使用阶段。

从经营主体的反馈看，全国数字政府"一网通办"率为77%。

---

[*] 执笔人：杜恒民、侯代灵、周荃。
[①] 《国务院办公厅关于复制推广营商环境创新试点改革举措的通知》。
[②] 《国务院办公厅关于进一步优化营商环境降低市场主体制度性交易成本的意见》。
[③] 《国务院办公厅关于依托全国一体化政务服务平台建立政务服务效能提升常态化工作机制的意见》。
[④] 《国务院办公厅关于加快推进"一件事一次办"打造政务服务升级版的指导意见》。

数字政府想用率开始下降，业务不全、不能全流程办理、操作不便是经营主体不想用、不使用数字政府的主要原因。

一　全国数字政府建设现状

本报告从"想用、知晓、使用、好用"四个方面考察全国数字政府需求侧建设现状。从经营主体的反馈看，全国数字政府使用率为61%，处于大规模使用阶段。

（一）2023年83%的经营主体想用数字政府，想用率同比下降7个百分点

本报告将电脑端政务服务网、手机端各类 App 和小程序等办事平台统称为数字政府，将受访经营主体中愿意使用数字政府的比例定义为想用率。如图6-1所示，当被问及"如果数字政府能办理您所需的业务，您愿意使用吗"时，2023年83%的全国受访经营主体表示愿意使用数字政府，较2022年下降了7个百分点，较2019年下降了9个百分点。整体而言，2019~2023年数字政府想用率整体呈下降趋势。

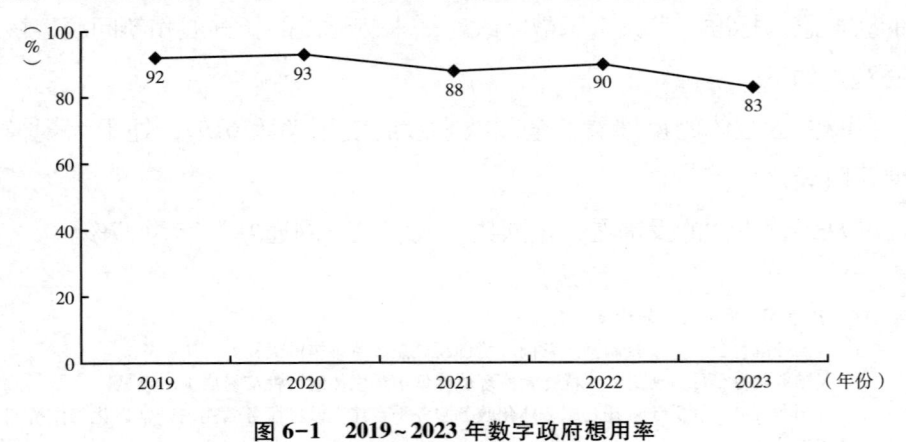

图6-1　2019~2023年数字政府想用率

（二）2023年75%的经营主体知晓数字政府，2020~2023年知晓率基本稳定

本报告将知道数字政府的经营主体比例定义为知晓率。如图6-2所示，当被问及"本区是否可以在电脑或手机上办理业务"时，2023年全国受访经营主体中，75%知晓数字政府，较2022年下降2个百分点，较2019年提高6个百分点。整体而言，2020~2023年知晓率基本稳定，表明全国数字政府需求侧建设已经进入大规模知晓阶段。

从不同操作平台看，经营主体对电脑端网上办事大厅的知晓率更高。2023年网上办事大厅知晓率为72%，手机App办事平台的知晓率为58%，两者差距整体呈现缩小趋势，从2019年的20个百分点缩小到2023年的14个百分点。

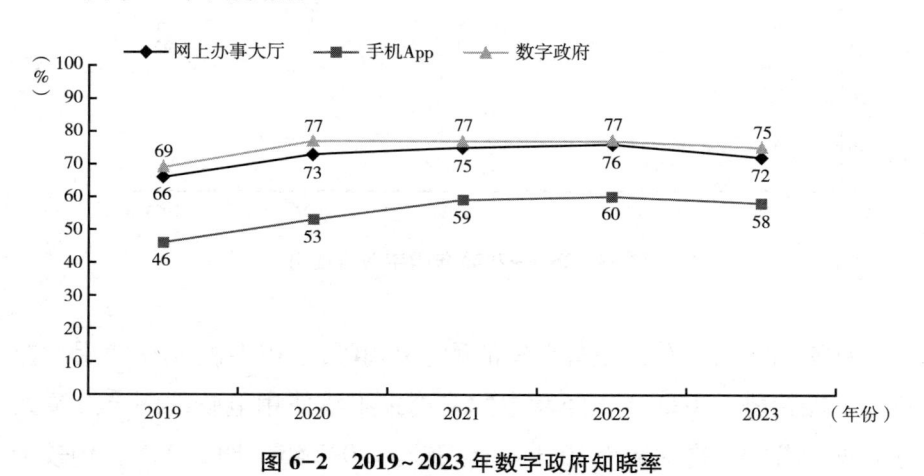

图6-2 2019~2023年数字政府知晓率

（三）2023年61%的经营主体使用数字政府，处于大规模使用阶段

本报告将使用数字政府的经营主体比例定义为使用率。如图6-3

所示，当被问及"您有在电脑上或手机上办理过业务吗"时，2023年全国受访经营主体中，61%表示使用过数字政府，与2022年相比下降了4个百分点，与2019年相比提升8个百分点。

从不同操作平台来看，电脑端网上办事大厅一直是经营主体的主要办事渠道。2023年网上办事大厅的使用率为54%，手机App办事平台使用率为35%，两者相差19个百分点，还未进入大规模使用阶段。与2022年相比，2023年网上办事大厅和手机App的使用率均下降，其中网上办事大厅的使用率下降7个百分点，手机App的使用率下降4个百分点。

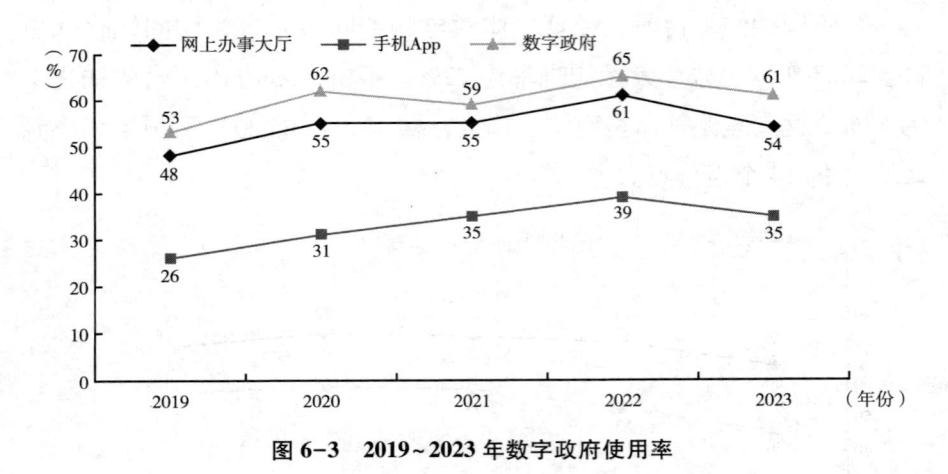

图6-3 2019~2023年数字政府使用率

从使用次数来看，经营主体的网上办事大厅和手机App使用次数均呈增加趋势。2023年，经营主体在过去半年使用电脑端网上办事大厅办理业务的平均次数为10.1次，相较于2022年增加1.9次，相较于2021年增加1.8次。2023年，经营主体在过去半年使用手机App平均办理业务的次数为7.4次，相较于2022年增加2.1次，相较于2021年增加2.6次。2021~2023年，无论是电脑端网上办事大厅还是手机App，经营主体使用其办理业务的平均次数均明显提升。调查也发现，越来越多的经营主体愿意尝试省时省力的网上办理操作，比如来自福建福州的经营主体表示,"如果在电脑或手机上就能够办理,肯定会尝试在网上办理"。

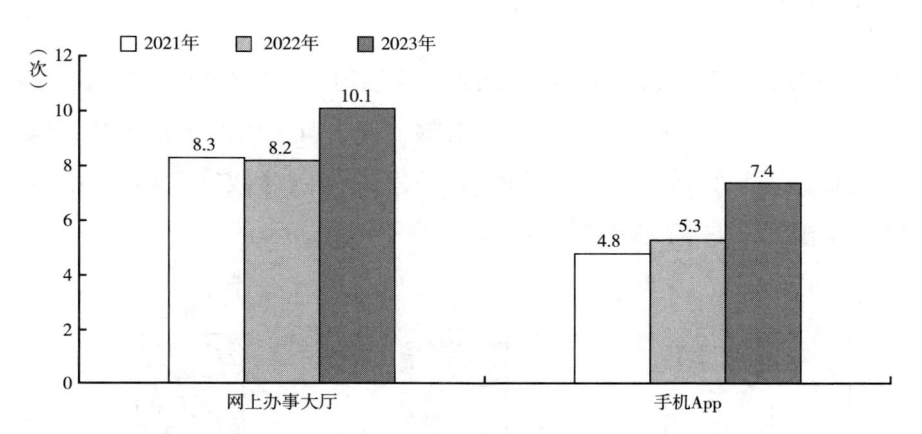

图 6-4　过去半年使用电脑端网上办事大厅和手机 App 平均办理业务的次数

电脑端和手机端之间的使用次数差距缩小。2021 年经营主体使用电脑端办理业务的次数是手机端的 1.7 倍,2023 年经营主体使用电脑端办理业务的次数是手机端的 1.4 倍,这说明,虽然电脑端网上办事大厅仍然是当前主要的办事渠道,但手机端的使用次数正在增加,两者的差距逐渐缩小。调查也证实了手机端系统正在办事群体中得到更广泛的普及。例如,在湖南衡阳的政务大厅,前来办事的经营主体非常少,但是工作人员经常接到经营主体电话,他们会通过电话指导经营主体,并且引导经营主体尝试在手机上办理业务,不用来到现场。一位经营主体表示,"我之前都是打电话过来,他会一步步教你在手机上操作"。

在调查中,经营主体认为使用数字政府能够使办事更方便。上海的经营主体表示,"有了线上系统还是方便了很多,熟悉了以后,很多业务就不需要来线下办理了"。云南昆明的经营主体表示,"在疫情期间,我主要在线上办理业务,到现在也觉得比较方便,不喜欢到线下跑"。广西贵港的经营主体也表示,他们现在更习惯网上办理了。江苏徐州的经营主体表示,"现在不用一趟趟跑了,网上操作很方便"。

（四）2023年71%的经营主体认为数字政府好用，较上年增加2个百分点

本报告将使用过数字政府且认为数字政府好用的经营主体比例定义为好用率。当被问及"您认为现在电脑上或手机上的办事系统好用吗"时，如图6-5所示，2023年71%的经营主体认为数字政府好用，与2022年相比，数字政府的好用率上升了2个百分点。

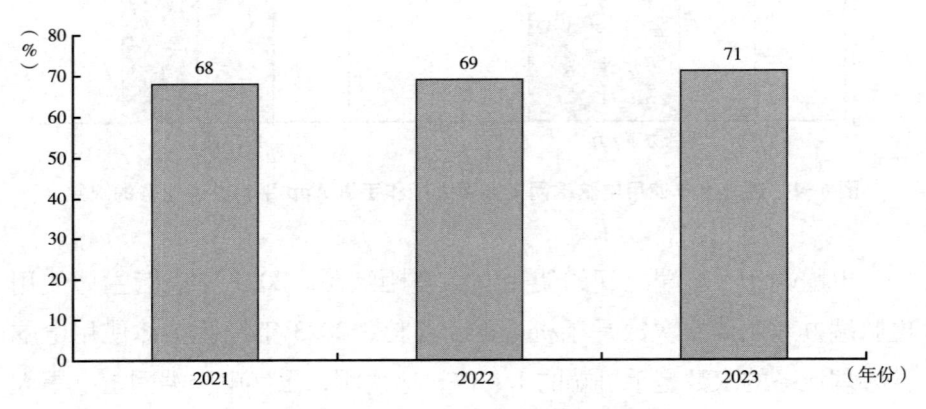

图6-5 2021~2023年数字政府好用率

注：2019~2020年未调查好用率，故未予报告。

在调查中，许多受访经营主体都对数字政府的好用程度表示肯定。比如，广西玉林的经营主体表示，"疫情并没有给业务办理带来很大影响，因为更多的业务实现了线上办理，系统也更加好用了"。广东湛江的经营主体对线上平台的评价也很高，表示"非常好用"。

（五）2023年77%的经营主体实现"一网通办"，较上年下降2个百分点

全面推进"一网通办"是近年来政府的重点工作之一。2022年发布的《国务院关于加快推进政务服务标准化规范化便利化的指导意见》

提出，要深化政务服务"一网通办"，加大办事环节精简和流程再造力度，提升政务服务事项网上办理深度，提供申请受理、审查决定、结果送达等全流程、全环节网上服务，推动更多适合网上办理的政务服务事项由网上可办向全程网办、好办易办转变。从经营主体的反馈来看，如图6-6所示，当被问及"在过去半年，您是否只通过一个电脑系统（或手机App）就能办理业务"时，77%的经营主体表示肯定，较2019年增加了48个百分点，2022~2023年一直保持在77%以上。这说明，数字政府"一网通办"建设取得了巨大成效。

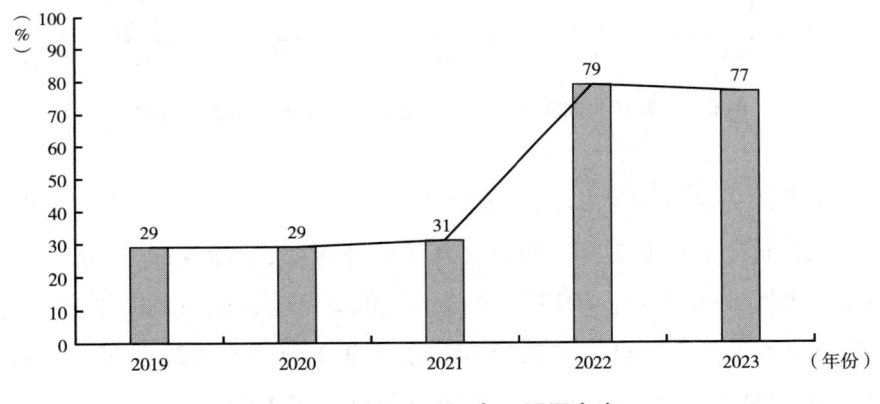

图 6-6　2019~2023 年一网通办率

注：2019 年和 2020 年一网通办率的计算方式为"手机端和电脑端使用的办事系统数量均不超过 1 个的经营主体占比"；2021 年，一网通办率的计算方式为"手机端或电脑端使用的办事系统总数为 1 的经营主体占比"；2022 年和 2023 年，一网通办率的计算方式为"只通过 1 个电脑系统（或手机 App）就能办理业务的经营主体数量"。

（六）2023年69%的政务大厅引入政务服务一体机，比2019年提升18个百分点

近年来，政务服务一体机在政务大厅的配置率不断上升。该设备能够在一台硬件机器上集成多个部门的业务，为经营主体提供了在人工窗口、电脑、手机端 App 之外的办事新渠道。如图 6-7 所示，在 2023 年全

国调查的 232 个政务大厅中，69%的政务大厅引入了政务服务一体机，较 2019 年提升了 18 个百分点，表明政务服务一体机正在全国持续普及。

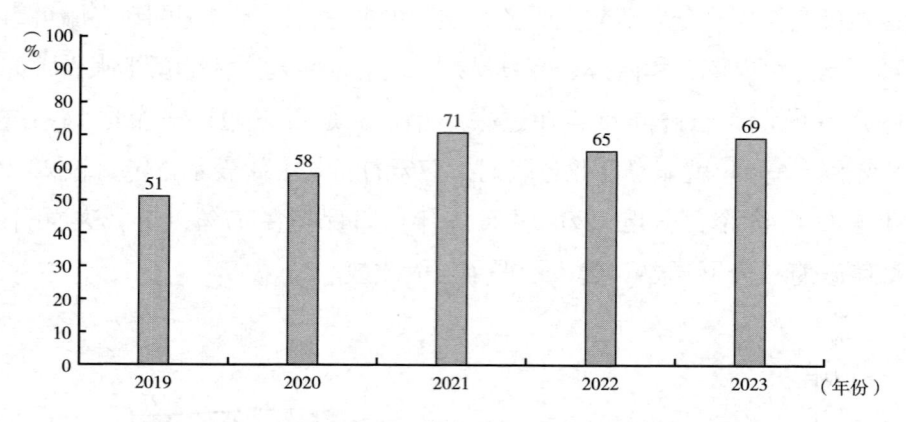

图 6-7 2019~2023 年引入政务服务一体机的政务大厅比例

每个政务大厅平均引入 2.1 台政务服务一体机，比 2019 年增加 1 台。在调查中，调查员实地统计了各个政务大厅引入的政务服务一体机数量。如图 6-8 所示，2023 年全国调查的 232 个政务大厅平均引入了 2.1 台政务服务一体机，较 2022 年增加了 0.2 台，较 2021 年增加了 0.3 台，较 2020 年增加了 0.4 台，较 2019 年增加了 1 台。

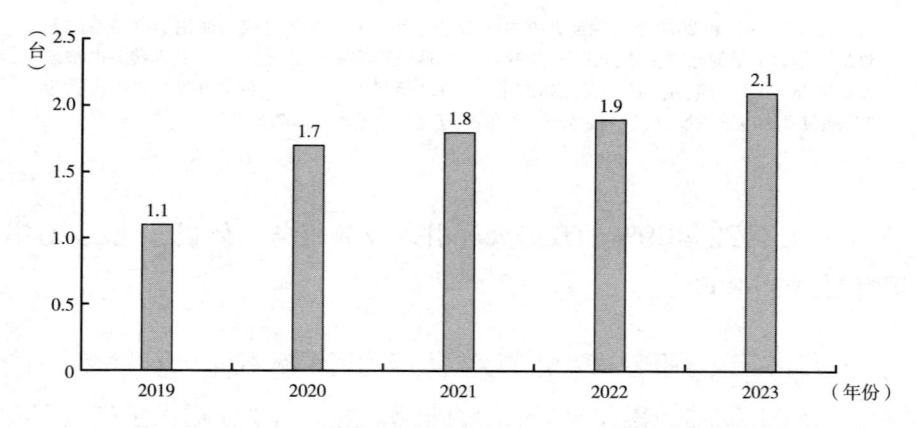

图 6-8 2019~2023 年调查政务大厅平均引入政务服务一体机数量

2023年政务服务一体机平均可办理10.8个部门的业务，较2020年实现翻番。在调查中，调查员实地统计了各个政务大厅的政务服务一体机上集成的部门业务数量。如图6-9所示，与2022年相比，2023年经营主体可在政务服务一体机上办理业务的部门数量下降了0.3个；与2021年相比，2023年经营主体可在政务服务一体机上办理业务的部门数量增加了0.6个，与2020年相比，2023年经营主体可在政务服务一体机上办理业务的部门数量增加了5.4个，政务服务一体机的集成度实现翻番。

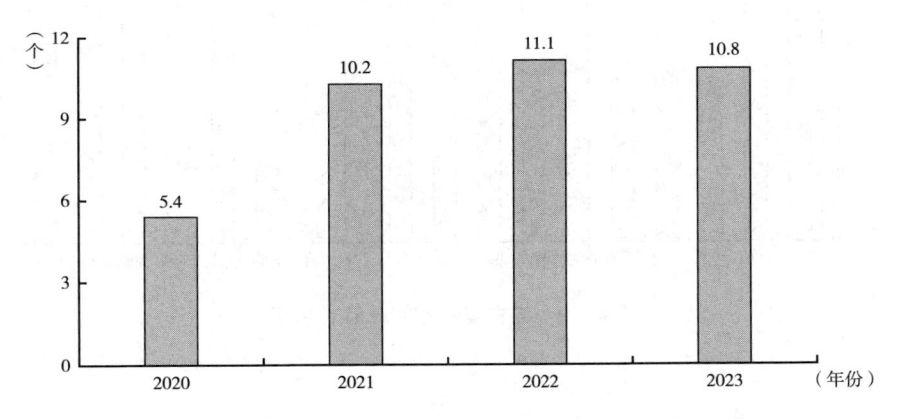

图6-9 2020~2023年政务服务一体机上可办理业务的部门数量

二 分省份数字政府建设现状

（一）想用率最高为94%，最低为61%，相差33个百分点

在数字政府想用率上，2023年调查省份中的最高值与最低值相差33个百分点。如图6-10所示，2023年调查的18个省份中，云南的数字政府想用率最高，为94%；河南最低，为61%。

在调查中，调查员了解到一些经营主体不想使用数字政府的原因。

河南的一位经营主体表示，"大厅办事人员虽然告诉我们可以线上办事，但我们自己办不了，只能现场到电脑区排队，一点一点问志愿者，哪里不会当场问。一件事一次办，除了到现场的外，都需要在手机、电脑上办，对于我们这种不熟悉电脑操作、知识水平不高的群体，确实不友好"。

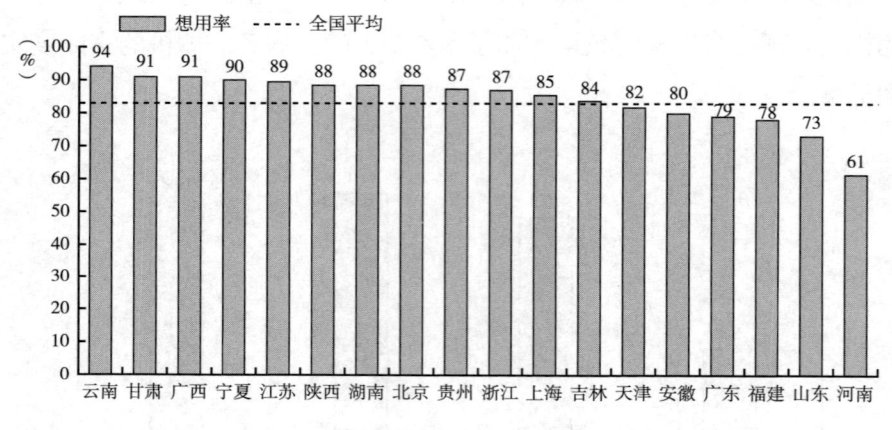

图 6-10　样本省份数字政府想用率

（二）知晓率最高为91%，最低为57%，相差34个百分点

在数字政府知晓率上，2023年调查省份中的最高值与最低值相差34个百分点。如图6-11所示，2023年调查的18个省份中，云南的数字政府知晓率最高，为91%；吉林最低，为57%。

（三）使用率最高为88%，最低为43%，相差45个百分点

在数字政府使用率上，2023年调查省份中的最高值与最低值相差45个百分点。如图6-12所示，2023年调查的18个省份中，云南经营主体的数字政府使用率最高，为88%；吉林最低，为43%。

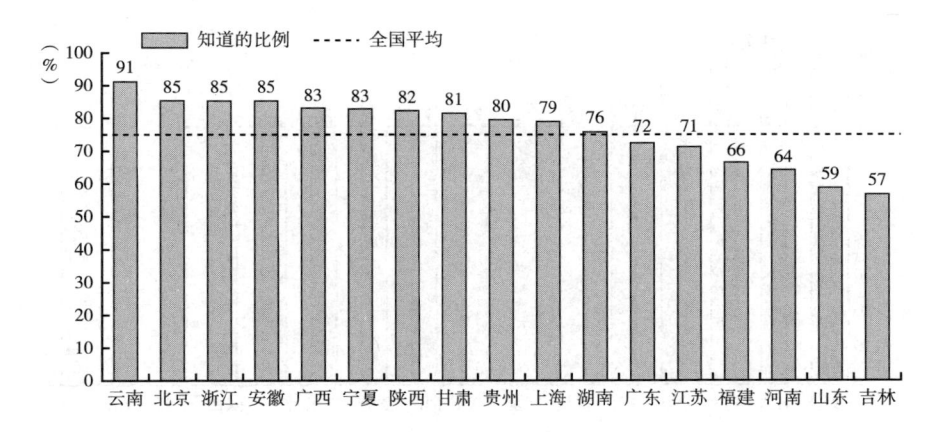

图 6-11　样本省份知晓数字政府的比例

注：天津市样本不足，故未予报告。

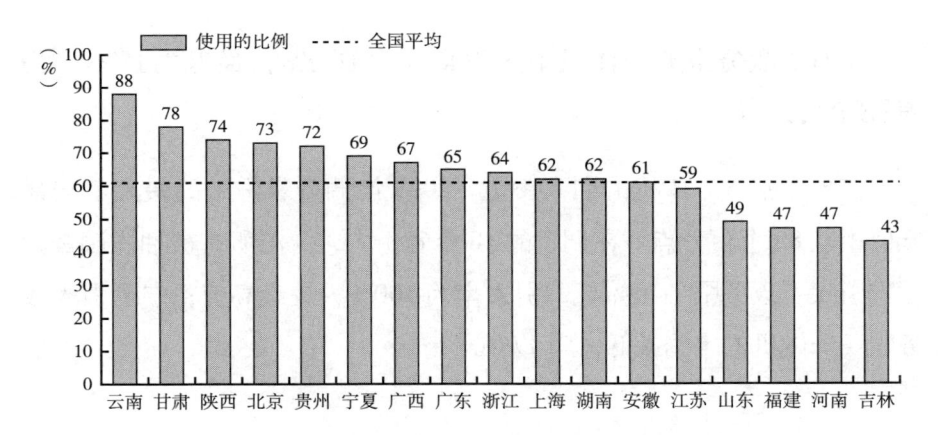

图 6-12　样本省份使用数字政府的比例

注：天津市样本不足，故未予报告。

（四）好用率最高为87%，最低为56%，相差31个百分点

在数字政府好用率上，2023年调查省份中的最高值与最低值相差31个百分点。如图6-13所示，2023年调查的18个省份中，吉林经营主体的数字政府好用率最高，为87%；广西最低，为56%。

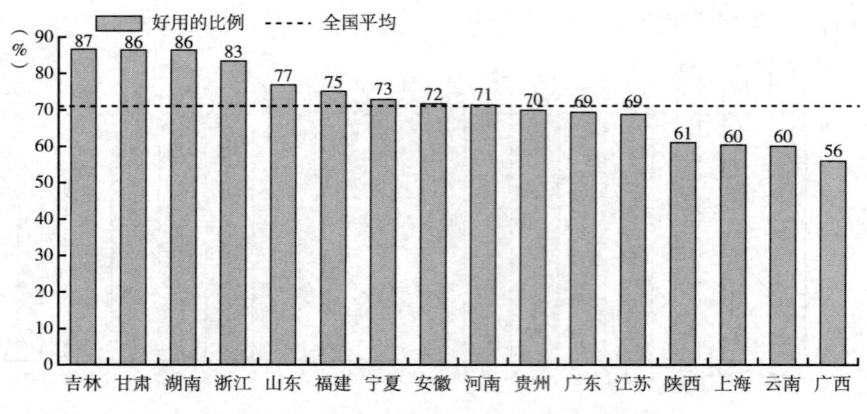

图 6-13　样本省份认为线上办事系统好用的比例

注：北京、天津样本不足，故未予报告。

（五）政务服务一体机引入率最高为100%，最低为17%，相差83个百分点

在政务服务一体机的引入率上，2023年调查省份中的最高值与最低值相差83个百分点。在调查的18个省份中，上海所有被抽样调查大厅均引入了政务服务一体机，引入率为100%，是最高值；宁夏引入政务服务一体机的比例最低，为17%。

三　数字政府建设面临的挑战

（一）数字政府想用率下降，个体工商户和老年人不想用

2023年数字政府想用率为83%，与2022年相比下降了7个百分点，较2019年下降了9个百分点，下降趋势明显。不可否认，由于本报告调查方法是随机访谈前来线下办理业务的经营主体，可能遗漏了已经在线上完成全流程办理的这部分经营主体样本，可能在一定程度上低

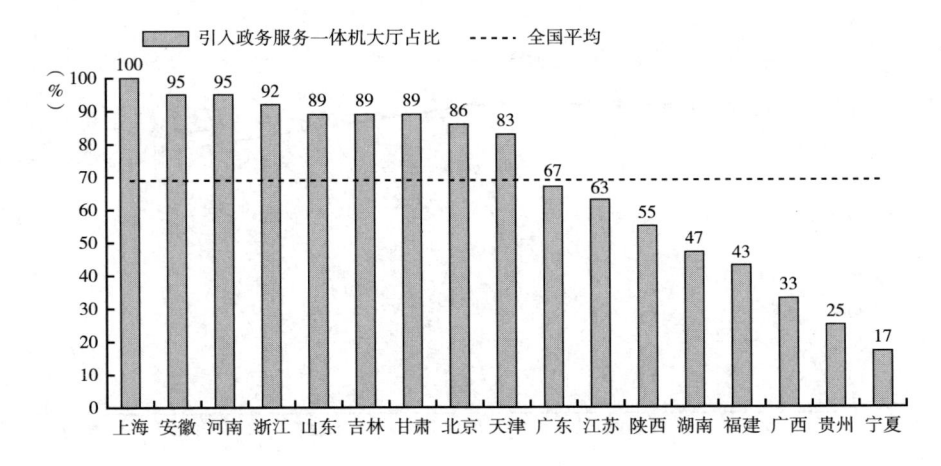

图 6-14　样本省份引入政务服务一体机大厅占比

注：云南样本不足，故未予报告。

估了数字政府想用率、知晓率、使用率和好用率；但本研究的调查方法保持了跨年一致性，调查数据所呈现的变化趋势能够反映数字政府需求侧建设的年度变化情况。

分经营主体类别看，各类经营主体的数字政府想用率均有所下降。其中，从所有制形式看，如图 6-15 所示，2023 年个体工商户想用率下降幅度最大，相较于 2022 年，下降了 14 个百分点。从规模上看，如图 6-16 所示，2023 年微型经营主体的想用率下降幅度最大，较 2022 年下降了 11 个百分点。从行业来看，如图 6-17 所示，主要行业的经营主体想用率均下降，2023 年工业建筑业、服务业、新兴行业的想用率相较于 2022 年分别下降了 8 个百分点、7 个百分点、8 个百分点。

分办事人员特征看，想用率也在下降。本报告将经营主体办事人员的年龄划分为 4 个区间，分别是 30 岁以下、30~40 岁、40 岁以上和 50 岁以上。如图 6-18 所示，2023 年 50 岁以上群体想用率明显下降，较 2022 年下降了 18 个百分点。调查发现，年龄较大的经营主体表示，"我们这个年龄段会觉得线下比较靠谱一点"，"网上办事，年轻人还

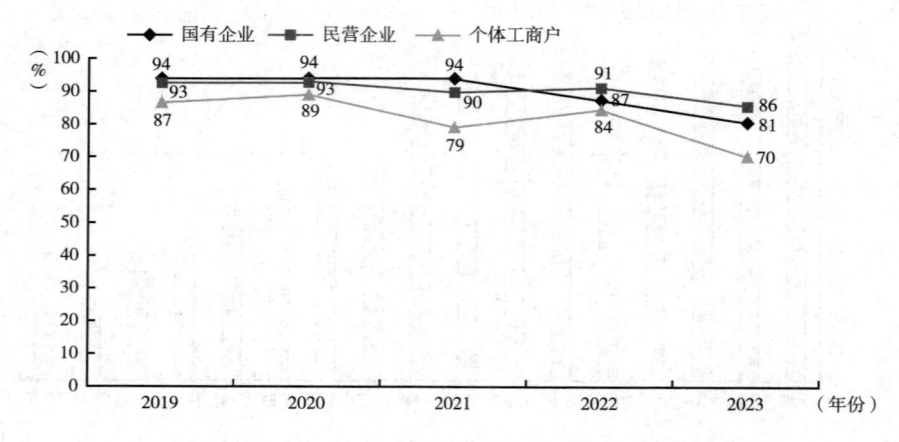

图 6-15　2019~2023 年不同所有制经营主体数字政府想用率

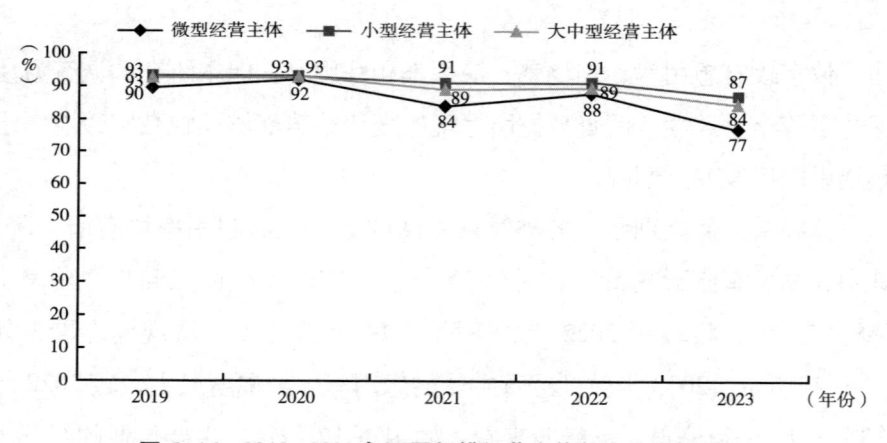

图 6-16　2019~2023 年不同规模经营主体数字政府想用率

好，年纪大的人呢？""线上办理有好有不好吧。年轻人可能觉得方便，但是老年人就搞不懂这些，很难办呐"。

（二）数字政府使用率下降，有14%的经营主体知道但不使用数字政府

数字政府知晓率和使用率之间的差距一直存在。如图 6-19 所示，

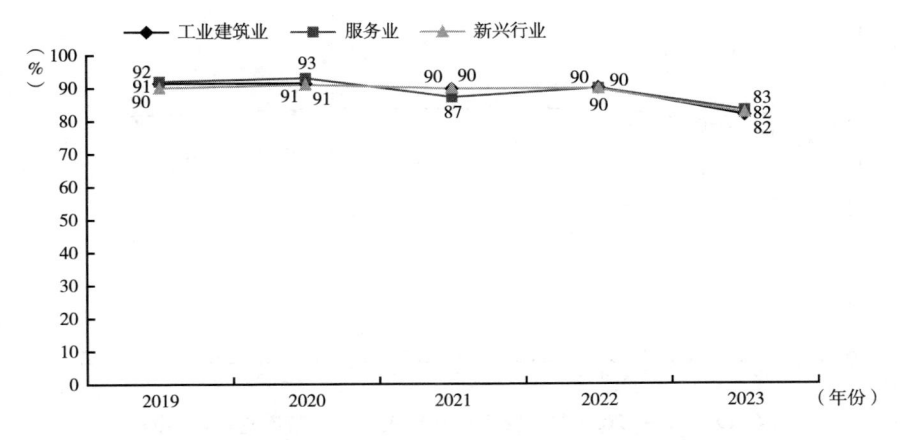

图 6-17　2019~2023 年分行业经营主体数字政府想用率

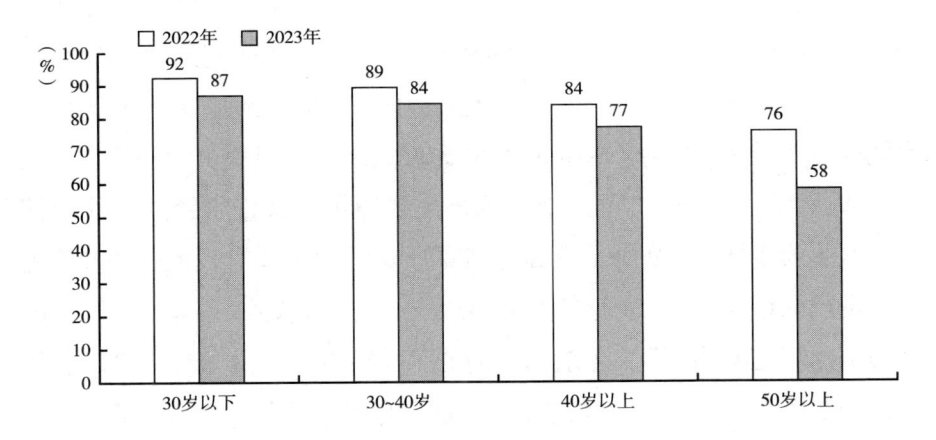

图 6-18　不同年龄段人群数字政府想用率

2023 年经营主体数字政府的知晓率为 75%，使用率为 61%，由此可知，还有部分经营主体知道数字政府但是不使用。虽然 2019~2023 年数字政府知晓率和数字政府使用率之间的差距整体缩小，取得了一定进步，但差距始终存在。

经营主体知晓但不使用数字政府、认为数字政府不够好用的原因主要有以下四个。

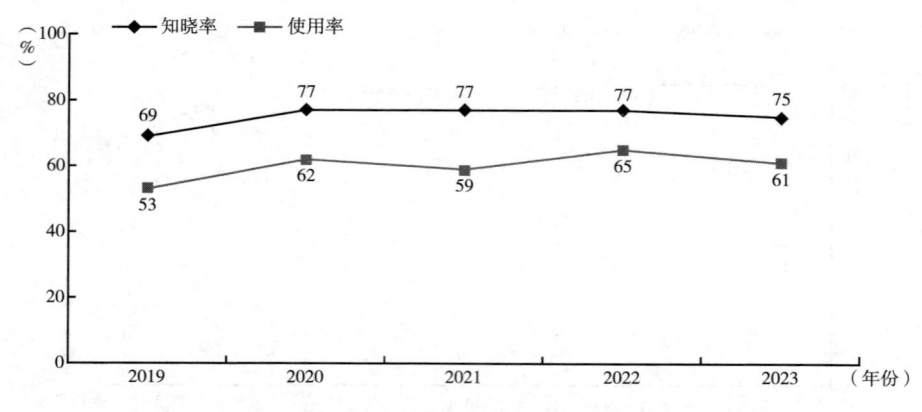

图 6-19　2019~2023 年经营主体数字政府的知晓率与使用率对比

一是数字政府建设不充分，2023年42%的经营主体认为"业务不全"，比上年增加4个百分点。如图6-20所示，在被问及"为什么没有选择用数字政府办事"时，经营主体中认为数字政府上业务不全的比例最高，从2019年的34%升至2023年的42%，可见，业务不全是经营主体认为数字政府"不好用"的最主要原因。调查中经营主体反馈的原因更为多样，比如来自东部某地的一位经营主体对线上业务办理提出了自己的期望，"将来业务可以转线上，但一定要够齐全，最讨厌的是线上办不完跑线下"。在东部某地的另一位经营主体表示，"目前线上办理使用程度较低，相关的业务只能到现场办理"。在西部某地的一位经营主体认为线上能办理的业务只有一些，还不够全面。

二是流程建设不充分，2023年21%的经营主体认为"不能全流程办理"，比上年下降10个百分点。如图6-20所示，2019~2022年认为数字政府不能全流程办理的经营主体比例从23%增加至31%，2023年该比例相较于2022年下降了10个百分点。尽管"不能全流程办理"仍然是经营主体认为数字政府不好用的第二大原因，但过去一年数字政府流程建设取得了显著进步。调查中，东部某地的经营主体表示，"有的时候得跑几趟，因为网上的流程不够清晰，还是得来现场问"。浙江经营主体对"浙里办"的认可度较高，表示大部分业务都能在网上办理，只有一些需要线下提交材料的才会到大厅办理。湖南邵阳的经营主体表示，"线上业务已经普及，企业只需要现场来拿证，证也可以邮寄"。

三是操作不便，2023年8%的经营主体认为"操作不便"，比上年增加1个百分点，较2019年下降2个百分点。调查中，东部某地的经营主体表示，"我觉得对于一个不太懂的人操作起来还是蛮复杂的，要反复理解它的意思"。东部某地的另一位经营主体表示，"网上服务系统把各项业务合到一起，原来是不知道每项业务该去哪个网站办理，现在是就这一个网站，但不知道每项业务该从哪里找"。中部某地的一位经营主体认为，"一件事一次办，除了到现场的外，都需要在手机、电脑上办，对于我们这种不熟悉电脑操作的，知识水平不足的群体，确实不友好"。还有经营主体表示，"系统不好用，手机上预约总是失败"。

四是习惯现场办理，2023年8%的经营主体表示习惯现场办理，比上年增加了1个百分点。调查发现，来大厅办事的经营主体普遍认为人工窗口沟通更加及时。东部某地的经营主体表示，"你说说有时候，遇到问题连他们工作人员都要几个人商量商量，让我们自己在家就对着一个电脑'闭门造车'，造不出来啊，还不如干脆到线下了，当面人与人沟通更容易问清楚"。

（三）手机端使用率低，一直没有突破40%

如图6-21所示，2023年网上办事大厅的使用率为54%，手机App的使用率为35%，两者相差19个百分点。2019~2023年网上办事大厅和手机App的使用率整体呈上升趋势，二者差距基本保持稳定：2022年网上办事大厅的使用率比手机App的使用率高22个百分点，2021年网上办事大厅的使用率比手机App的使用率高20个百分点，2020年和2019年两者差距分别为24个百分点和22个百分点。总体来说，2019~

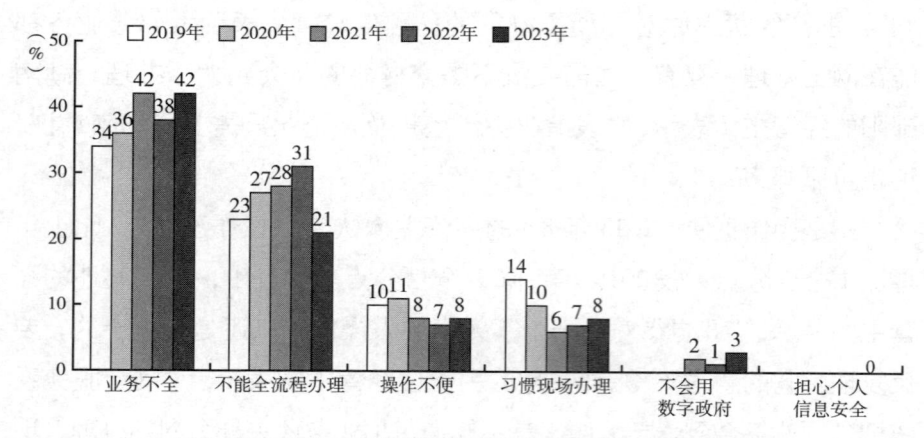

图 6-20　2019~2023 年经营主体不使用数字政府的原因

注：2021 年起新增"不会用数字政府"选项，2019~2020 年该选项数据缺失。2023 年起新增"担心个人信息安全"选项，2019~2022 年该选项数据缺失。还有"其他"选项，未予汇报。

2023 年手机 App 使用率都低于 40%，并且与网上办事大厅的使用率始终存在一定差距。

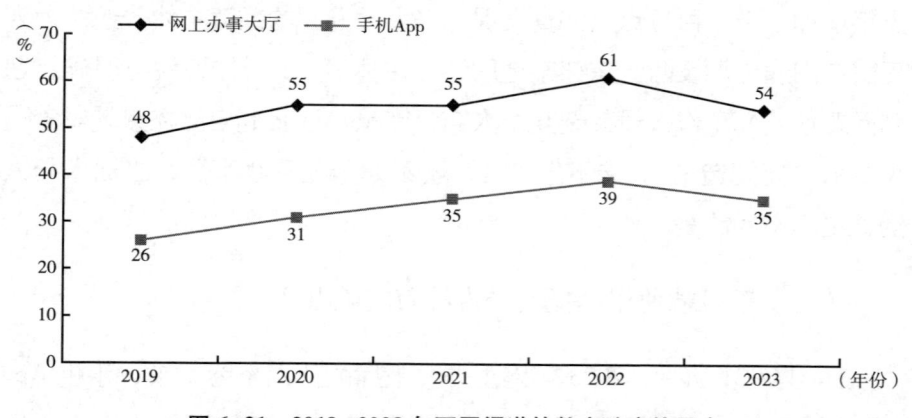

图 6-21　2019~2023 年不同渠道的数字政府使用率

手机端使用率低的原因有以下两点：一方面，与电脑端类似，手机端存在业务不全、后台处理错误、系统卡顿和缺乏信息提示及帮助等问题。在手机端与电脑端共同存在的问题上，手机端的问题要更严重一些。在调查中，广东某地的经营主体表示手机端可办理的业务较少。东部另一省份广州市的经营主体表示，"相较于手机，电脑在上传图片或者文件时操作更简便且有效"。西部某地的多数经营主体表示对于电脑系统的操作更为熟悉，因此倾向于使用电脑。另一方面，手机端存在部分自身特有的问题。还有经营主体表示，手机屏幕较小是其不愿使用手机端的原因之一，"手机系统不好用，人脸识别不灵敏"。

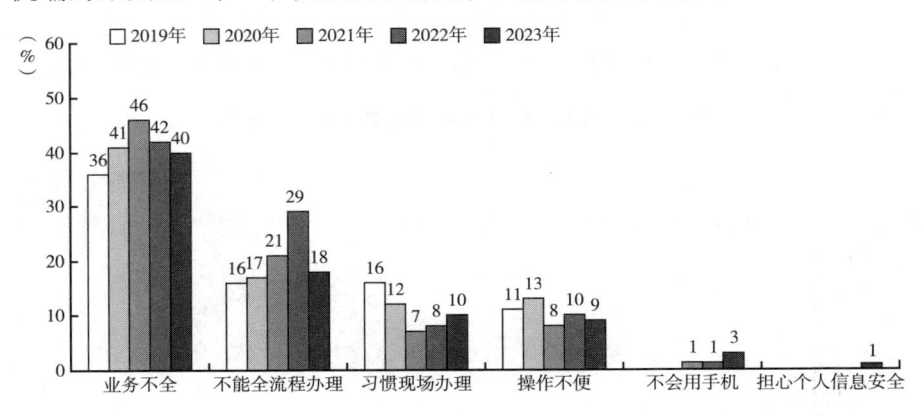

图6-22　2019~2023年经营主体不使用手机端政务服务系统的原因

注：还有"其他"选项，未予汇报。

（四）政务服务一体机使用率偏低，一直没有超过30%

本报告将正在使用的政务服务一体机数量占政务大厅政务服务一体机总数的比例定义为政务服务一体机使用率。如图6-23所示，2023年政务服务一体机使用率为14%，相较于2022年下降了2个百分点。2019~2023年，除2020年外，其他年份使用率均低于20%，政务服务一体机使用率偏低。

各省份政务大厅中政务服务一体机的使用率差异很大。如图6-24所示，宁夏政务服务一体机使用率最高，达到了100%；其次是甘肃，使用率为34%；河南、天津、广西、湖南、贵州的使用率接近0。

· 121 ·

图 6-23 2019~2023 年政务服务一体机使用率

图 6-24 各省份柜员机使用率

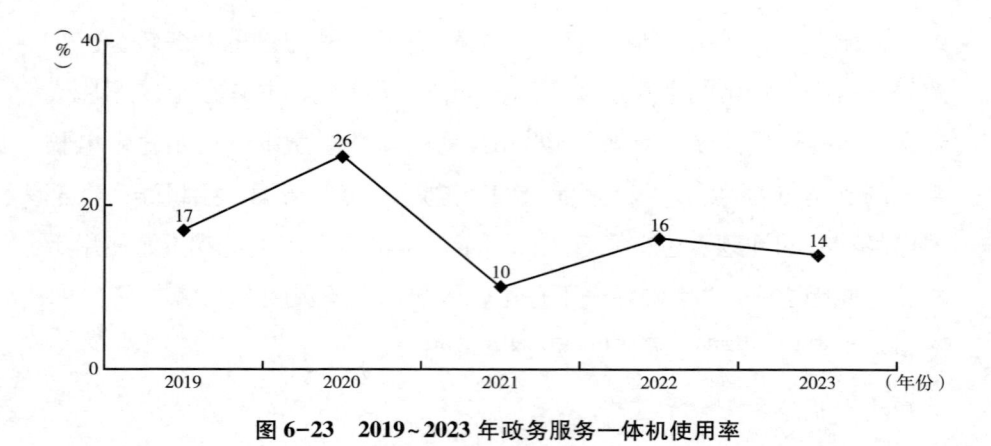

注：云南样本不足，故未予报告。

政务服务一体机的引入率不断提高但使用率始终不高的原因可能有以下三个。一是政务服务一体机因故障而不能使用，在东北地区、中部地区、东部地区，调查员均发现存在政务服务一体机放置的位置偏僻、没有接通电源、发生故障不能使用等问题。二是政务服务一体机的使用，缺乏工作人员指导，在东部地区、中部地区这一问题普遍存在，缺乏与之配套的人工服务。三是政务服务一体机上业务不全，比如东部某地经营主体表示政务服务一体机功能太少，仅可办理个体工商户工商许可证这一项业务。

四 本章小结

本章从经营主体需求侧视角出发，报告了 2019~2023 年数字政府建设进展，主要发现如下。

第一，数字政府正处于大规模使用阶段。2023 年全国数字政府使用率为 61%，较 2019 年提升 8 个百分点，2022~2023 年连续两年保持在 61% 以上，数字政府正逐渐成为经营主体办事的重要渠道。

第二，数字政府"一网通办"保持在较高水平。2023 年全国一网通办率为 77%，保持在较高水平。

第三，全国政务服务一体机建设稳步推进。2023 年 69% 的政务大厅配有政务服务一体机，较 2022 年提升 4 个百分点；每个政务大厅平均引入 2.1 台政务服务一体机，较 2022 年增加 0.2 台；政务服务一体机上可办理业务的部门数量为 10.8 个，与 2022 年相比变化不大。

第四，各地数字政府建设不均衡，各省份数字政府想用率、知晓率、使用率差异大。

第五，当前数字政府建设面临的主要问题包括：一是数字政府想用率下降，个体工商户和老年人不想使用数字政府；二是数字政府使用率下降，部分经营主体知道但并不使用数字政府；三是手机端数字政府使用率低，一直没有突破 40%；四是政务服务一体机使用率偏低，一直没有超过 30%。

第三部分
营商环境需求侧建设成效

第七章　经营主体进入绩效调查报告[*]

随着市场准入门槛不断降低，中国经营主体数量快速增长，为推动高质量发展奠定了坚实的数量基础。国家市场监管总局的统计数据显示，截至2023年1月，我国市场主体达1.7亿户，与2012年的5500万户相比，经营主体数量提高了约两倍；其中全国登记在册个体工商户达1.14亿户，约占市场主体总量的2/3、带动近3亿人就业。对于"放管服"改革鼓励创业、带动就业的效果，经营主体最有发言权。本章从经营主体需求侧建设的视角出发，通过实地调查，考察"放管服"改革服务于经营主体进入和就业的成效，核心观点如下。

经营主体持续进入市场，2023年新增经营主体中97%是民营经济、95%是小微型经营主体、68%进入服务业。

2023年就业增长指数为54%，处于扩张区间；较2022年提高1个百分点，但还未恢复到2019年前的水平。

分省份看，89%的省份就业增长指数未恢复到2019年前的水平。

---

[*] 执笔人：项秋泓、秦缘、陈邱惠。

一　经营主体进入市场现状

（一）2023年新增经营主体占比5%，较2019年低8个百分点

本报告以新增经营主体占比反映经营主体进入成效。在实地调查中，调查员询问经营主体"您所在企业是哪一年成立的"，可以得到2023年受访经营主体的登记注册年份分布情况。如图7-1所示，在2023年随机访谈样本中，2023年当年登记注册的经营主体占比为5%，2022年和2021年登记注册的占比均为4%，2014~2020年登记注册的占比为32%，2014年商事制度改革之前登记注册的占比为55%。

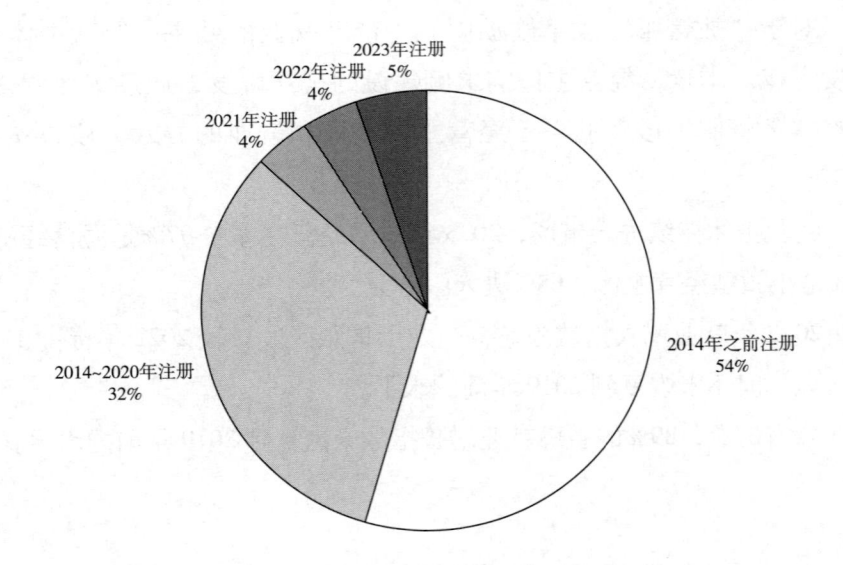

图7-1　2023年受访经营主体登记注册年份分布情况

注：因本报告的数值保留至个位，故可能出现总和不为100%的情况。

第七章　经营主体进入绩效调查报告

进一步，本报告基于历年实地调查数据，计算每年随机访谈样本中当年新登记注册的经营主体占比。如图7-2所示，在2019~2023年的随机访谈样本中，当年新增经营主体占比分别为13%、10%、17%、11%和5%。这表明，经营主体持续进入市场，但2021年以来每年新增经营主体占比呈下降趋势。其中，2023年新增经营主体占比相较2019年下降8个百分点，经营主体进入成效未恢复至2019年的水平。

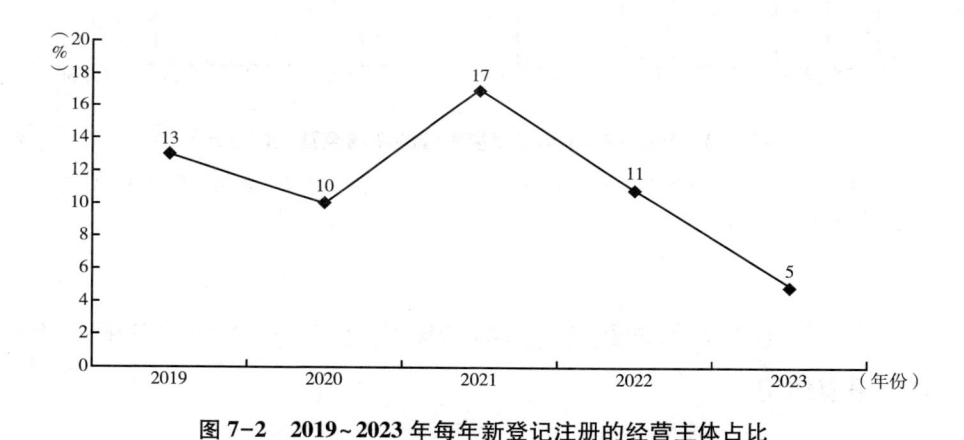

图7-2　2019~2023年每年新登记注册的经营主体占比

（二）小微型经营主体是2023年新增经营主体的主要来源，占比为95%

本报告进一步从经营主体规模、所有制类型、所属行业的角度反映新增经营主体进入结构。从新增经营主体规模来看，如图7-3所示，2023年新增经营主体中，小微型经营主体占比为95%，比2022年下降4个百分点；大中型经营主体占比为5%，比2022年提高4个百分点。整体来看，2019~2023年新增经营主体均集中为小微型经营主体。

中国营商环境企业调查(2024)

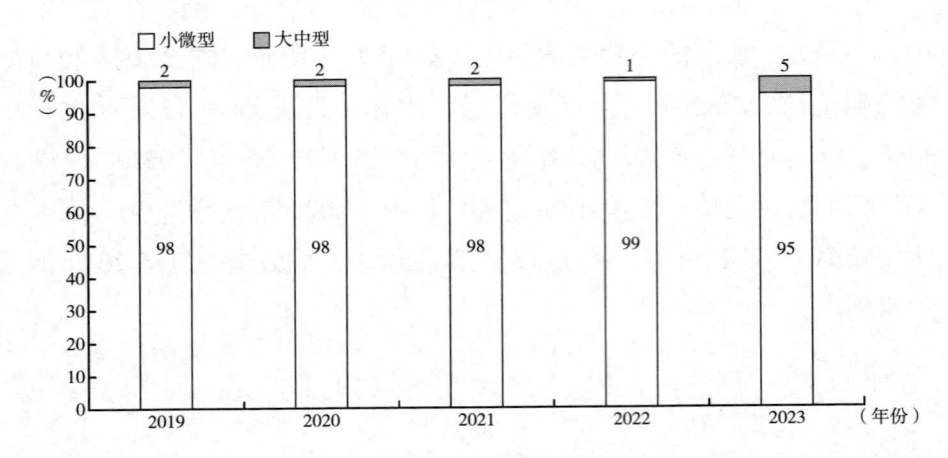

图 7-3　2019~2023 年按规模划分的新增经营主体占比

注：报告中，小微型经营主体的员工规模为 100 人及以下，大中型经营主体的员工规模为 100 人以上。

（三）2023年新增经营主体中97%是民营经营主体，发挥着就业主渠道作用

从新增经营主体所有制来看，2019~2023 年新增经营主体中主要是民营经营主体。如图 7-4 所示，其中，2019~2020 年新增经营主体中，民营占比为 96%，外资合资占比为 3%，国有占比为 1%；2021 年新增经营主体中，民营占比进一步提高至 98%，2022~2023 年民营经营主体占比均保持在 97%。整体来看，2019~2023 年，新增经营主体中民营经营主体占比较大，是新增经营主体的主要来源。

（四）2023年新增经营主体中约68%属服务业，18%属新兴行业

从新增经营主体所属行业来看，2019~2023 年新增经营主体主要进入服务业。如图 7-5 所示，2023 年新增经营主体服务业占比为 68%，

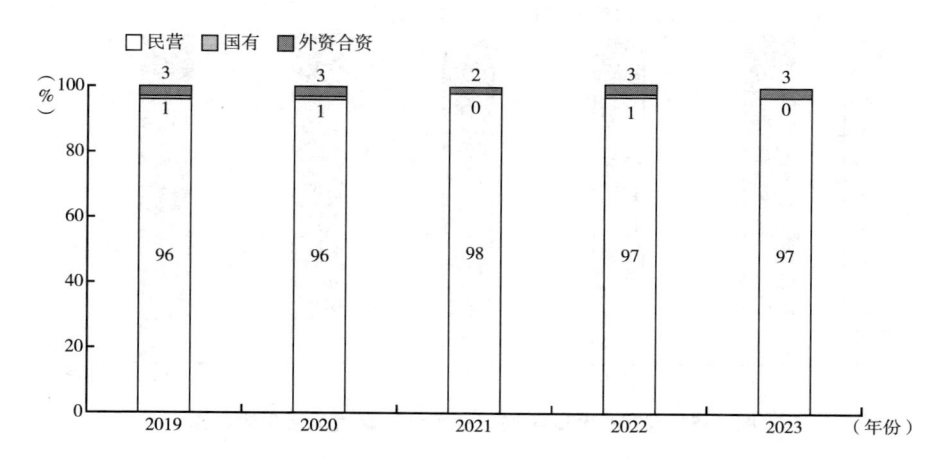

图 7-4　2019~2023年按所有制划分新增经营主体占比

注：本报告的数值保留至百分位，故可能出现总和不为100%的情况

新兴行业占比为18%，工业建筑业占比为11%，农林牧渔业占比为2%。从整体来看，2019~2023年新增经营主体中，服务业占比保持在60%~73%；其次是新兴行业，占比为14%~25%。从2019~2023年变化趋势来看，新增经营主体中，服务业占比先上升后下降再上升，2023年较2022年上升2个百分点；新增新兴行业经营主体占比先上升再下降，2023年较2022年下降1个百分点；新增工业建筑业经营主体占比先下降后上升再下降，2023年较2022年降低1个百分点；新增农林牧渔业经营主体占比先下降后上升再下降，2023年较2022年降低1个百分点。

二　经营主体吸纳就业现状

（一）2023年就业增长指数为54%，较2019年低6个百分点

在调查中，调查员询问经营主体"所在企业过去半年员工数量增

中国营商环境企业调查(2024)

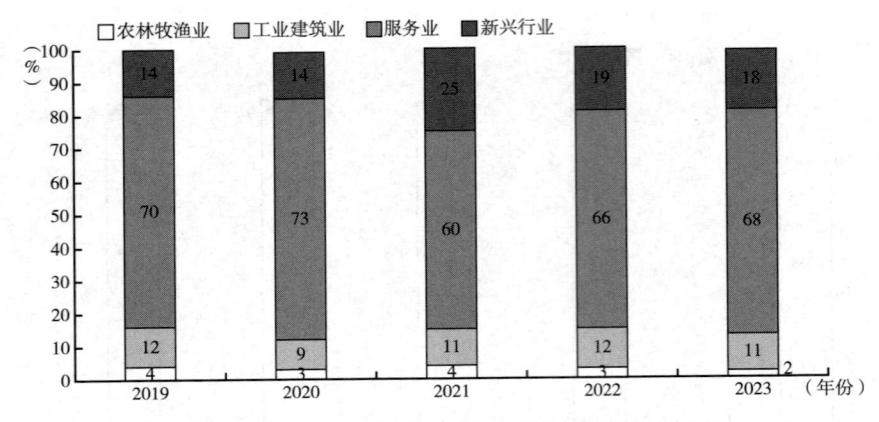

图 7-5　2019~2023 年按行业划分的新增经营主体占比

加、不变还是减少了"，并根据经营主体的回答计算就业增长指数。如图 7-6 所示，2023 年就业增长指数为 54%，处于扩张区间。与 2019 年就业增长指数 60% 相比，2023 年就业增长指数下降了 6 个百分点，尚未恢复至 2019 年的水平。

从员工规模的变化趋势来看，如图 7-7 所示，2023 年经营主体中员工增加的比例为 26%，员工不变的比例为 55%，员工减少的比例为 19%。2023 年员工增加的经营主体占比较 2022 年上升 1 个百分点，但较 2019 年低 8 个百分点。2023 年员工不变的经营主体占比较 2022 年下降 1 个百分点。经营主体整体吸纳就业能力有待进一步恢复。

从实地调查看，劳动力市场供需失衡矛盾突出，可能经营主体吸纳就业能力尚未完全恢复至 2019 年的水平是原因之一。例如，西部某地一经营主体表示，当前用工成本高，招工难，越来越多的人偏向于自主创业而非被雇用。在西部另一地区的经营主体则表示现在员工薪资要求过高。

（二）2023年新兴行业稳就业能力高于其他行业

为分析不同行业经营主体稳就业能力的变化趋势，本报告进一步计

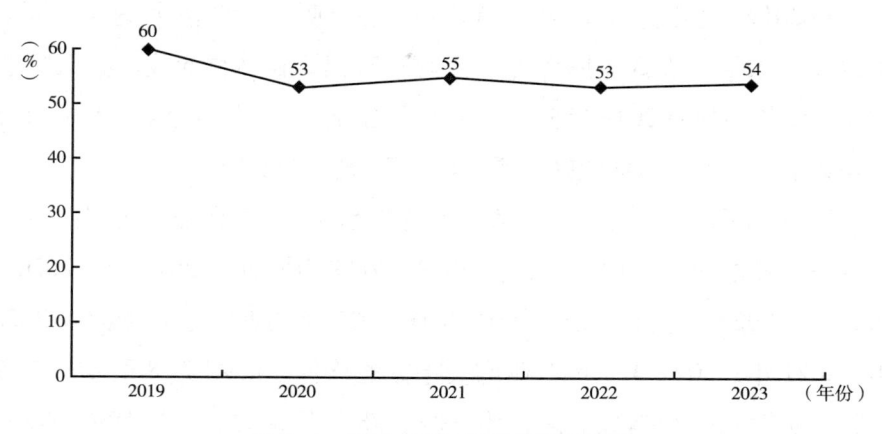

第七章 经营主体进入绩效调查报告

图 7-6　2019~2023 年就业增长指数

注：就业增长指数采用扩散指数法进行计算，即计算"员工增加""员工不变""员工减少"三个选项占比，分别赋予权重为 1、0.5、0，将各项的占比与相应的权重相乘，再相加得出最终的指数。所有指数取值范围在 0~100%。

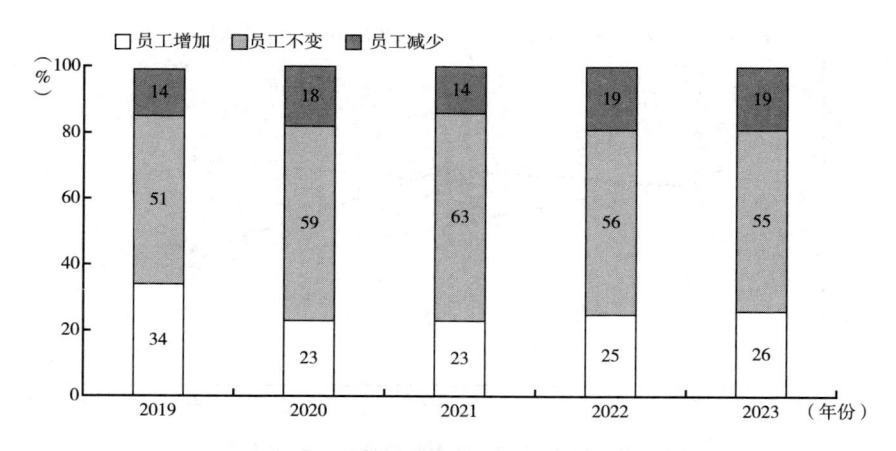

图 7-7　2019~2023 年经营主体员工数量变化情况

注：本报告的数值保留至个位，故可能出现总和不为 100% 的情况。

算不同行业经营主体的就业增长指数。如图 7-8 所示，2023 年新兴行业、服务业、农林牧渔业就业增长指数分别为 57%、54%、50%，处于扩张区间；工业建筑业就业增长指数最低，为 49%，处于收缩区间。

· 133 ·

与2019年相比，2023年各行业经营主体吸纳就业能力均未恢复至2019年的水平。2023年服务业、工业建筑业、农林牧渔业、新兴行业的就业增长指数较2019年分别下降8个百分点、7个百分点、5个百分点和2个百分点，服务业就业增长指数下降幅度最大。

2019~2023年，新兴行业稳就业能力逐渐超过服务业。为对比各行业业绩增长指数的变化情况，将2019~2023年划分为2019年、2020~2022年、2023年三个阶段，其中2020~2022年的就业增长指数为2020年、2021年、2022年三年就业增长指数的均值。如图7-8所示，2019年服务业就业增长指数最高，为62%，新兴行业次之，为59%，较服务业低3个百分点。2020~2022年新兴行业就业增长指数比服务业高2个百分点，2023年两者差距扩大为3个百分点，这表明新兴行业经营主体成为吸纳和稳定就业的主要力量。

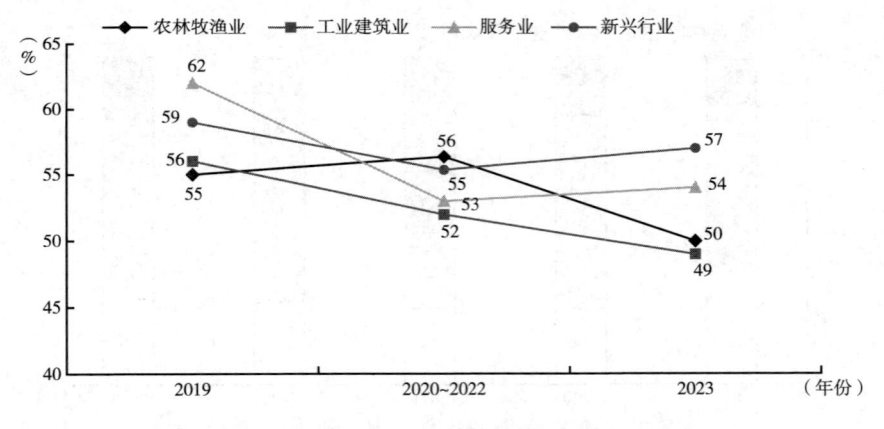

图7-8 2019~2023年主要行业就业增长指数

（三）2023年大中型经营主体就业增长指数为59%，高于小微型经营主体

为分析不同规模经营主体稳就业能力的变化趋势，本报告进一步计

算各规模经营主体的就业增长指数。如图7-9所示，2023年大中型经营主体、小型经营主体的就业增长指数分别为59%、54%，处于扩张区间，大中型经营主体的就业增长指数最高，稳就业能力最强；微型经营主体就业增长指数最低，为49%，处于收缩区间。

2023年各规模经营主体吸纳就业能力均未恢复至2019年的水平。2019~2023年微型经营主体的就业增长指数呈"U"形波动，2023年为49%，较2019年低5个百分点；2019~2023年小型经营主体就业增长指数呈下降趋势，2023年为54%，较2019年低11个百分点；2019~2023年大中型经营主体就业增长指数呈下降趋势，2023年为59%，较2019年低7个百分点。

2019~2023年，微型经营主体与大中型经营主体的稳就业能力差距缩小。其中，2019年，微型经营主体就业增长指数为54%，比大中型经营主体的就业增长指数低12个百分点；2023年，微型经营主体就业增长指数为49%，比大中型经营主体的就业增长指数低10个百分点。

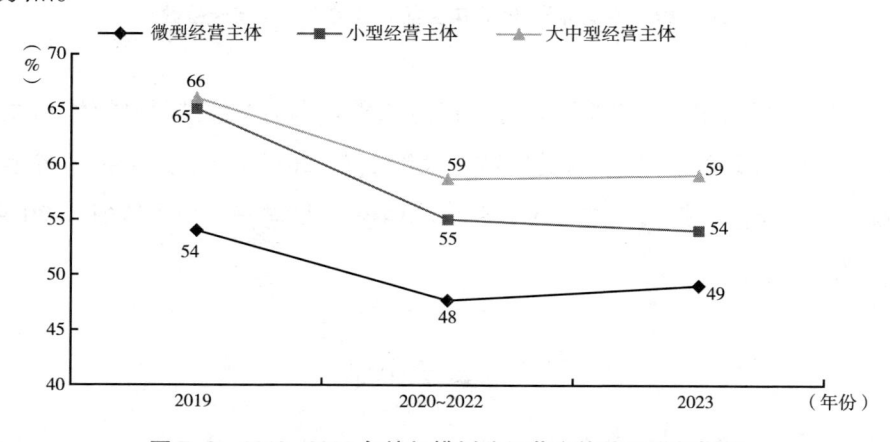

图7-9 2019~2023年按规模划分经营主体就业增长指数

注：报告中微型经营主体的员工规模为10人以下，小型经营主体的市场规模为10~100人，大中型经营主体的员工规模为100人以上。

（四）89%的省份就业增长指数未恢复到2019年的水平

本报告进一步计算了 2023 年调查覆盖的 18 个省份的就业增长指数。结果如图 7-10 所示，2023 年 18 个省份的平均就业增长指数为 54%，其中云南就业增长指数位居第一，为 67%，稳就业能力最强；河南就业增长指数位居最后，为 45%，两者相差 22 个百分点。

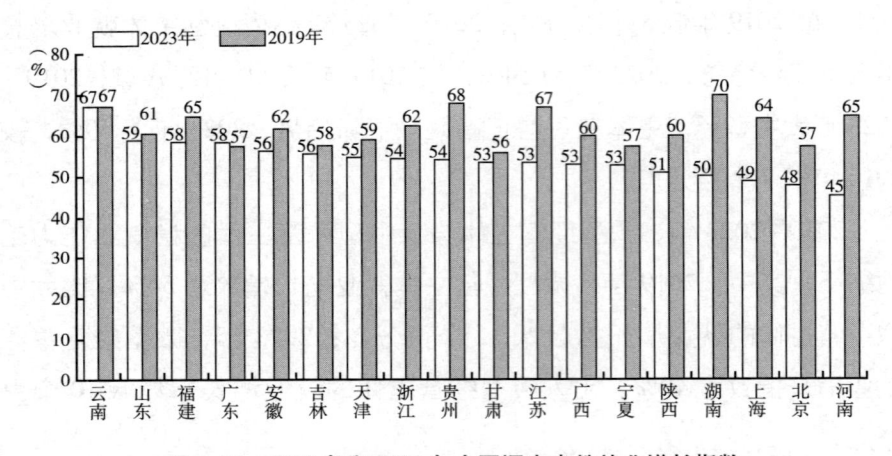

图 7-10　2019 年和 2023 年全国调查省份就业增长指数

与 2019 年相比，2023 年调查省份的平均就业增长指数整体下降。其中，河南 2023 年就业增长指数为 45%，较 2019 年同比下降 20 个百分点，下降幅度最大。整体上，89%的省份就业增长指数未恢复至 2019 年前的水平。

三　本章小结

本章基于实地调查，从经营主体进入与就业两个方面考察了营商环境建设的成效与最新进展。

从经营主体进入情况来看，2021 年以来新增经营主体比例呈下降趋势，2023年较2019年低8个百分点。从经营主体规模、所有制类型、所属行业的维度来看，小微型经营主体、民营经营主体、服务业经营主体在新增经营主体中占比均较高，是新增经营主体的主要来源。

从经营主体吸纳就业情况来看，2019~2023年就业增长指数呈"W"形波动，2023年就业增长指数为54%，较2019年低6个百分点。其中，从行业看，2023年新兴行业稳就业能力处于领先地位，成为吸纳就业的主力军，工业建筑业和农林牧渔业就业增长指数均呈下降态势；从规模看，大中型经营主体的就业增长指数高于小型和微型经营主体，提供较多的就业机会；从地区看，调查省份间经营主体稳就业能力存在一定差距。整体上，经营主体吸纳就业能力尚未恢复至2019年的水平。

第八章 经营主体发展绩效调查报告[*]

本章进一步基于经营主体实地访谈,考察"放管服"改革对经营主体"质"的影响,关注经营主体在业绩和创新方面的表现,核心观点如下。

2023年经营主体业绩增长指数为51%,处于扩张区间;与2022年相比提高6个百分点,但还未恢复到2019年的水平。

2023年39%的经营主体进行创新,与2022年相比提高1个百分点,但还未恢复到2019年的水平。

分省份来看,94%的省份经营主体业绩增长情况未恢复到2019年的水平,71%的省份的经营主体创新活动未恢复到2019年的水平。

一 经营主体的经营业绩现状

(一)2023年经营主体业绩增长指数为51%,比2019年低14个百分点

在调查中,调查员询问经营主体"在过去半年,企业销售业绩变好、不变还是变差",从而得到经营主体业绩增长指数。如图8-1所示,2019~2023年,经营主体业绩增长指数一直在波动:2023年业绩增长指数为51%,处于扩张区间,较2022年上升6个百分点,说明过

---

[*] 执笔人:杨紫鑫、蓝一鸣、吕大兴。

去一年经营主体业绩恢复较快；与 2020~2022 年三年平均值相比，2023 年业绩增长指数提高 3 个百分点，说明经营主体业绩状况改善；2023 年业绩增长指数较 2019 年降低 14 个百分点，说明经营主体业绩状况还未恢复到 2019 年的水平。

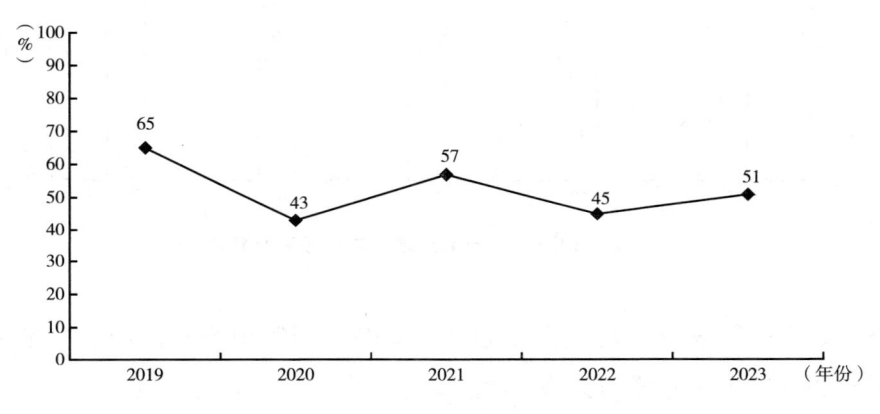

图 8-1　2019~2023 年经营主体业绩增长指数

注：经营主体业绩增长指数采用扩散指数法进行计算，即计算"业绩变好""业绩不变""业绩变差"三个选项占比，分别赋予权重为 1、0.5、0，将各项的占比与相应的权重相乘，再相加得出最终的指数。所有指数取值范围在 0~100%。

如图 8-2 所示，2023 年，经营主体业绩变好的比例为 34%，业绩不变的比例为 34%，业绩变差的比例为 32%。与 2022 年相比，业绩变好的经营主体比例提高了 5 个百分点，业绩不变的经营主体比例提高了 2 个百分点，业绩变差的经营主体比例降低了 7 个百分点；与 2019 年相比，业绩变好的经营主体比例降低了 15 个百分点，业绩不变的经营主体比例提高了 2 个百分点，业绩变差的经营主体比例提高了 13 个百分点。

（二）各行业经营主体业绩增长指数均未恢复到2019年水平

为对比各行业业绩增长指数的变化情况，本报告进一步计算主要行业经营主体的业绩增长指数。如图 8-3 所示，2023 年农林牧渔业、服

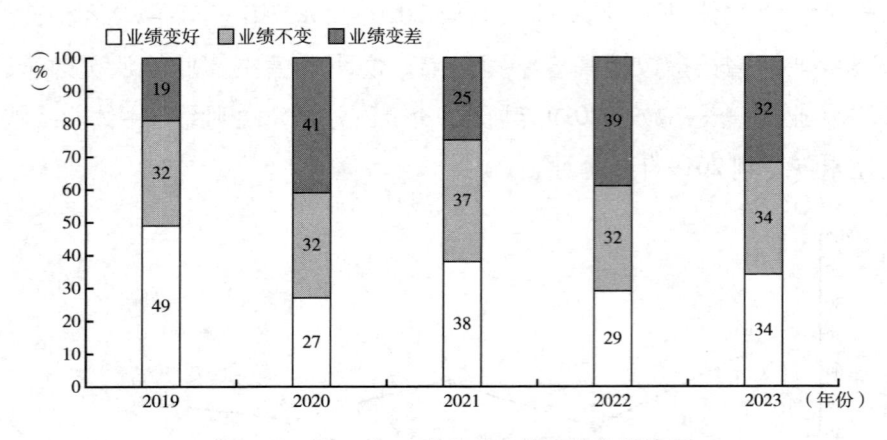

图 8-2　2019~2023 年经营主体业绩变化情况

务业、新兴行业业绩增长指数分别为 54%、52% 和 51%，处于扩张区间；工业建筑业业绩增长指数最低，为 44%，处于收缩区间。

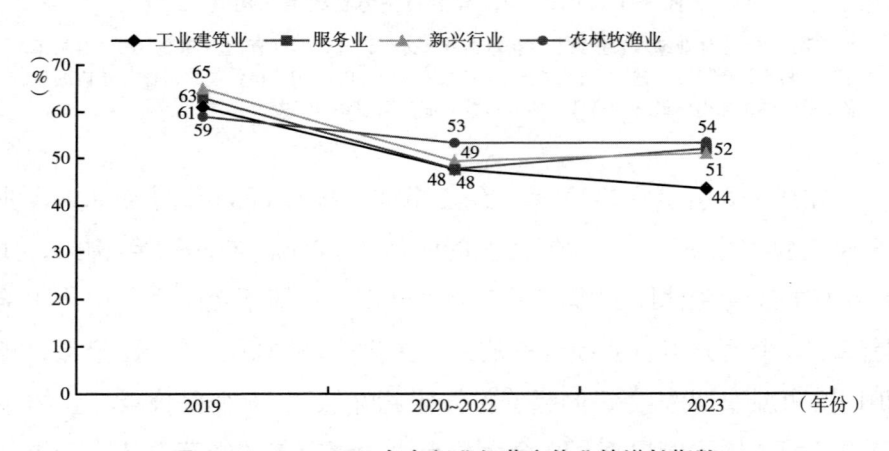

图 8-3　2019~2023 年各行业经营主体业绩增长指数

与 2020~2022 年相比，2023 年服务业业绩恢复最快。服务业业绩增长指数从 2020~2022 年三年平均水平 48% 提升至 2023 年的 52%，上升了 4 个百分点，上升幅度最大；同期，新兴行业业绩增长指数从 49% 提升至 51%，上升了 2 个百分点；农林牧渔业业绩增长指数从 53% 提升至54%，上升了1个百分点；工业建筑业业绩增长指数从48%下降至44%，下降了4个百分点。

与2019年相比，2023年主要行业经营主体业绩均有所下降，工业建筑业经营主体业绩恢复相对缓慢。其中，2023年，工业建筑业经营主体业绩增长指数为44%，比2019年下降17个百分点，下降幅度最大；服务业经营主体业绩增长指数为52%，比2019年下降11个百分点；新兴行业经营主体业绩增长指数为51%，比2019年下降14个百分点；农林牧渔业经营主体业绩增长指数为54%，比2019年下降5个百分点。

（三）各规模经营主体业绩增长指数均低于2019年水平

为对比各规模经营主体业绩增长指数的变化情况，本报告进一步计算不同规模经营主体的业绩增长指数。如图8-4所示，2023年大中型经营主体、小型经营主体业绩增长指数分别为58%和52%，处于扩张区间；微型经营主体业绩增长指数最低，为43%，处于收缩区间。

大中型经营主体的业绩增长指数始终高于小微型经营主体。具体来看，2023年大中型经营主体的业绩增长指数为58%，分别比小型经营主体和微型经营主体高6个百分点和15个百分点；2020~2022年大中型经营主体的业绩增长指数为55%，分别比小型经营主体和微型经营主体高5个百分点和13个百分点；2019年大中型经营主体的业绩增长指数为71%，分别比小型经营主体和微型经营主体高2个百分点和13个百分点。

与2020~2022年相比，2023年经营主体规模更大，业绩恢复更快。大中型经营主体业绩增长指数2020~2022年三年平均水平为55%，2023年提升至58%，上升了3个百分点，上升幅度最大；同期，小型经营主体业绩增长指数从50%提升至52%，上升了2个百分点；微型经营主体业绩增长指数从42%提升至43%，上升了1个百分点。

与2019年相比，2023年各规模经营主体业绩均有所下降。2023年小型经营主体业绩增长指数为52%，比2019年下降17个百分点；2023年微型经营主体业绩增长指数为43%，比2019年下降15个百分点；2023年大中型经营主体业绩增长指数为58%，比2019年下降13个百分点。

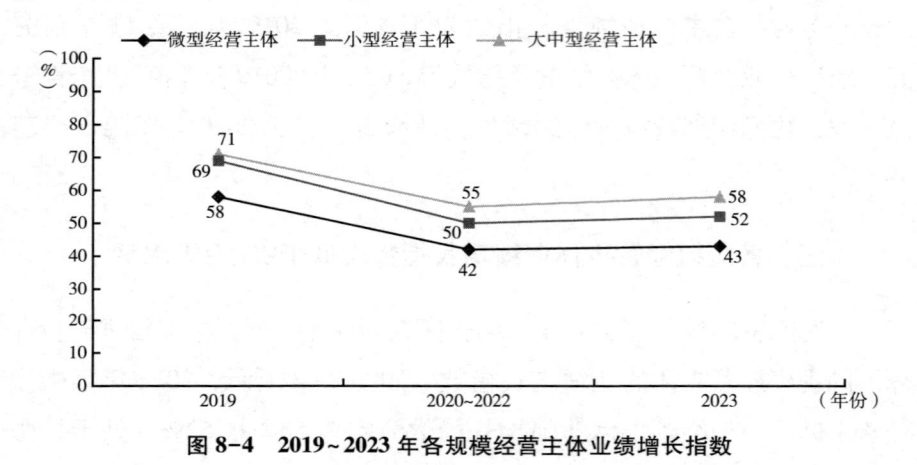

图 8-4　2019~2023年各规模经营主体业绩增长指数

（四）在调查省份中，94%的省份经营主体业绩增长指数低于2019年水平

本报告进一步计算了2023年调查覆盖的18个省份经营主体业绩增长指数。如图8-5所示，天津市2023年经营主体业绩增长指数在调查省份中位居第一，为65%；安徽省2023年经营主体业绩增长指数在调查省份中位居最后，为46%，两者相差19个百分点。在18个省份中，有13个省份经营主体业绩增长指数大于等于50%，处于扩张区间；有5个省份经营主体业绩增长指数小于50%，处于收缩区间。

2023年，94%的省份经营主体业绩增长指数未恢复到2019年的水平。天津市经营主体2023年的业绩增长指数为65%，比2019年增长6个百分点；其余省份经营主体2023年的业绩增长指数均较2019年有所下降，其中江苏省经营主体2023的业绩增长指数相比于2019年下降幅度最大，下降了26个百分点。

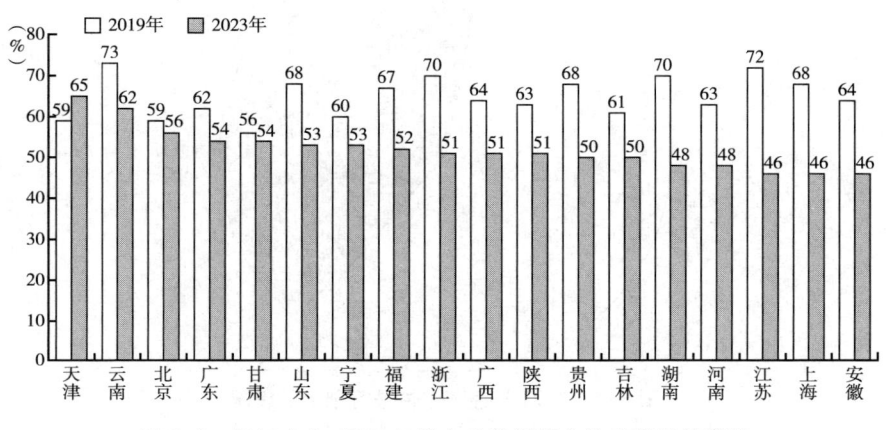

图 8-5　2019 年与 2023 年样本省份经营主体业绩增长指数

二　经营主体的创新现状

（一）2023年39%的经营主体进行创新，比2019年低5个百分点

在历年实地调查中，调查员询问经营主体"企业在过去半年是否推出新产品或新服务"，从而计算得到进行创新的经营主体占比。如图 8-6 所示，2023 年 39% 的经营主体推出过新产品或者新服务，58% 的经营主体未推出新产品或者新服务，3% 的经营主体过去半年业务收缩。

2019~2023 年，经营主体创新的比例在 35%~44%。如图 8-7 所示，2019 年有 44% 的经营主体表示有推出新产品或新服务，2020 年下降至 35%，2023 年提升至 39%。与 2022 年相比，2023 年该比例上升了 1 个百分点；但与 2019 年相比，2023 年该比例下降了 5 个百分点。

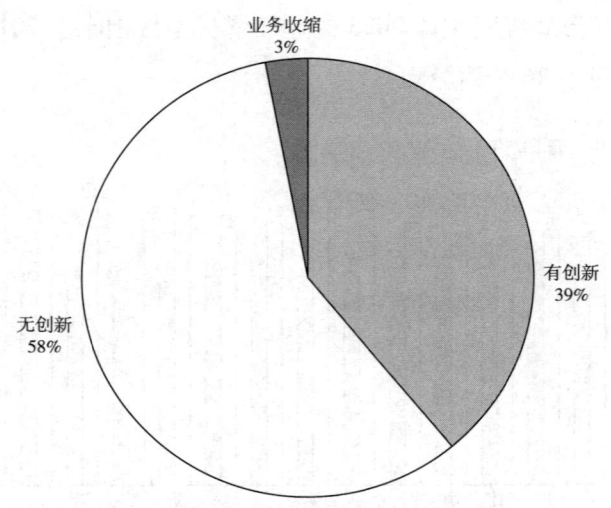

图 8-6　2023 年经营主体进行创新的情况

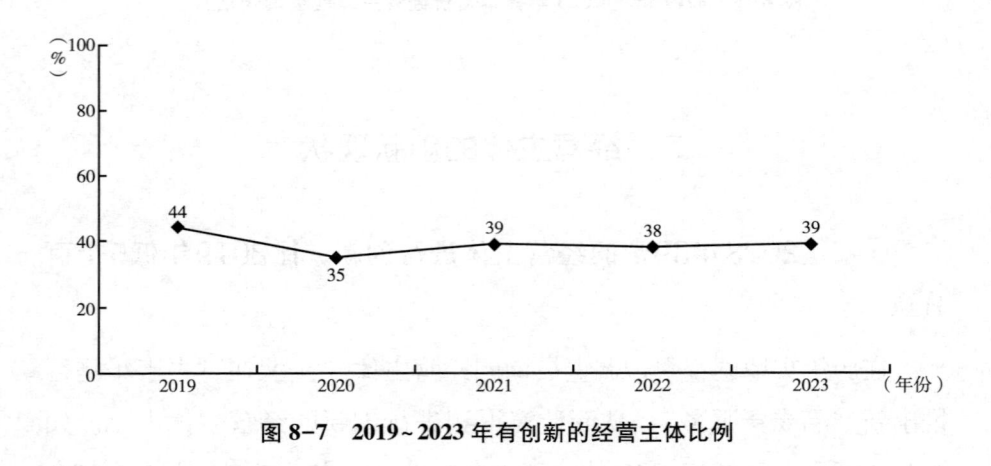

图 8-7　2019~2023 年有创新的经营主体比例

（二）各行业经营主体创新比例均低于2019年水平

为对比各行业创新比例的变化情况，本报告进一步计算主要行业经营主体的创新比例。如图 8-8 所示，2023 年农林牧渔业创新比例最高，为 44%；服务业和新兴行业次之，分别为 40% 和 38%；工业建筑业最低，为 34%。

农林牧渔业创新比例2020~2022年年均水平为35%，2023年提升至44%，上升了9个百分点，上升幅度最大；同期，服务业创新比例从37%提升至40%，上升了3个百分点；工业建筑业创新比例从35%下降至34%，下降了1个百分点；新兴行业创新比例从42%下降至38%，下降了4个百分点。

2023年，工业建筑业、服务业、新兴行业经营主体创新比例均未恢复至2019年的水平。其中，2023年新兴行业、工业建筑业、服务业创新比例分别比2019年下降了7个百分点、6个百分点、5个百分点。2023年农林牧渔业创新比例比2019年提高了5个百分点。

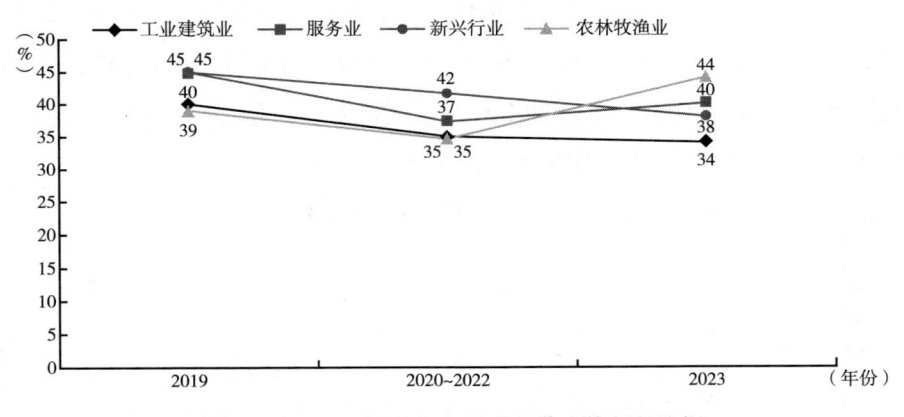

图8-8 2019~2023年各行业经营主体创新比例

（三）各规模经营主体创新比例均低于2019年水平

为对比各规模经营主体创新比例的变化情况，本报告进一步计算不同规模经营主体的创新比例。如图8-9所示，2023年大中型主体的创新比例最高，为55%，处于扩张区间；小型和微型经营主体的创新比例分别为39%和26%，处于收缩区间。

大中型经营主体的创新比例始终高于小微型经营主体。具体来看，2023年大中型经营主体的创新比例为55%，分别比小型和微型经营主体高16个和29个百分点；2020~2022年大中型经营主体的平均创新比例为56%，分别比小型和微型经营主体高18个和30个百分点；2019年大中型经营主体的创新比例为61%，分别比小型和微型经营主体高14个和28个百分点。

与2020~2022年相比，2023年各规模经营主体的创新比例波动不大。大中型经营主体创新比例2020~2022年三年平均水平为56%，2023年下降至55%，下降了1个百分点；同期，小型经营主体创新比例从38%提升至39%，上升了1个百分点；微型经营主体创新比例保持在26%。

2023年各规模经营主体创新比例均未恢复至2019年的水平。2023年，小型经营主体创新比例为39%，比2019年下降8个百分点；微型经营主体创新比例为26%，比2019年下降7个百分点；大中型经营主体创新比例为55%，比2019年下降6个百分点。

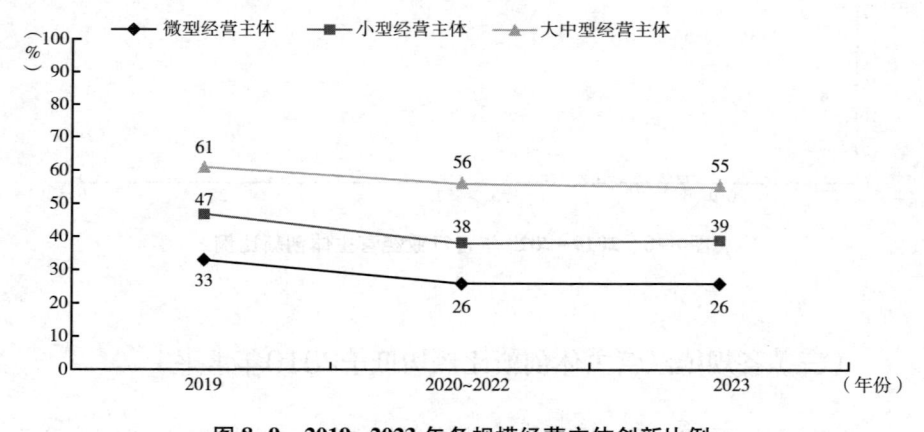

图8-9 2019~2023年各规模经营主体创新比例

（四）在调查省份中，有71%的省份的经营主体创新比例还未恢复到2019年水平

本报告进一步计算了2023年调查覆盖的18个省份的经营主体创新

比例。如图8-10所示，北京2023年进行创新的经营主体比例在调查省份中位居第一，为54%；甘肃2023年进行创新的经营主体比例在调查省份中位居最后，为27%，两者相差27个百分点。在17个省份中，只有北京的创新比例超过50%，处于扩张区间；其余省份创新比例小于50%，处于收缩区间。

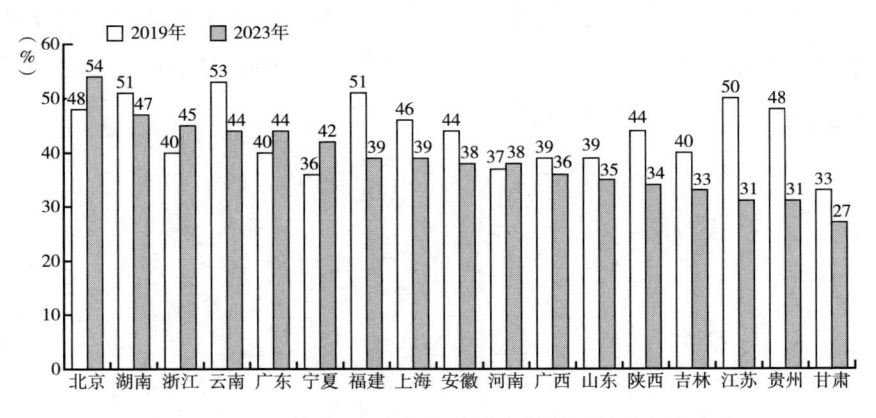

图8-10 2019年与2023年各省份有创新的经营主体占比

2023年，有71%的省份经营主体创新比例未恢复到2019年的水平。与2019年相比，2023年北京、浙江、河南、广东与宁夏有创新的经营主体占比提高，其余省份有创新的经营主体占比均下降；其中，江苏下降幅度最大，为19个百分点；北京与宁夏的上升幅度最大，均为6个百分点。

三 本章小结

本章从经营主体业绩与创新两个方面考察了2019~2023年营商环境建设在促进经营主体成长方面的成效与进展。

从经营业绩来看，2023年经营主体业绩相较于2022年有所回升，业绩增长指数为51%，比上年上升6个百分点。分类型看，农林渔牧业经营主体、大中型经营主体业绩增长指数相对较高，在稳增长上发挥积极作用。分省份看，大部分省份经营主体业绩增长指数均未回到2019年的水平。

从创新表现来看，2019~2023年经营主体创新比例较平稳，经营主体的创新比例在35%及以上。分类型看，农林渔牧业经营主体、大中型经营主体创新比例相对较高，是市场创新活力的主要来源。与2019年相比，在调研省份中，2023年北京与宁夏有创新的经营主体占比上升幅度最大，均为6个百分点。

第九章　经营主体获得感调查报告[*]

经营主体的认可是评价"放管服"改革的重要维度，本章从经营主体的视角出发，以经营主体的获得感评价全国各地"放管服"改革建设的进展与成效，核心观点如下。

2023年经营主体对改革"省时间""省费用""有积极影响"的获得感较上年均有所下降。

经营主体的诉求从增加环境供给转为增加要素和市场供给，市场竞争激烈、房租成本高、劳动力成本高是目前经营主体遇到的主要困难。

小微型经营主体和服务业经营主体面临的困难更加突出。

一　经营主体获得感的现状

（一）2023年82%的经营主体认可改革"省时间"，过去六年呈先增后降趋势

在调查中，调查员访问经营主体"据您了解，目前的'放管服'改革措施，能够降低经营主体与政府打交道的时间吗"。如图9-1所示，2023年82%的经营主体认可"放管服"改革降低了其与政府打交道的时间，与2022年相比下降了7个百分点，与2018年相比下降

---

[*] 执笔人：黄璇、蓝一鸣、吕大兴。

了4个百分点。从2018～2022年来看，认可"省时间"的经营主体比例为86%～91%，获得感较高；2023年降幅明显，获得感降低的原因可能是各地政务大厅恢复线下服务，政务服务需求大，办理时间变长。

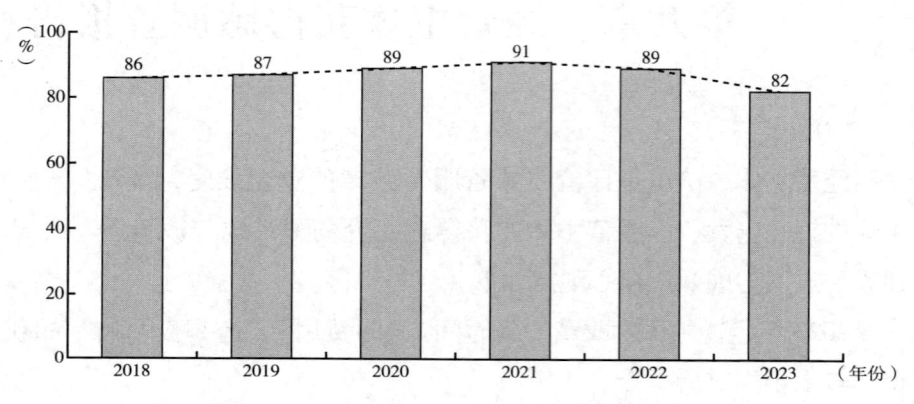

图9-1 2018～2023年认可"省时间"的经营主体占比

按成立年份划分，2023年新老经营主体"省时间"获得感均下降，老经营主体获得感降幅更大。本报告将访谈当年登记注册的经营主体定义为新经营主体，将非当年登记注册的经营主体定义为老经营主体，分别计算2018～2023年新经营主体、老经营主体的获得感。如图9-2所示，2023年有91%的新经营主体认可"放管服"改革降低了其与政府打交道的时间，比2022年降低了3个百分点；2023年有81%的老经营主体认可"放管服"改革降低了其与政府打交道的时间，比2022年降低了8个百分点，为近6年的最小值。

按行业划分，2023年各行业经营主体"省时间"获得感均下降，工业建筑业降幅最大，如图9-3所示，横向对比来看，2023年农林牧渔业认可"省时间"的经营主体比例最高，为83%，比工业建筑业高2个百分点，比服务业和新兴行业均高1个百分点。纵向对比来看，与2018年相比，2023年工业建筑业认可"省时间"的经营主体比例下降

图 9-2　2018~2023 年新老经营主体认可"省时间"的比例

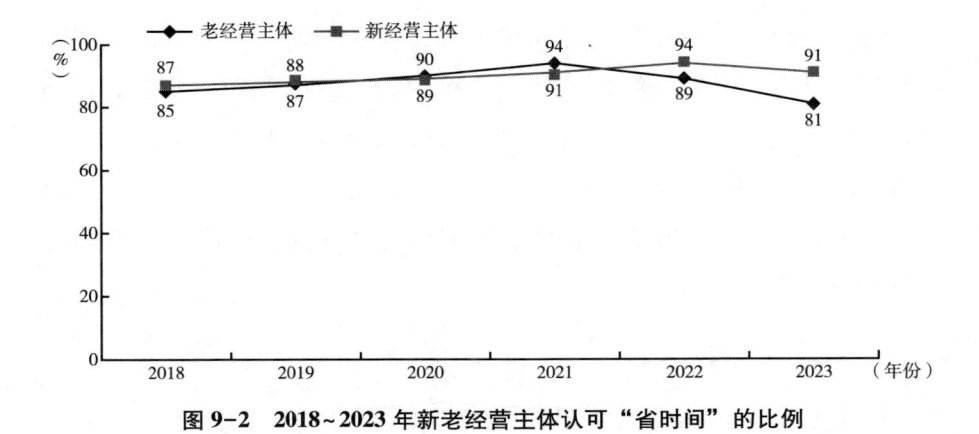

了 6 个百分点，服务业下降了 4 个百分点，新兴行业下降了 3 个百分点，工业建筑业下降幅度最大；与 2022 年相比，2023 年工业建筑业认可"省时间"的经营主体比例下降了 11 个百分点，服务业下降了 7 个百分点，新兴行业下降了 5 个百分点，农林牧渔业下降了 4 个百分点，工业建筑业下降幅度最大。

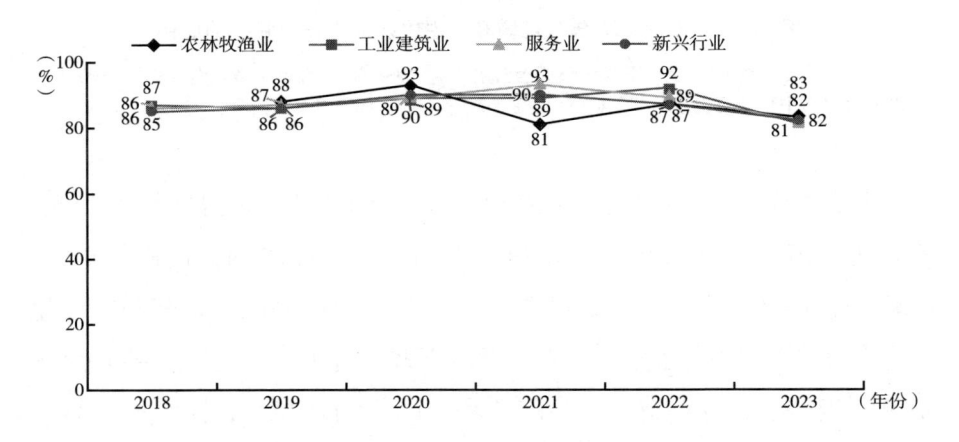

图 9-3　2018~2023 年主要行业认可"省时间"的经营主体比例

按规模划分，各规模经营主体"省时间"获得感均有下降，为近六年的最低水平。横向对比来看，如图 9-4 所示，2023 年小型经营主体认可"省时间"的经营主体比例最高，为83%，比大中型经营主体高4个百分点，比微型经营主体高2个百分点。纵向对比来看，2023年81%的微型经营主体认可改革"省时间"，相比2022年下降8个百分点；2023年79%的大中型经营主体认可改革"省时间"，相比2022年下降8个百分点；2023年83%的小型经营主体认可改革"省时间"，与2022年相比下降7个百分点。

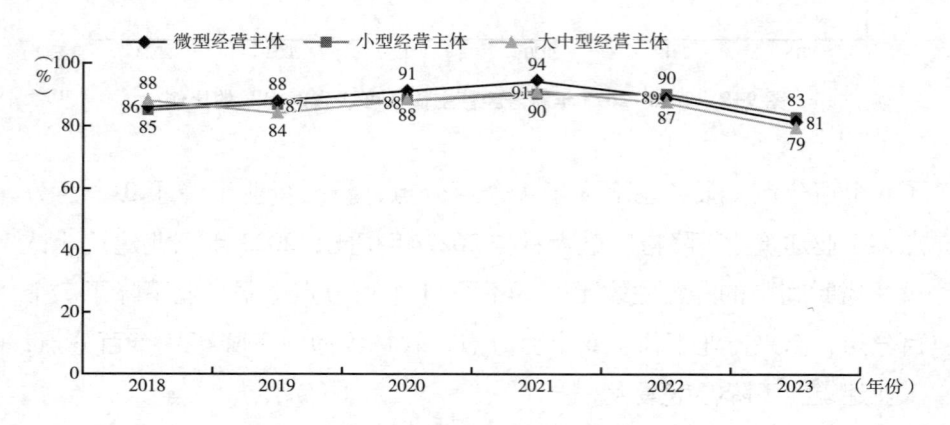

图9-4 2018~2023年各规模经营主体认可"省时间"的比例

注：员工人数10人及以下为"微型经营主体"，10~100人为"小型经营主体"，100人以上为"大中型经营主体"，下同。

按省份划分，各调查省份经营主体"省时间"获得感相差较大，最高为92%，最低为68%。如图9-5所示，在此次调查覆盖的18个省份中，吉林省经营主体认可"省时间"的比例最高，为92%，比全国平均水平高10个百分点；其次是陕西省，为91%，比全国平均水平高9个百分点；并列第三的是江苏和广西，均为88%，比全国平均水平高6个百分点。经营主体认可"省时间"的比例最低的是河南，为68%，比全国平均水平低14个百分点，比最高的吉林低24个百分点。

调查访谈中，很多经营主体都对"放管服"改革降低其与政府打

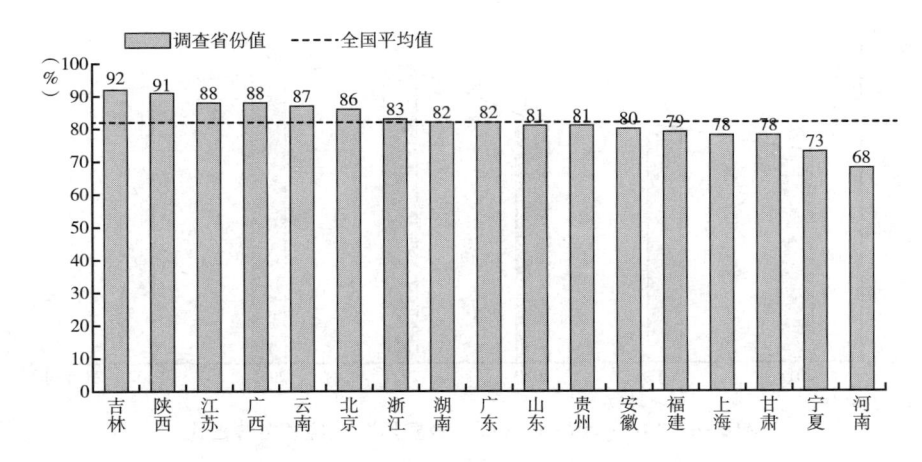

图 9-5　2023 年样本省份经营主体认可"省时间"的比例

注：天津市有效样本不足，故未予报告。

交道时间的效果给予了肯定。浙江省金华市的一名经营主体表示，"就单说办事，肯定是快了很多，现在这种一体化会节省挺多时间的"。山东省淄博市的受访经营主体表示，"这里的工作人员解释得比较清楚，办理过程比较快，时间短"。

（二）2023年84%的经营主体认可改革"省费用"，过去六年呈先增后降趋势

在调查中，调查员访问经营主体"据您了解，目前的'放管服'改革措施能够降低经营主体与政府打交道的费用吗"。如图 9-6 所示，2023 年有 84% 的经营主体认可改革"省费用"。整体来看，2018~2021年经营主体"省费用"获得感逐年增加，从 65% 增加至 91%；2022~2023 年获得感逐年下降，2023 年认可"省费用"的比例下降至 84%，与 2021 年 91% 的占比相比下降了 7 个百分点。

按成立年份划分，2023 年新老经营主体"省费用"获得感较上年均有所下降，老经营主体降幅更大。本报告将访谈当年登记注册的经营

· 153 ·

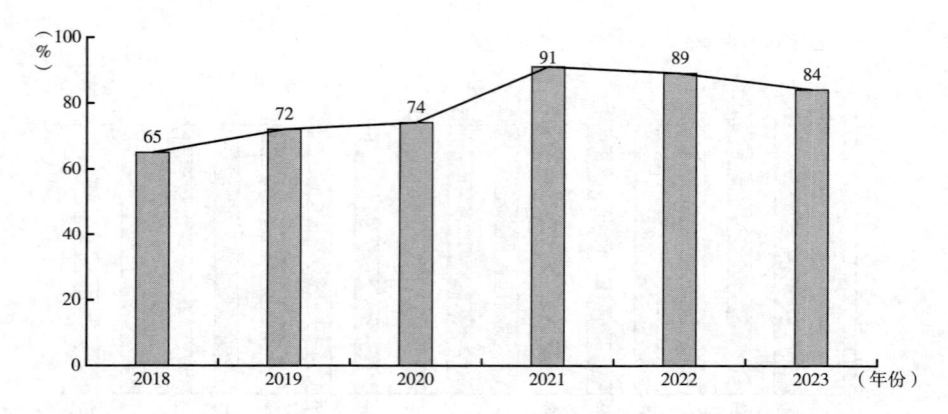

图 9-6　2018~2023 年认可"省费用"的经营主体占比

主体定义为新经营主体，将非当年登记注册的经营主体定义为老经营主体，分别计算 2018~2023 年新老经营主体的获得感。如图 9-7 所示，横向对比来看，2023 年新经营主体认可"省费用"的比例为 93%，比老经营主体高 9 个百分点。纵向对比来看，2023 年新经营主体认可"省费用"的比例较 2022 年下降了 1 个百分点，较 2021 年上升了 1 个百分点，较 2018 年上升了 28 个百分点，总体呈现上升趋势。2023 年老经营主体认可"省费用"的比例为 84%，较 2022 年下降了 4 个百分点，较 2018 年上升了 19 个百分点。

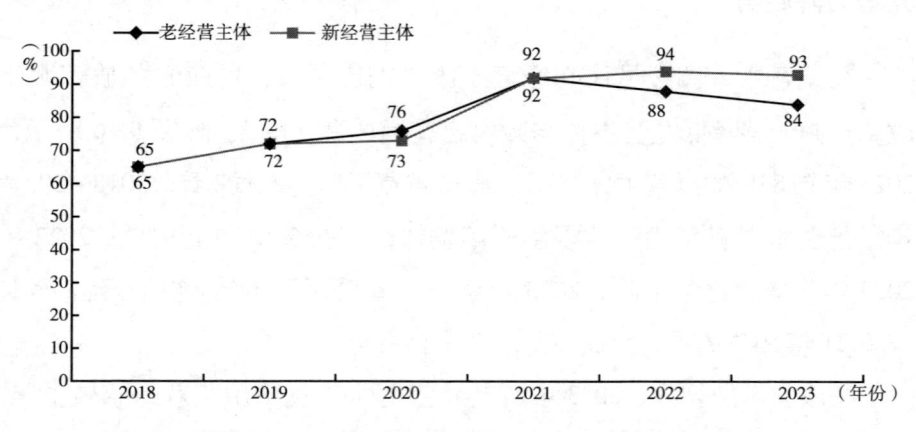

图 9-7　2018~2023 年新老经营主体认可"省费用"的比例

按行业划分，2023年主要行业经营主体"省费用"获得感较上年均有所下降。如图9-8所示，横向对比来看，2023年服务业和新兴行业认可"省费用"的经营主体占比最高，均为85%，比工业建筑业高5个百分点。纵向对比来看，2023年工业建筑业认可"省费用"的经营主体占比为80%，较2022年下降9个百分点，下降幅度最大；2023年服务业认可"省费用"的经营主体占比为85%，较2022年下降5个百分点；2023年新兴行业认可"省费用"的经营主体占比为85%，较2022年下降1个百分点。

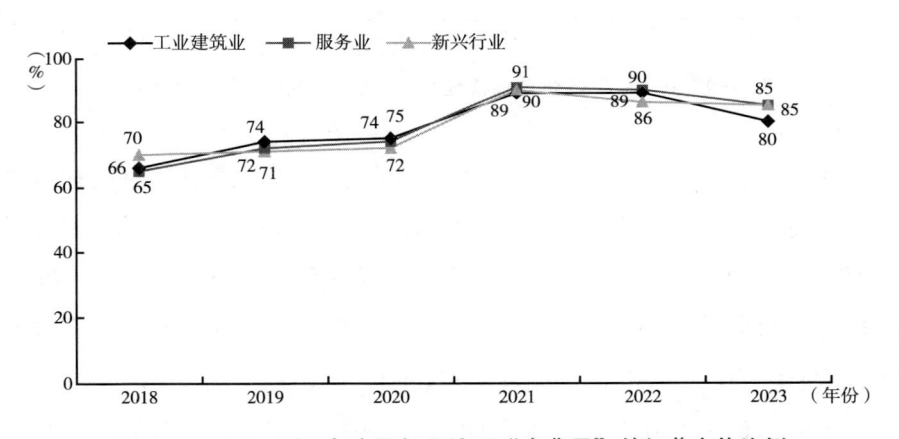

图9-8 2018~2023年主要行业认可"省费用"的经营主体比例

注：农林牧渔业经营主体样本不足，故不予报告。

按规模划分，2023年各规模经营主体"省费用"获得感较上年均有所下降。如图9-9所示，横向对比来看，2023年小型经营主体认可"省费用"的比例最高，为85%；其次是大中型经营主体，为84%；微型经营主体比例最低，为83%。纵向对比来看，相较于2022年，2023年微型经营主体认可"省费用"的比例下降幅度最大，2023年为83%，2022年为89%，下降了6个百分点；小型经营主体认可"省费用"的比例由2022年的90%下降至2023年的85%，下降5个百分点；大中型经营主体认可"省费用"的比例由2022年的87%下降至2023年的84%，下降3个百分点。

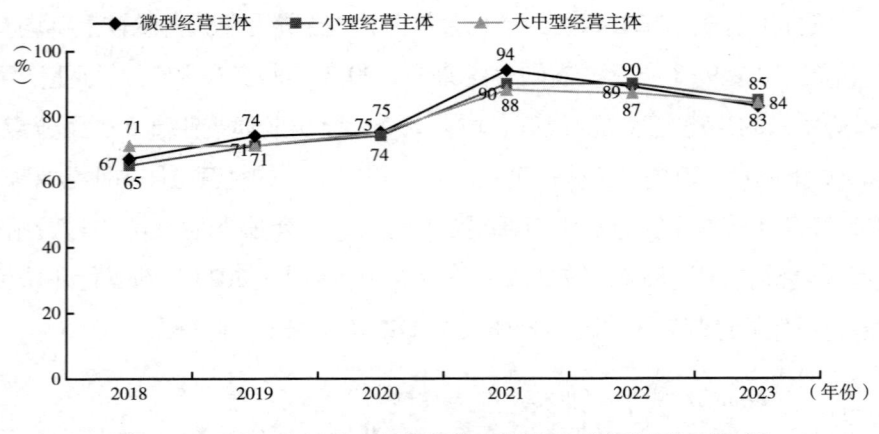

图9-9　2018~2023年各规模经营主体认可"省费用"的比例

按省份划分，2023年各调查省份经营主体"省费用"获得感相差较大，最高为95%，最低为71%。如图9-10所示，在2023年调查覆盖的18个省份中，吉林经营主体认可"省费用"的比例最高，为95%，比全国平均水平高11个百分点；其次是广西，为91%，比全国平均水平高7个百分点；并列第三的是广东、山东和云南，均为90%，比全国平均水平高6个百分点。经营主体认可"省费用"的比例最低的是河南，为71%，比全国平均水平低13个百分点，比最高的吉林低24个百分点。

实地调查中，各地经营主体对"放管服"改革能否"省费用"的感受并不相同。西部一名受访经营主体对此表示了充分肯定，"现在基本都没什么费用了"。东部一位受访经营主体则表示，"费用基本上（和之前）一样的，这个三证合一、五证合一没什么说法，反正每年都要给费用的，一样的，不影响，费用没有减少"。

（三）2023年44%的经营主体认可现在已经"完全免费"

在调查中，调查人员访问经营主体"据您了解，目前的'放管服'改革措施能够降低经营主体与政府打交道的费用吗"，基于此计算"认

图 9-10 2023 年样本省份经营主体认可"省费用"的比例

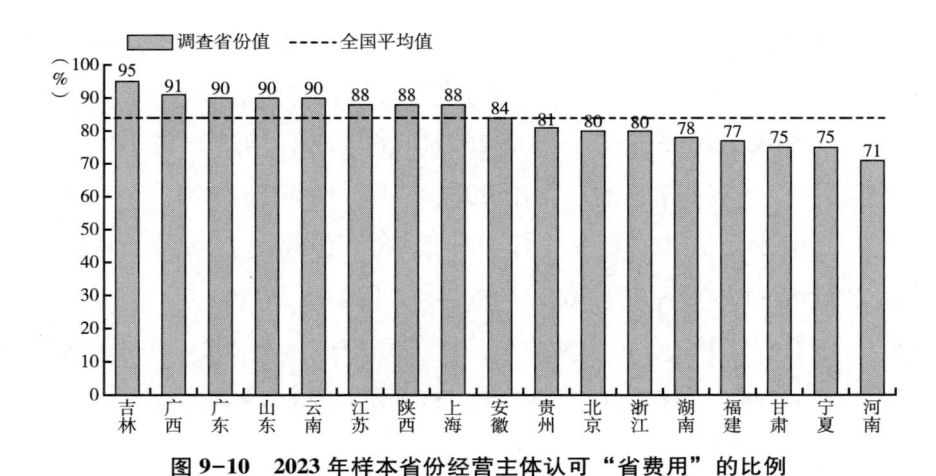

注：天津市有效样本不足，故未予报告。

为现在已经完全免费"的经营主体占比。如图 9-11 所示，2023 年有 44% 的经营主体认为现在已经完全免费，比 2021 年降低 6 个百分点，比 2022 年提高 3 个百分点。

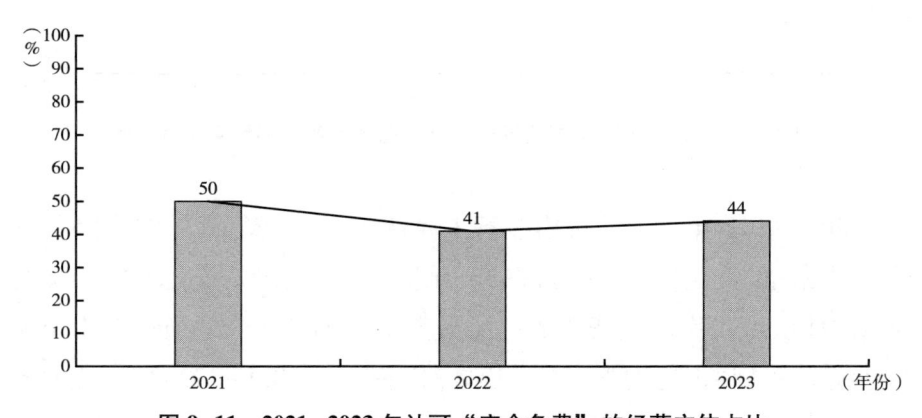

图 9-11 2021~2023 年认可"完全免费"的经营主体占比

2021~2023 年，主要行业认可"完全免费"的经营主体比例均呈现先减后增的变化趋势。如图 9-12 所示，横向对比来看，2023 年农林牧渔业认可"完全免费"的经营主体占比最高，为 50%；其次是新兴行业，为46%；服务行业为44%；工业建筑业最低，为42%。纵向对比来看，农林牧渔业认可"完全免费"的经营主体占比波动最大，由2021年的54%下降15个百分点至2022年的39%，2023年较上年上升11个百分点；新兴行业该占比由2021年的49%降至2022年的37%，降低12个百分点，2023年较上年上升了9个百分点；工业建筑业该占比由2021年的39%下降至2022年的34%，降低5个百分点，2023年较上年上升了8个百分点；服务业该占比波动较小，由2021年的53%降至2022年的44%，降低9个百分点，2023年与2022年持平。

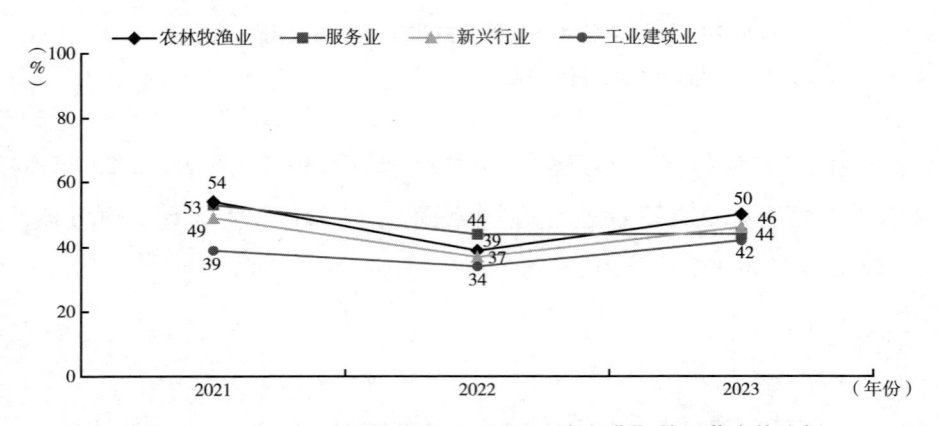

图9-12 2021~2023年主要行业认可"完全免费"的经营主体比例

2021~2023年，不同规模经营主体认可"完全免费"的比例均呈现先减后增的变化趋势。如图9-13所示，横向对比来看，2023年微型经营主体认可"完全免费"的占比最高，为47%；小型经营主体和大中型经营主体该占比均为43%。纵向对比来看，2021~2023年，微型经营主体认可"完全免费"的占比下降幅度最大，由2021年的58%下降到2022年的41%，2023年较上年上升6个百分点；大中型经营主体的该占比由2021年的43%下降到2022年的37%，2023年较上年上升6个百分点；小型经营主体认可"完全免费"的占比由2021年的47%下降到2022年的42%，2023年较上年上升1个百分点。

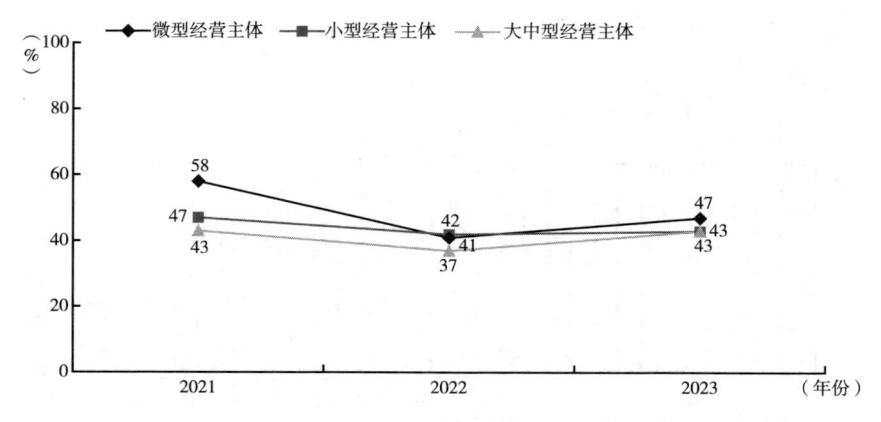

图 9-13　2021~2023 年不同规模经营主体认可"完全免费"的比例

按省份划分，2023年各调查省份经营主体认可"完全免费"的比例相差较大，最高为63%，最低为11%。如图9-14所示，在此次调查覆盖的18个省份中，山东和云南经营主体认可"完全免费"的比例最高，均为63%，比全国平均水平高19个百分点。福建认可"完全免费"的经营主体比例最低，为11%，比山东和云南低52个百分点。吉林、宁夏、安徽、湖南、甘肃、福建经营主体认可"完全免费"的比例均低于全国平均水平；其中湖南、甘肃和福建经营主体认可"完全免费"的比例均低于20%。

（四）2023年61%的经营主体认可改革有积极影响，近六年变化不大

在调查中，调查人员访问经营主体"据您了解，目前的'放管服'改革措施整体而言对贵经营主体经营有什么影响"。如图9-15所示，2023年有61%的经营主体认可"放管服"改革有积极影响。2018~2023年，认可"放管服"改革有积极影响最高为2019年的66%，最低为2018年的60%，波动幅度不大。

按成立年份划分，新老经营主体认可"放管服"改革有积极影响

图 9-14　2023 年样本省份经营主体认可"完全免费"的比例

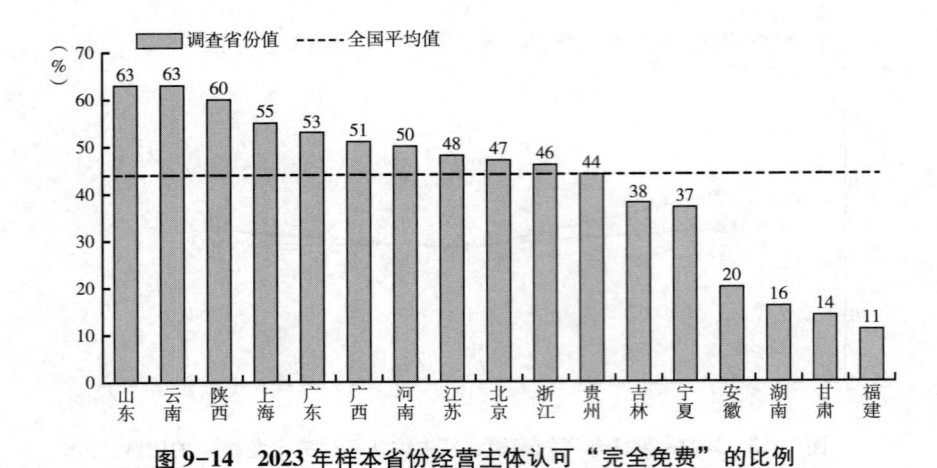

注：天津市有效样本不足，故未予报告。

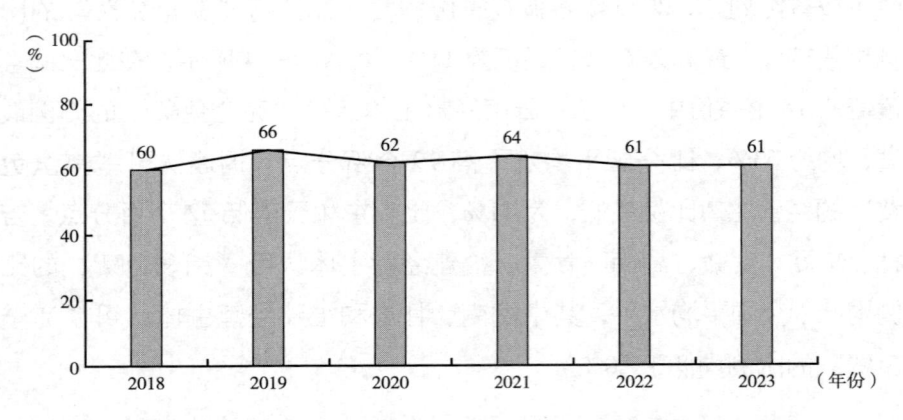

图 9-15　2018~2023 年认可"放管服"改革有积极影响的经营主体占比

的比例变化不大。如图 9-16 所示，横向对比来看，按照经营主体成立时间划分，2023 年 65% 的新经营主体认可"放管服"改革有积极影响，62% 的老经营主体认可"放管服"改革有积极影响，两者差距不大。纵向对比来看，2018~2023 年，新经营主体认可"放管服"改革有积极影响的比例基本保持在六成左右，最低为 2018 年的 58%，最高为 2019 年的 66%；老经营主体认可"放管服"改革有积极影响的比例基本保持在六七成，最低为 2018 年的 58%，最高为 2021 年的 72%。

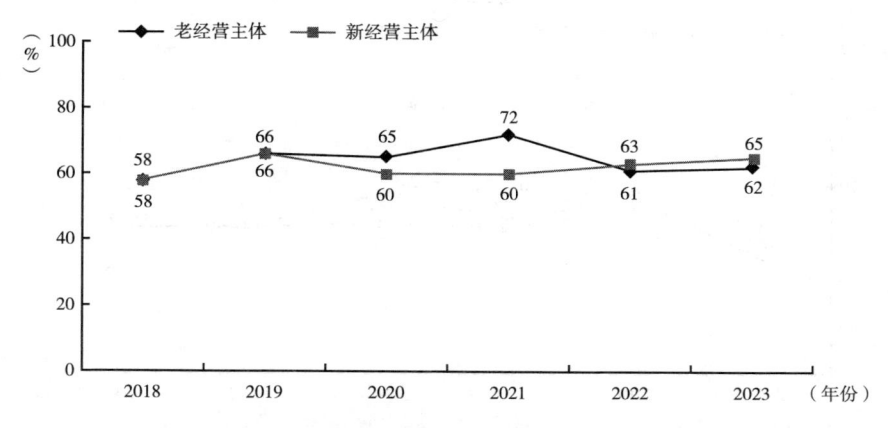

图 9-16　2018~2023 年新老经营主体认可"放管服"改革有积极影响的比例

按行业划分，2023 年新兴行业认可"放管服"改革有积极影响的经营主体比例同比降幅较大。如图 9-17 所示，横向对比来看，2023 年服务业认可"放管服"改革有积极影响的经营主体占比最高，为 63%；工业建筑业该占比为 61%；新兴行业该占比为 56%。纵向对比来看，无论是与 2018 年对比还是与 2022 年对比，2023 年新兴行业降幅均是最大的。与 2018 年相比，2023 年主要行业认可"放管服"改革有积极影响的经营主体占比变化幅度为：工业建筑业占比上升了 7 个百分点，服务业占比上升了 5 个百分点，新兴行业占比下降了 9 个百分点。与 2022 年相比，2023 年主要行业认可"放管服"改革有积极影响的经营主体占比变化幅度为：工业建筑业占比持平，服务业占比上升了 2 个百分点，新兴行业占比下降了 5 个百分点。

按规模划分，微型经营主体认可"放管服"改革有积极影响的占比较其他规模的经营主体偏低。如图 9-18 所示，2023 年微型经营主体认可"放管服"改革有积极影响的比例为 54%，比小型经营主体低 9 个百分点，比大中型经营主体低 11 个百分点。从变化幅度来看，2018~2023 年，各规模经营主体认可"放管服"改革有积极影响的占比都有小幅波动。微型经营主体占比最低为 2023 年的 54%，最高为 2019 年的 63%；小型经

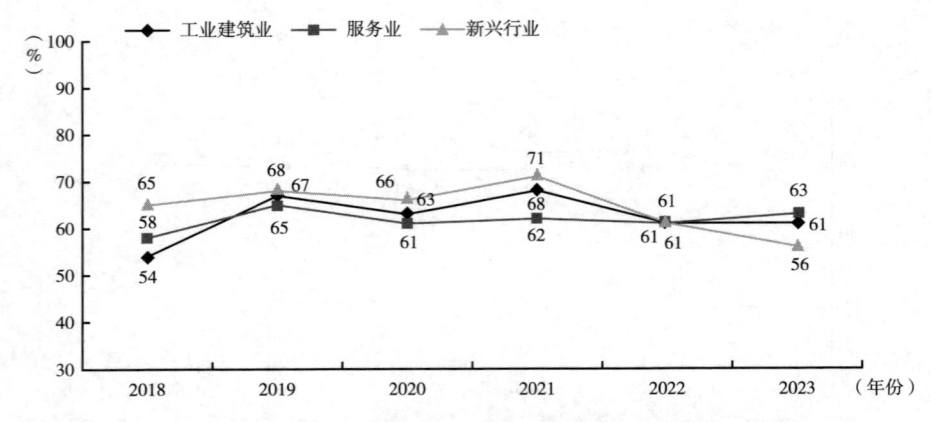

图9-17 2018~2023年各行业经营主体认可"放管服"改革有积极影响的比例

注：农林牧渔业经营主体样本不足，故不予报告。

营主体占比最低为2018年的57%，最高为2019年和2021年的67%；大中型经营主体占比最低为2022年的64%，最高为2019年的70%。

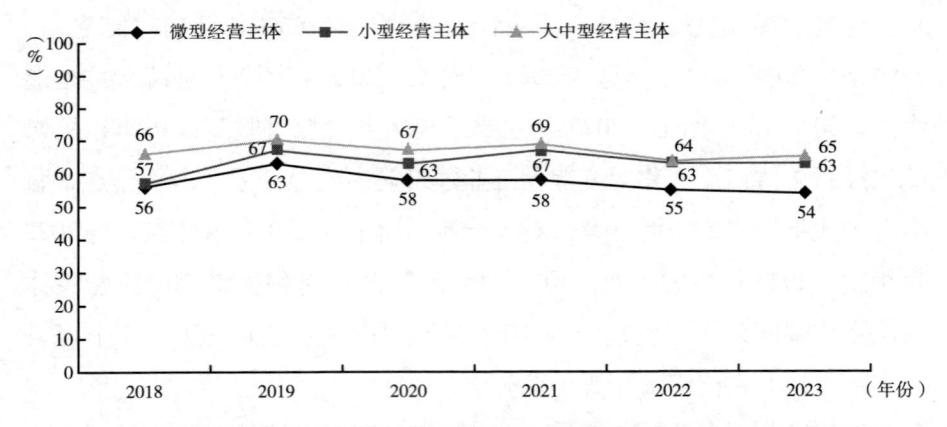

图9-18 2018~2023年各规模经营主体认可"放管服"改革有积极影响的比例

按省份划分，2023年调查省份经营主体认可改革有积极影响的比例相差较大，最高为81%，最低为44%。2023年调查覆盖的18个省份中，广西经营主体认可改革有积极影响的比例最高，为81%，比全国平均水平高20个百分点，比位于第二的安徽省高11个百分点。河南经营主体认可改革有积极影响的比例最低，为44%，比全国平均水平低17个百分点，比最高的广西低37个百分点。

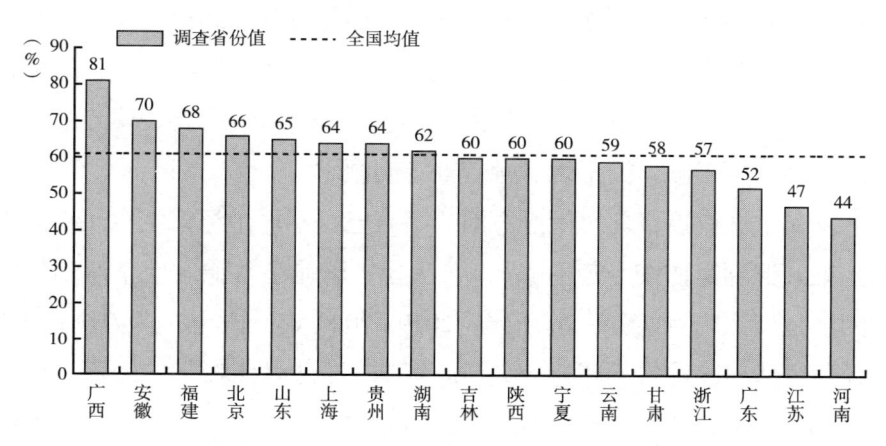

图9-19 2023年样本省份经营主体认可改革有积极影响的比例

注：天津市有效样本不足，故未予报告。

调查中，一些经营主体具体说明了原因。东部某地的一名受访经营主体表示，"感觉带来的影响不好说……现在感觉政府上门检查次数太多了，不太合理，我们的业绩变差了"。东部某地的另一名受访经营主体表示，"政府压价格，影响了业绩。现在环境越来越差"。

二 经营主体面临的主要困难

（一）市场竞争激烈、房租成本高、劳动力成本高是目前做生意遇到的主要困难

从经济学的逻辑看，"放管服"第一阶段便利化改革越成功，经营主体数量越多，第二阶段就越可能面临"发展难"问题。在营商环境建设的便利化改革阶段，政府不断优化市场准入环节的政务服务，为经

营主体省时间、省费用，提供更加便利的办事环境，增加政务环境供给，解决企业"进入难"问题。随着经营主体数量短期内快速增长，当市场需求不变时，越来越多的经营主体展开竞争，必然将面临市场供给困难，主要表现为市场竞争越来越激烈；当要素供给不变时，越来越多的经营主体展开竞争，必然将面临要素供给困难，主要表现为生产要素成本高、招工难、招工贵、融资难等问题。

从实地调查看，环境供给方面的困难已经不再是经营主体面临的主要困难。课题组访谈经营主体，"您认为，目前在本地做生意遇到的主要困难是什么"。如图9-20所示，2019~2023年，认为"开办企业难"的经营主体占比始终不超过3%，认为"办理许可证难"的经营主体从7%降低至4%，认为"合同执行难"的经营主体占比始终不超过4%，认为"退出市场难"的经营主体占比始终不超过3%。2023年，经营主体面临的环境供给方面的困难包括税负重、各类市场检查多、办理许可证难、合同执行难、开办企业难、退出市场难，共占21%，列各类困难的后六位。这表明环境供给方面的困难已经不再是现阶段经营主体面临的主要困难。

从实地调查看，经营主体面临的新困难来自市场供给和要素供给方面。如图9-20所示，市场供给竞争激烈，以及要素供给方面的房租成本高、招工困难、劳动力成本高和融资难，是近年来经营主体面临的主要困难。2023年，经营主体面临的市场供给方面的困难中，市场竞争激烈占23%；经营主体面临的要素供给方面的困难中，房租成本高、招工困难、劳动力成本高、融资难共占47%。这表明市场供给和要素供给是目前经营主体面临的新困难。

在调查中，很多经营主体都会表示面临市场供给和要素供给方面的困难。市场供给方面，很多经营主体表示生意不好做，市场竞争激烈。有经营主体表示，"营商环境变好了，和我们一样的企业变多了，今年经常有其他的企业与我们抢客户，市场竞争很激烈"。还有受访主体表

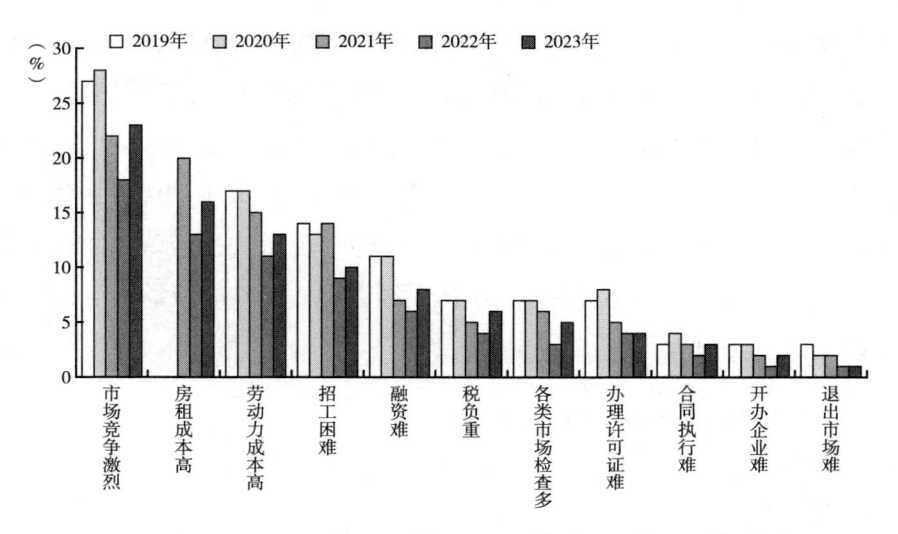

图 9-20　2019~2023 年全国经营主体面临困难的分布情况

注：问卷中还有"其他困难""无困难""疫情影响"选项，未予汇报，下同。2021 年起新增"房租成本高"选项，故 2019~2020 年该选项数据缺失。

示，"市场竞争太激烈了，而且本来就没什么市场"。

要素供给方面，经营主体普遍认为租金成本高增加了企业固定成本方面的支出，加大了企业经营压力，同时，房租成本高也加大了员工生存压力，提高了员工对工资的要求，成为劳动力成本高的重要原因。招工难同样困扰着经营主体的成长，有经营主体表示，"主要还是人才缺口问题。现在的人普遍期望的薪资跟自身实力不匹配，他们想要很高的工资，自己能给企业提供的价值却当不起这么高的工资，所以我们招适合的员工就变得很困难"。另一小微主体表示，"对于我们这些小本经营的人来说，关键是有钱赚。可是现在运营成本高，招工难，很难赚钱啊"。

（二）按规模划分，小微经营主体遇到的困难更突出

按经营主体规模划分，2023 年认为市场竞争激烈、房租成本高、劳动力成本高的小微型经营主体的比例高于大中型经营主体。

· 165 ·

如图9-21所示，2023年小微型和大中型经营主体均认为市场竞争激烈、房租成本高和劳动力成本高是做生意遇到的排前三位的困难。其中小微型经营主体认为市场竞争激烈的比例为24%，比大中型经营主体高1个百分点；认为房租成本高的比例为17%，比大中型经营主体高3个百分点；认为劳动力成本高的占比为13%，比大中型经营主体高1个百分点。相比大中型经营主体，小微型经营主体面临的市场供给和要素供给困难更突出。

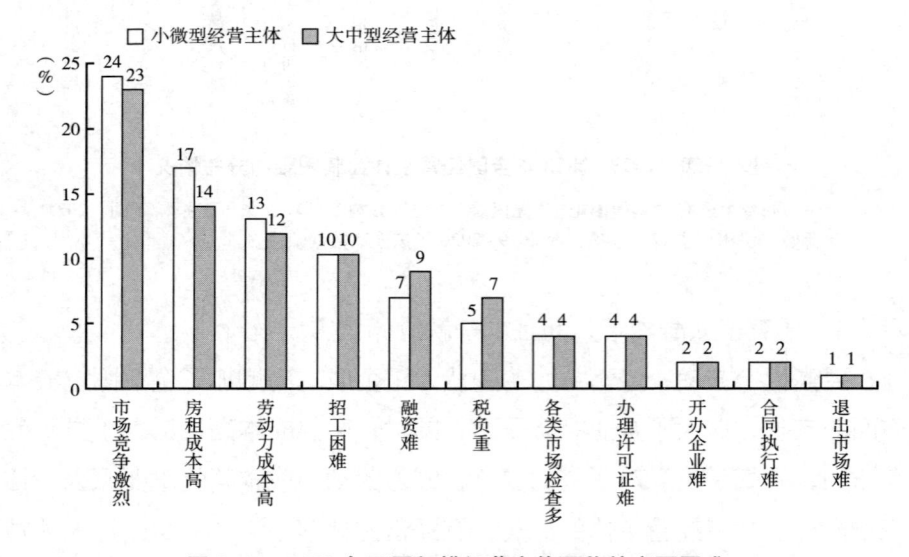

图9-21　2023年不同规模经营主体面临的主要困难

与2022年相比，2023年小微经营主体认为市场竞争激烈、房租成本高、劳动力成本高的比例也更高。如图9-22和图9-23所示，与2022年相比，2023年小微型经营主体认为市场竞争激烈、房租成本高、劳动力成本高和招工困难是主要困难的比例均有所上升，分别上升了6个百分点、3个百分点、2个百分点和1个百分点；大中型经营主体中认为市场竞争激烈、房租成本高、劳动力成本高、招工困难是主要困难的比例分别上升了5个百分点、2个百分点、2个百分点和1个百分点。

第九章　经营主体获得感调查报告

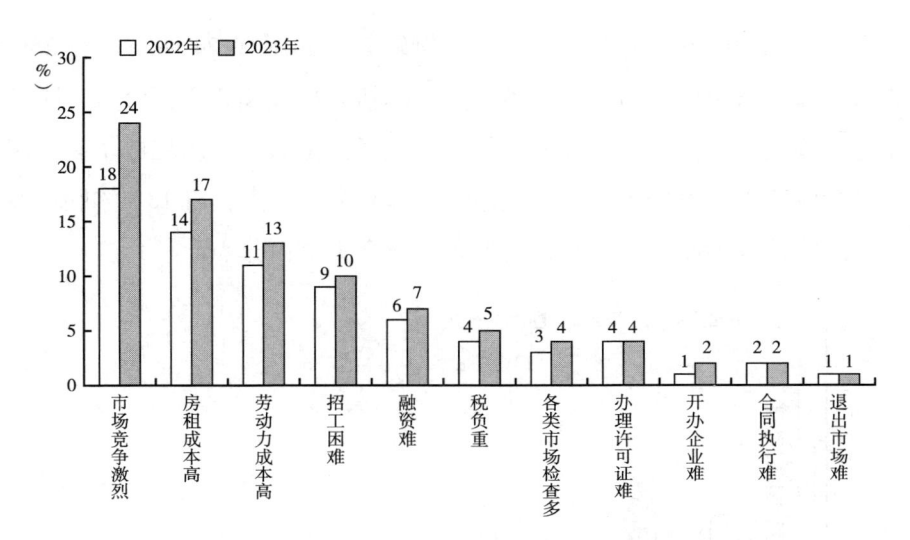

图 9-22　2022~2023 年小微型经营主体面临的主要困难

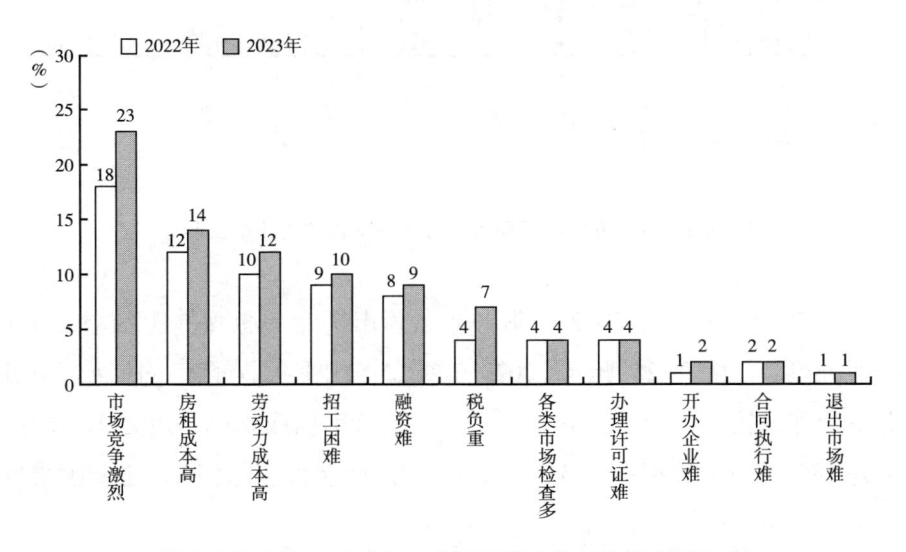

图 9-23　2022~2023 年大中型经营主体面临的主要困难

（三）按行业划分，服务业经营主体遇到的困难更突出

按行业划分，2023 年服务业经营主体认为市场竞争激烈、房租成

· 167 ·

本高、劳动力成本高是主要困难的比例较高。如图9-24所示，有25%的服务业经营主体认为市场竞争激烈，比新兴行业高2个百分点，比工业建筑业高3个百分点；有18%的服务业经营主体认为房租成本高，比新兴行业高1个百分点，比工业建筑业高6个百分点；有13%的服务业经营主体认为劳动力成本高，比新兴行业高1个百分点。

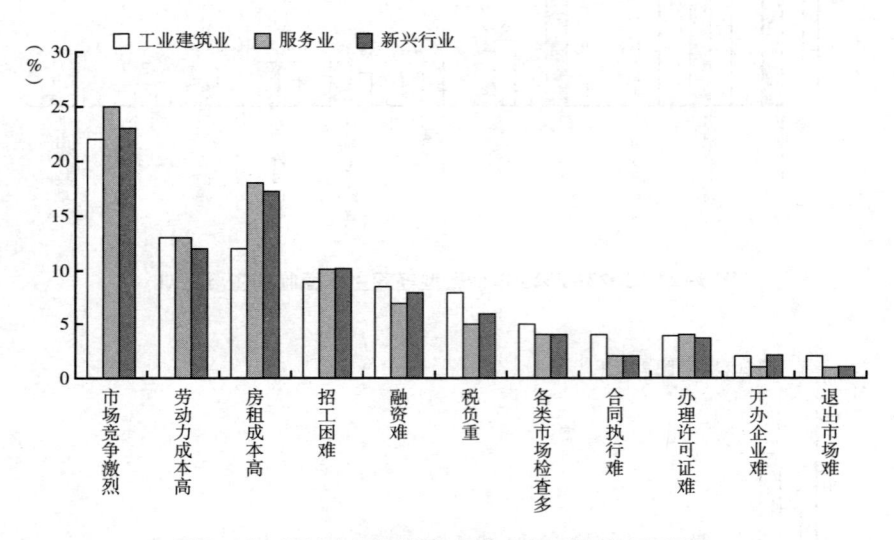

图9-24 2023年不同行业经营主体面临的主要困难

与2022年相比，2023年服务业认为市场竞争激烈的比例提高了6个百分点。如图9-25所示，2023年有25%的服务业经营主体认为市场竞争激烈，较上年提高了6个百分点；认为房租成本高是主要困难的比例为18%，较上年提高了3个百分点；认为劳动力成本高是主要困难的比例为13%，较上年提高了3个百分点。

与2022年相比，2023年新兴行业的经营主体认为市场竞争激烈的比例提高了6个百分点。如图9-26所示，2023年有23%的新兴行业经营主体认为市场竞争激烈，较上年提高了6个百分点；认为房租成本高是主要困难的比例为17%，较上年提高了4个百分点；认为劳动力成本高是主要困难的比例为12%，较上年提高了2个百分点。

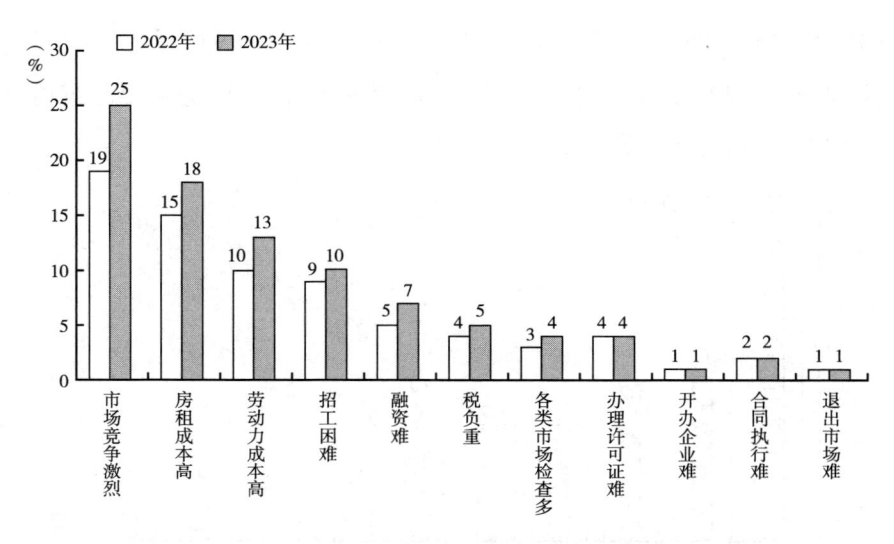

图 9-25　2022 年和 2023 年服务业经营主体面临的主要困难

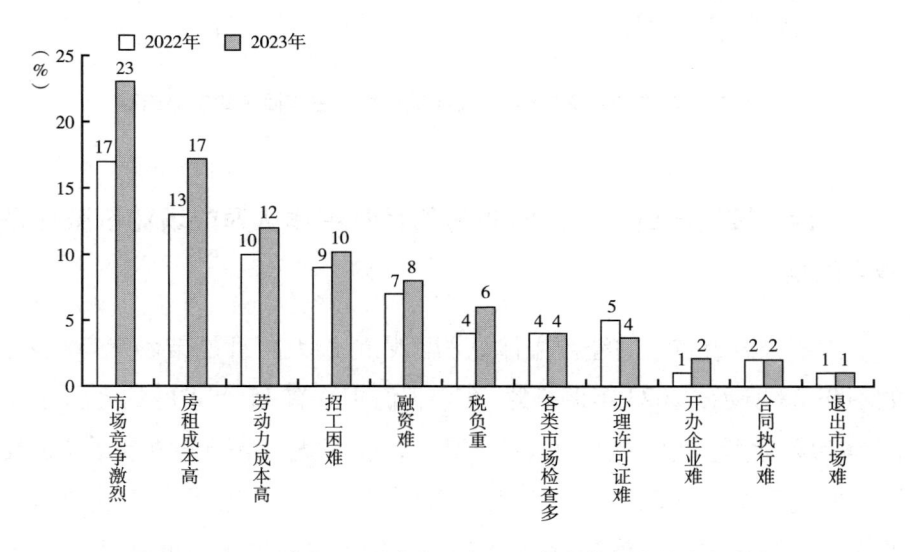

图 9-26　2022 年和 2023 年新兴行业经营主体面临的主要困难

与服务业和新兴行业稍有区别的是，2023 年工业建筑业经营主体认为市场竞争激烈、劳动力成本高、房租成本高等是主要困难。如图 9-27 所示，与 2022 年相比，2023 年工业建筑业经营主体认为市场竞争激烈的比例为 22%，较上年增加了 6 个百分点；认为劳动力成本高是主要困难的比例为 13%，与上年持平；认为房租成本高是主要困难的比例为 12%，较上年上升了 3 个百分点。

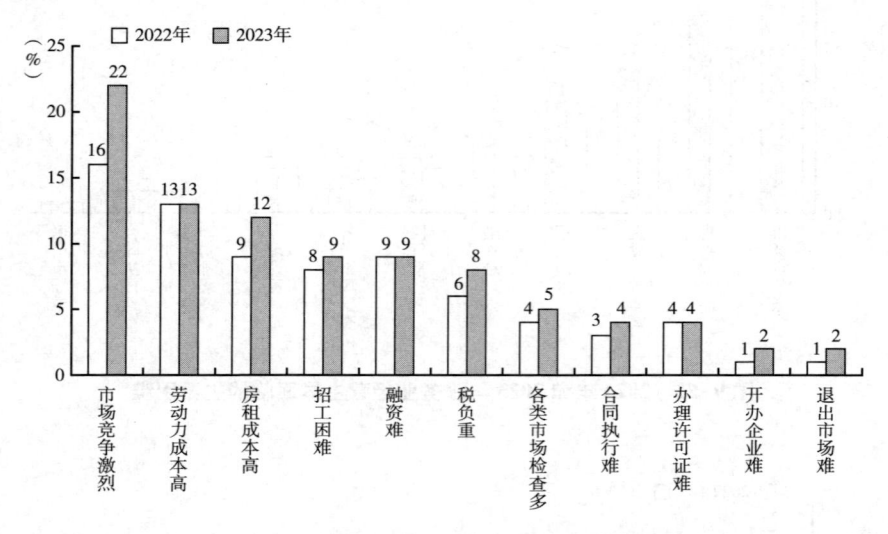

图 9-27　2022 年和 2023 年工业建筑业经营主体面临的主要困难

（四）按地区划分，94% 省份的经营主体认为市场竞争激烈是最大困难

大部分调查省份的经营主体认为面临的最大困难是市场竞争激烈。如图 9-28 所示，2023 年调查的 16 个省份中，有 15 个省份的经营主体认为市场竞争激烈是最大的困难。其中，浙江认为市场竞争激烈是主要困难的经营主体比例最高，占比为 28%；上海认为市场竞争激烈是主要困难的经营主体比例最低，为 18%。在房租成本上，浙江认为房租成本高是主要困难的经营主体比例最高，为 23%；甘肃最低，为 9%。在劳动力成本上，上海经营主体认为劳动力成本高是主要困难的经营主体比例最高，为 17%；甘肃和吉林认为劳动力成本高是主要困难的经营主体比例最低，均为 7%。

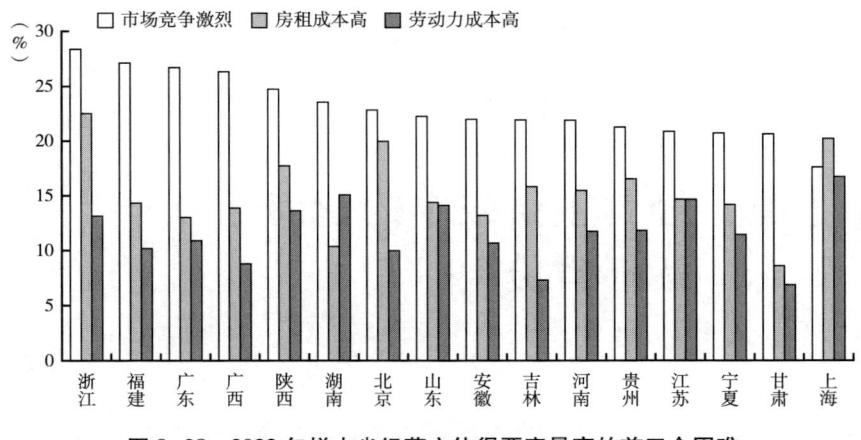

图 9-28　2023 年样本省经营主体得票率最高的前三个困难

三　本章小结

2023 年各行业不同规模经营主体的获得感总体呈下降趋势。2023 年经营主体认可"省时间"的比例较前五年有所下降，2018~2022 年保持在 86%~91%，2023 年下降至 82%；认可"省费用"的比例经历了 2018~2021 年持续上升后，2023 年大幅下降；认可"放管服"改革对经营有积极作用的经营主体保持在六成左右。

2023 年，市场竞争激烈、房租成本高和劳动力成本高是经营主体面临的主要困难。按规模或者行业划分，这三项困难仍是经营主体面临的主要困难。按照经营主体规模划分，小微型经营主体遇到的困难更大；按行业划分，服务业经营主体遇到的困难更大。

第十章　经营主体眼中的营商环境标杆省份[*]

营商环境是经营主体生存发展的土壤，营商环境怎么样，经营主体的感受最直观。从经营主体的视角来看，哪个省份营商环境好、是经营主体眼中的营商环境标杆？在来自不同省份的经营主体眼中，所处省份应该向哪个省份对标学习？本章从经营主体视角出发，计算经营主体眼中的各省份营商环境口碑，识别各省份经营主体眼中的对标学习省份，核心观点如下。

根据2023年经营主体的反馈，上海、广东、浙江、北京营商环境口碑位居全国前四。

过去六年间，全国省级营商环境口碑的排名比较稳定。

对标学习省份集中为广东、上海、北京、浙江，是经营主体共同的选择。

一　各省份营商环境口碑

（一）从经营主体视角看，2023年上海、广东、浙江、北京营商环境口碑位居全国前四

在调查中，调查员访问经营主体"在全国除本省份外，请选出做

---

[*] 执笔人：冯爽、王子晗。

生意环境相对较好的省份（至多选择三个省份）"。对上述调查问题的结果进行汇总，可以得到省份营商环境口碑得票率。得票率越高，代表外省经营主体对该省营商环境的认可度越高，该省营商环境口碑排名越靠前。如图10-1所示，2023年营商环境口碑居首位的是上海，得票率为48%，即全国48%的非上海经营主体认为上海的营商环境较好；排名第二的是广东，得票率为47%，即全国47%的非广东经营主体认为广东的营商环境较好，比上海低1个百分点；排名第三的是浙江，得票率为36%，比上海低12个百分点；排名第四的是北京，得票率为27%，比上海低21个百分点。

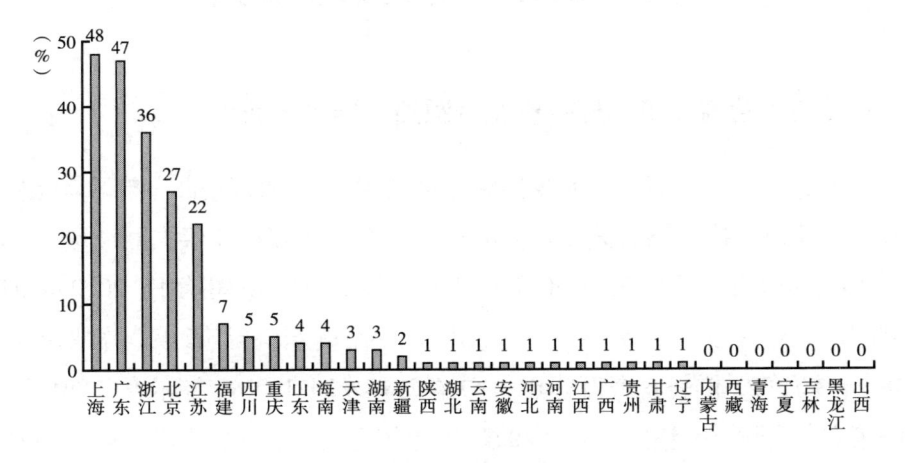

图10-1　2023年省份营商环境口碑

（二）2018~2023年省份营商环境口碑的排名比较稳定

2018~2023年省份营商环境口碑的排名比较稳定。如图10-2所示，2018~2023年，上海、广东、浙江、北京、江苏营商环境口碑排名始终稳居全国前五名，得票率均超过10%。其余省份营商环境口碑排名也较为稳定，得票率普遍低于10%。

图 10-2　2018~2023 年省份营商环境口碑排名

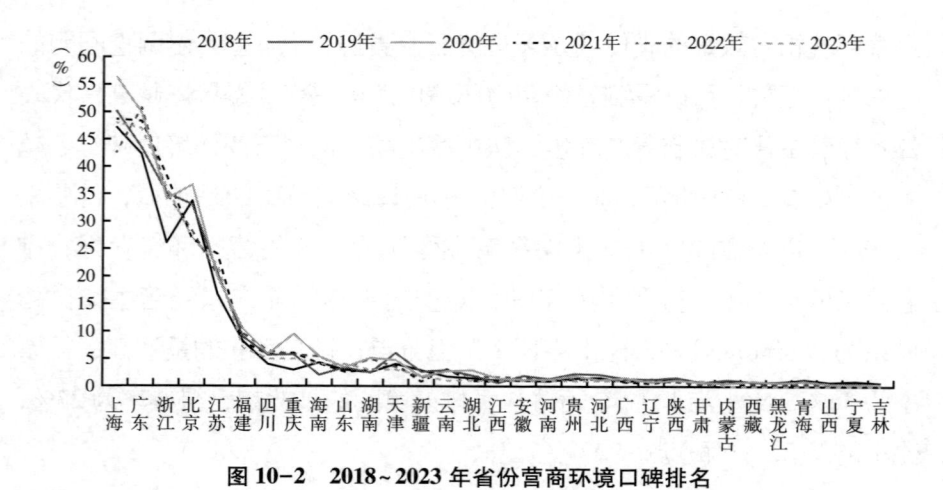

（三）营商环境标杆省份竞争激烈，排名波动

上海、广东、浙江、北京始终是经营主体投票认可的营商环境标杆省份，但每年排名略有波动。上海和广东在第 1 和第 2 名之间波动，如图 10-3 所示，上海 2018~2021 年营商环境口碑均位居第 1，2022 年稍有回落，位居第 2，2023 年营商环境口碑重新回到第 1，得票率为 48%，较 2022 增长 6 个百分点；广东 2018~2021 年营商环境口碑均位居第 2，且得票率整体上升，2022 年成为经营主体眼中的营商环境口碑第 1 名，得票率达到 51%，即全国超过一半的非广东经营主体认为广东营商环境较好。北京和浙江在第 3、第 4 名之间波动，其中浙江营商环境口碑排名总体稳定，2018~2020 年排名在第 3 名和第 4 名之间波动，2021~2023 年排名一直保持在第 3 名；北京营商环境得票率在 2018~2020 年均超过 30%，排名在第 3 名和第 4 名之间波动，2021~2023 年接近 30%、排名位居第 4。

（四）与 2022 年相比，陕西、甘肃、新疆排名进步幅度最大

与 2022 年相比，大部分省份营商环境口碑排名出现波动。如

第十章 经营主体眼中的营商环境标杆省份

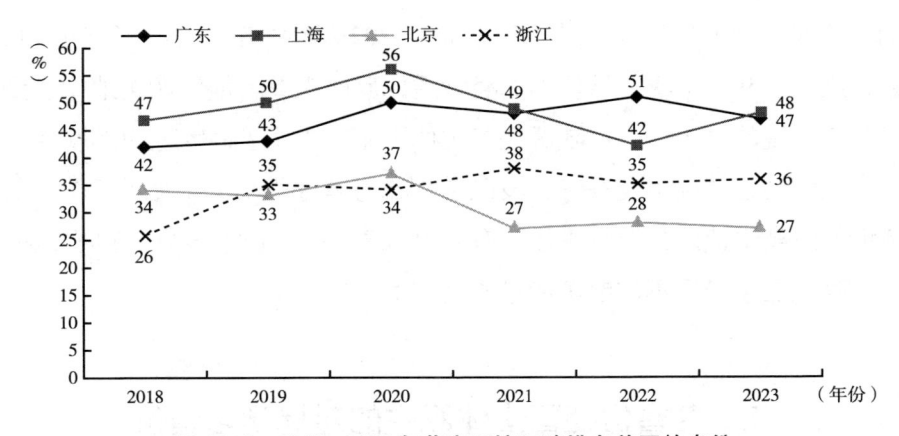

图 10-3 2018~2023 年营商环境口碑排名前四的省份

图 10-4 示,2023 年,陕西、甘肃、新疆等 9 个省份的营商环境口碑排名有所进步,占全国的 29%;浙江、北京、江苏等 8 个省份的营商环境口碑排名没有发生改变,占全国的 26%;广东、重庆、海南等 14 个省份的营商环境口碑排名下降,占全国的 45%。

陕西、甘肃、新疆的营商环境口碑排名提升幅度最大。如图 10-4 所示,在营商环境口碑排名上升的省份中,上升幅度排名前三的省份分

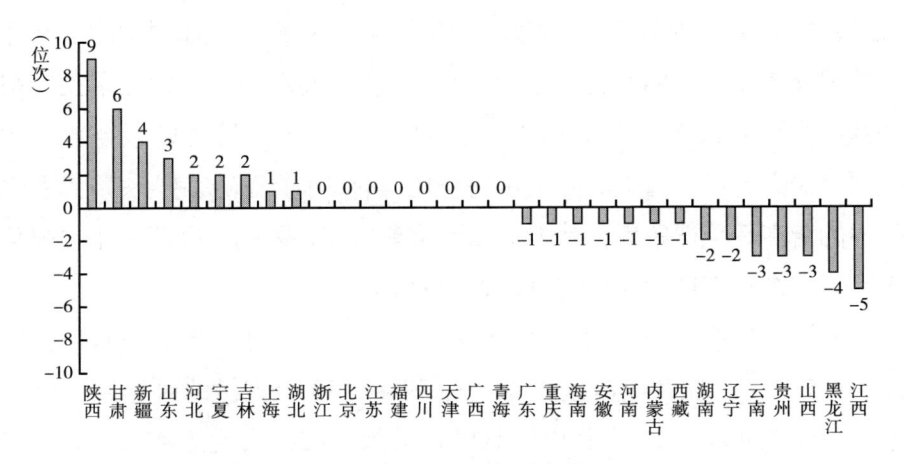

图 10-4 2022~2023 年省份营商环境口碑排名变化

· 175 ·

别为陕西、甘肃、新疆，其中陕西省由 2022 年的第 23 名上升至第 14 名，进步了 9 个位次。从陕西的经营主体反馈来看，他们切实地体会到了营商环境的改善，一位陕西经营主体表示，"最近做生意的环境变好了，我们销售情况也变好了，没以前那么亏本了"。政务大厅工作人员热情的态度也让部分经营主体深有感触，"工作人员态度好、办事效率高，我们在拿号后不需要等待过长（时间）"。

二 各省份经营主体眼中的对标学习省份

（一）对标学习省份集中为广东、上海、北京、浙江

对标省份是指在本省企业眼中营商环境最好的外省。具体而言，本报告计算某省经营主体对其他省份营商环境的投票情况，得票率最高的省份被视为该省份经营主体眼中的营商环境对标省份。例如，2018~2023 年广东共有 2497 位经营主体参与投票，其中 1443 位认为上海营商环境较好，则上海在广东经营主体眼中的营商环境得票率为 58%；1027 位经营主体认为浙江营商环境好，则浙江在广东经营主体眼中的营商环境得票率为 41%；842 位经营主体认为北京营商环境好，则北京在广东经营主体眼中的营商环境得票率为 34%。这三个省份是广东经营主体投票率最高的三个省份。同理可得全国其他 30 个省份在广东经营主体眼中的营商环境得票率，其中上海得票率最高，因此从经营主体的视角来看，广东营商环境建设的对标省份为上海。

从调查结果来看，对标省份集中为广东、上海、北京和浙江。如图 10-5 所示，在调查覆盖的 29 个省份中，13 个省份的对标省份为广东，占比为 45%，12 个省份的对标省份为上海，占比为 41%；3 个省份的对标省份为北京，占比为 10%；1 个省份的对标省份为浙江，占比为 3%。

第十章　经营主体眼中的营商环境标杆省份

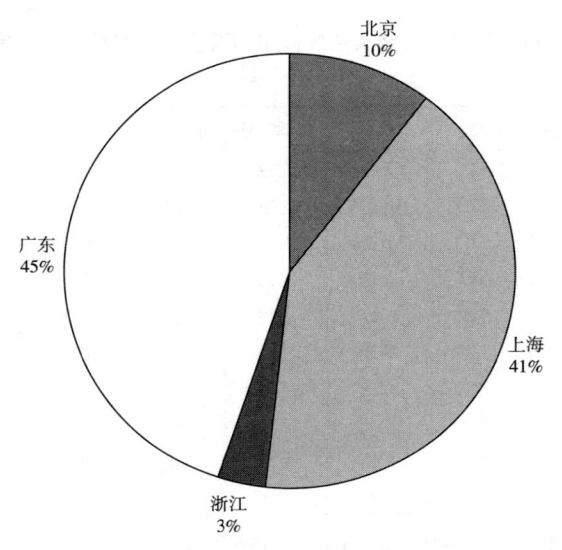

图 10-5　调查省份经营主体眼中的营商环境对标学习省份情况

注：本报告的数值保留至个位，故可能出现总和不为100%的情况。

经营主体眼中的标杆省份与国家营商环境创新试点名单是比较吻合的。2021年，国务院印发《关于开展营商环境创新试点工作的意见》，将北京、上海、重庆、杭州、广州、深圳确立为营商环境创新试点，并明确了破除不合理限制、规范经营主体准入和退出机制、提升投资和建设便利度等10个方面共101项改革举措。经营主体眼中排名前四的省份覆盖了除重庆外所有试点城市，印证了从经营主体角度出发的营商环境口碑评价结果与国家认同的营商环境标杆城市是吻合的。

（二）对标省份是企业共同选择的结果

从对标省份的具体口碑数值来看，对标省份大多得到了超半数经营主体的认可，是经营主体共同选择的结果。根据营商环境口碑的定义可知，如果对标省份得票率高于50%，则代表本省有半数以上的经营主体认可对标省份的营商环境。表10-1综合6年数据，展示了29个省份经营主体眼中的对标省份及其口碑评价结果。

表 10-1　样本省份经营主体眼中的营商环境对标省份得票率

单位：%

省份	对标省份	得票率	省份	对标省份	得票率	省份	对标省份	得票率
北京	上海	61	天津	北京	46	河北	北京	47
山西	上海	47	内蒙古	北京	50	吉林	广东	45
黑龙江	广东	52	上海	浙江	56	江苏	上海	64
浙江	上海	63	安徽	上海	48	福建	广东	52
江西	广东	56	山东	上海	45	河南	广东	41
湖北	广东	57	湖南	广东	61	广东	上海	58
广西	广东	74	海南	广东	75	重庆	广东	57
四川	上海	50	贵州	广东	47	云南	上海	50
陕西	广东	42	甘肃	上海	39	青海	上海	55
宁夏	上海	48	新疆	广东	61			

注：西藏未调查，辽宁访谈样本量不足，故数据缺失。

从表 10-1 来看，得票率不低于 50% 的对标省份占比 62%。其中，在选择广东为对标省份的 13 个省份中，有 9 个省份对广东营商环境的得票率不低于 50%，占 69%；在选择上海为对标省份的 12 个省份中，有 7 个省份对上海营商环境的得票率不低于 50%，占 58%；在选择北京为对标省份的 3 个省份中，只有 1 个省份对北京营商环境的得票率不低于 50%，占 33%。

三　标杆省份的典型做法

近年来，广东、上海、北京、浙江始终营商环境口碑居前，在全国营商环境优化措施上承担着示范作用。2019 年国务院办公厅发布的《关于做好优化营商环境改革举措复制推广借鉴工作的通知》明确提出，"北京市、上海市聚焦市场主体反映的突出问题，对标国际先进，推出大量改革举措，形成了一批典型经验做法"，提倡全国对京沪两地的先进举措和经验进行复制推广。因此，为了探究这些营商环境标杆省份在优化营商环境方面有哪些高效的先进举措，本报告梳理了广东、上海、北京、浙江的相关政策文件，对四个标杆省份在营商环境建设中的典型做法进行总结。

（一）广东：坚持完善营商环境对口帮扶机制

作为营商环境改革的"排头兵"，广东积极响应党中央的部署，探索营商环境优化的广东模式。区域发展不平衡是广东省面临的一大难题，不同地区发展差异较大。因此，解决不同地区发展不平衡问题成为广东省的一项重点工作。2022年10月，广东省印发《广东省数字政府基础能力均衡化发展实施方案》，首次提出数字政府建设对口帮扶机制，促进珠三角地区与粤东西北地区协调发展，实现优势互补。2023年6月，广东省人民政府办公厅印发《广东省优化营商环境三年行动方案（2023—2025年）》，进一步强调全面优化粤东西北地区的营商环境，推动本省营商环境一体化发展。

在政策的执行上，广东的目标是实现帮扶关系所有地区全覆盖。在对口帮扶工作要求中，广东省坚持推动所有区域统一办事标准，增加粤东西北地区的企业落户数量，推动更多企业集结成链，推动当地产业发展。有广东经营主体表示，"营商环境对口帮扶机制为地区带来了发展机遇"。在当地政府的引导下，所在产业的配套环境也相应优化，产业链不断完善，有利于发挥集群优势。

（二）上海：大力推行"一网通办"在线办事平台

上海主动对标国际先进标准，推出"一网通办"在线平台。目前，上海市推动PC端、大厅端、移动端、自助端"四端"联动的功能升级，打造"随申办"企业云移动端服务，为企业提供事项办理、信息查询、惠企政策发布、利企项目申报等服务。企业的注册可以直接在网上完成，不需要线下跑到政务服务办事大厅，只要在"一网通办"上按程序操作就可以办理相关手续，办理成功后营业执照会通过邮寄的方式寄送给经营主体。2023年3月，上海市发布关于印发《2023年上海市全面深化"一网通办"改革工作要点》的通知，致力于打造"一网通办"2.0版本，深化"免申即享"惠民政策。目前上海新增28项市级的"免申即享"事项，经营主体无须主动提出申请，即可享受相应的政策和服务。

同时，上海立足本土，面向世界，主动对标2022年世界银行发布的国际经营环境评估标准，推动经营主体线上线下办事全过程智能化，切实实现提高市场经营主体感受度的目标。在调查中，上海市的经营主体也表示，"能够明显感觉到跑的次数少了，时间也短了"。

（三）北京：坚持发挥有效市场和有为政府的作用

作为首都，北京率先进行了一系列优化营商环境试点工作，贡献了"北京经验"。2018~2023年，北京市政府先后推出六版优化营商环境方案，根据实际情况改善和推进深化"放管服"改革的系列举措。2023年9月，北京市科学技术委员会等11部门联合印发《关于进一步培育和服务独角兽企业的若干措施》；11月，发布《中共北京市委 北京市人民政府关于北京市全面优化营商环境打造"北京服务"的意见》；12月，北京市人民政府办公厅印发《北京市关于推动科技企业孵化器创新发展的指导意见》。北京市政府始终坚持充分发挥市场在资源配置中的决定性作用，同时发挥政府在市场监管中的主导作用，充分发挥市场要素资源的作用，进一步优化北京营商环境。

党的二十大以来，北京市政府始终坚持正确处理市场和政府的关系，推动经营主体充分发展。2023年4月，北京市推出优化营商环境6.0改革方案，进一步发挥政府的宏观调控作用。在调查中，经营主体对政府的政策大力赞扬,一位经营主体表示,"可以感觉出来,政府是真真切切希望能给我们带来便利"。

(四)浙江:政务服务增值化改革

2023年浙江推行政务服务增值化改革,致力于打造一流营商环境。2023年2月,浙江省发布关于印发《浙江省复制推广国家营商环境创新试点改革举措任务清单》的通知,积极在全省推广复制试点经验,深入实施优化营商环境"一号改革工程";4月17日召开全省营商环境优化提升"一号改革工程"大会,提出要构建增值式政务服务体系,全面打造一流营商环境升级版;6月浙江省印发《关于开展政务服务增值化改革试点的指导意见》,选取杭州市、衢州市、宁波市江北区、绍兴市柯桥区等地作为试点。政务服务增值化改革是指在优化提升基本政务服务基础上,进一步整合公共服务、社会服务和市场服务功能,推动政务服务从便捷服务向增值服务全面升级,持续提升政府服务力的新型改革。浙江积极尝试推进政务服务增值化改革,补齐短板,打造贯穿企业全生命周期、贯通全产业链环节的政务服务体系;同时加快线上政务服务平台建设。实现赋能高频涉企事务线上线下协同办理,整合涉企服务,打造"一类事"集成服务场景。

浙江经营主体表示对改革的获得感比较高。浙江省线上办事服务平台较为完善,受访的经营主体普遍表示大部分事项都可以实现全程网办,只有少数事项需要线下办理。同时,线下办事效率也较高,不少经营主体表示切实感受到了"一窗办""一次办"改革的实效,如杭州市上城区一位经营主体表示,"这个现在的一体化政务窗口是特别好的,以前办一件事情要跑好多次,现在不仅一次就能解决,而且只用来一个地方就好了"。

改革只有进行时,没有完成时。营商环境没有最好,只有更好,标杆省份背后有着标杆政策的支撑,为全国其他省份提供了可复制的经验,引领着我国在优化营商环境的道路上行稳致远。

图10-6 浙江杭州某政务大厅导办区

图10-7 浙江杭州某政务大厅亲企服务专区

四 本章小结

本章从经营主体视角出发，基于经营主体投票结果评价了调查省份营商环境口碑，发现以下特征。

第一，2023年上海营商环境口碑排名居首位，全国有48%的非上海经营主体投票认为上海营商环境较好。

第二，2018~2023年全国各省份营商环境口碑排名整体稳定，上海、广东、浙江、北京、江苏等省份营商环境口碑居全国前列。

第三，广东、上海、北京、浙江等是全国各省份经营主体视角下的主要对标省份，是经营主体共同选择的结果。

第四，广东、上海、北京、浙江作为营商环境全国排名靠前的标杆省份，采取了一系列值得复制推广的典型做法。

第四部分
个体工商户生存发展现状

第十一章　个体工商户的发展环境现状[*]

个体工商户是国民经济的重要组成部分，在稳增长、促就业、惠民生上发挥着重要作用。国家市场监管总局的统计数据显示，截至2023年1月，中国市场主体达1.7亿户，其中，全国登记在册个体工商户达1.14亿户，约占市场主体总量的2/3，带动近3亿人就业。个体工商户不仅是国民经济发展的"毛细血管"，更是民生保障的"生命线"，解决了亿万家庭的生计问题。

《促进个体工商户发展条例》明确提出，国家持续深化简政放权、放管结合、优化服务改革，优化营商环境，积极扶持、加强引导、依法规范，为个体工商户健康发展创造有利条件。本章基于2018~2023年连续六年的实地调查访谈数据，聚焦个体工商户在市场准入、监管环境、政务服务、数字政府等方面的现状，通过个体工商户与非个体工商户的对比分析，考察"放管服"改革在个体工商户层面的最新进展和存在的问题，核心观点如下。

个体工商户准入便利度持续提高，2023年平均3.1天登记注册、办理1.6个许可证，低于非个体工商户。

个体工商户信用监管普及度低，被上门检查的比例和频次增加，使用国家企业信用信息公示系统的比例降低。

个体工商户线下办事效率提升，2023年56%的个体工商户实现一

---

[*] 执笔人：左彬青、王昊松。

件事"一次办",比非个体工商户低8个百分点。

个体工商户数字政府使用率低,2023年有40%的个体工商户使用数字政府,比非个体工商户低25个百分点,"不会用"的比例较高。

一 个体工商户面临的市场准入环境

(一)2023年个体工商户平均3.1天可登记注册,比非个体工商户少1天

2018~2023年的调查数据显示,我国个体工商户登记注册所需时间呈现缩短趋势,2023年降至3.1天。在调查中,调查员访谈个体工商户,"企业注册成立时,完成企业注册(拿到营业执照)所需的时长为多少"。本报告基于个体工商户登记注册年份、登记注册所需时间的访谈数据,计算每年新登记注册的个体工商户完成登记注册所需平均时间。如图11-1所示,2018~2023年个体工商户登记注册所需时间整体呈下降趋势,2023年个体工商户注册平均所需时长为3.1天,为近六年来最低,较2019年缩短2.7天,较2022年缩短1.8天,反映出个体工商户登记注册的便利程度不断提高。

2023年个体工商户登记注册时间较非个体工商户少1天。2023年非个体工商户登记注册所需时间为4.1天,个体工商户为3.1天。2018~2023年,个体工商户登记注册平均所需时间除2022年外其他年份都低于非个体工商户,其中2021年个体工商户登记注册时间仅为非个体工商户的一半左右,反映出个体工商户相较于其他经营主体登记注册效率更高。

(二)2023年54%的个体工商户"一天注册",是非个体工商户的近3倍

2018~2023年调查数据显示,个体工商户"一天注册"的占比整体呈上升趋势。本报告基于个体工商户登记注册年份、登记注册时所需

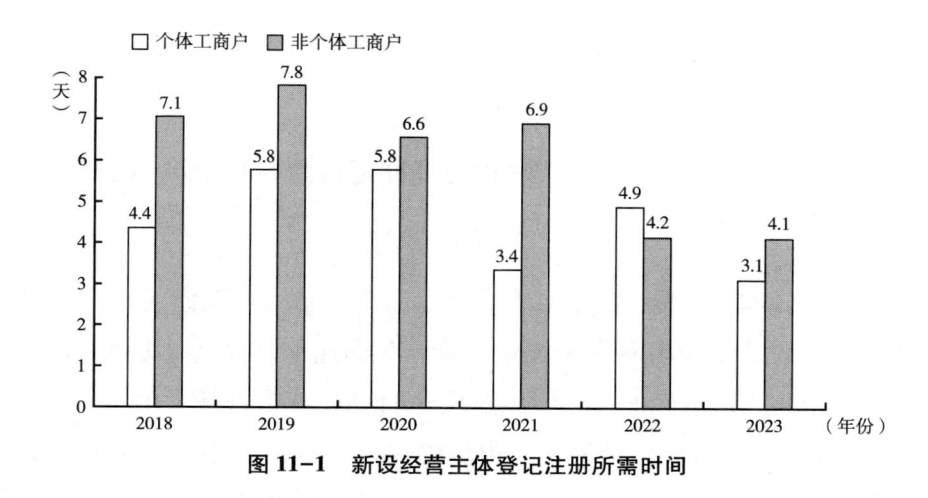

第十一章 个体工商户的发展环境现状

图 11-1 新设经营主体登记注册所需时间

时间的访谈数据，进一步计算一天完成登记注册的个体工商户比例。如图 11-2 所示，2018~2023 年"一天注册"的个体工商户占比整体呈上升趋势，2023 年"一天注册"的个体工商户占比为 54%，为近六年来最高，较 2019 年增加了 16 个百分点，较 2022 年增加了 14 个百分点。

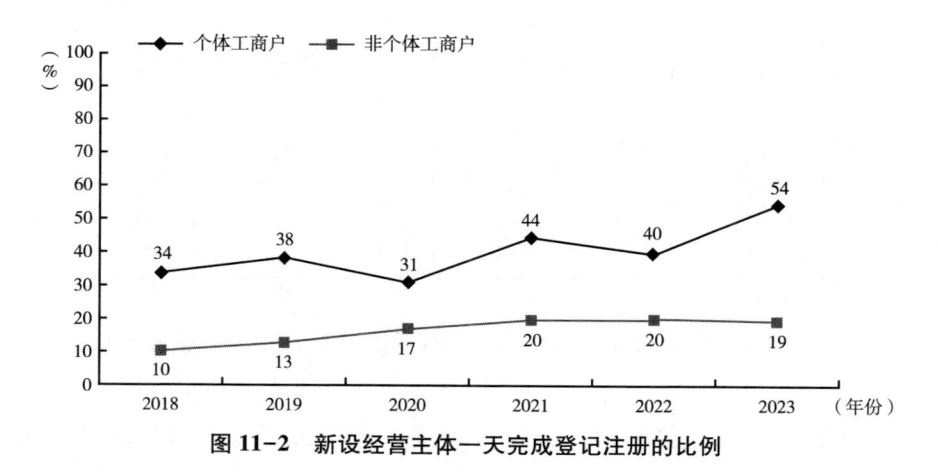

图 11-2 新设经营主体一天完成登记注册的比例

2023 年个体工商户一天完成登记注册的比例是非个体工商户的 2.8 倍。2023 年一天完成登记注册的非个体工商户占比为 19%，个体工商户为 54%。2018~2023 年，一天完成登记注册的个体工商户占比始终高

· 189 ·

于非个体工商户，个体工商户"一天注册"的比例比非个体工商户高14~35个百分点。

（三）2023年个体工商户平均办理许可证数为1.6个，比非个体工商户少0.4个

2018~2023年调查数据显示，个体工商户平均办理许可证（或涉证事项）数量自2020年以来逐年下降。在调查中，调查员访谈个体工商户"企业在开始营业前，大致办了多少证"。本报告基于个体工商户登记注册年份、登记注册时所需办理许可证（或涉证事项）数量的访谈数据，计算每年新登记注册的个体工商户平均所需办理许可证（或涉证事项）数量。如图11-3所示，2023年个体工商户平均办理许可证（或涉证事项）数量为1.6个，为近四年来最低。

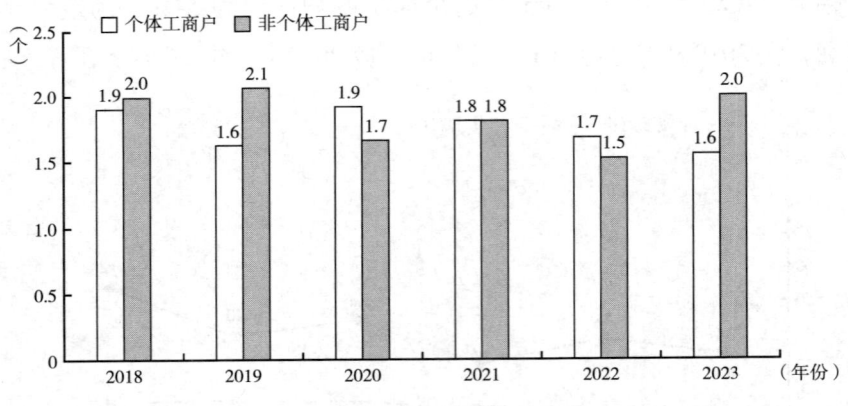

图11-3 新设经营主体平均办理许可证（或涉证事项）数量

2023年个体工商户平均办理许可证（或涉证事项）数量较非个体工商户少0.4个。2023年非个体工商户平均所需办理许可证（或涉证事项）数量为2个，个体工商户为1.6个。2018~2023年，个体工商户办理许可证（或涉证事项）数量除2020年、2021年、2022年外，其他年份都低于非个体工商户。

（四）个体工商户认为办理耗时久的证件为食品类许可证

2023年，个体工商户认为办理耗时最久的证件为食品类许可证，得票率为82%。调查员访谈个体工商户"在开始营业前，在所有经历过的办证过程中，耗时最长的证属于以下哪一类"，基于个体工商户的回答，计算每类证件（或涉证事项）的得票率。如图11-4所示，有82%的个体工商户认为食品类事项办理耗时久，有9%的个体工商户认为卫生类和安全类许可证（或涉证事项）办理耗时久。

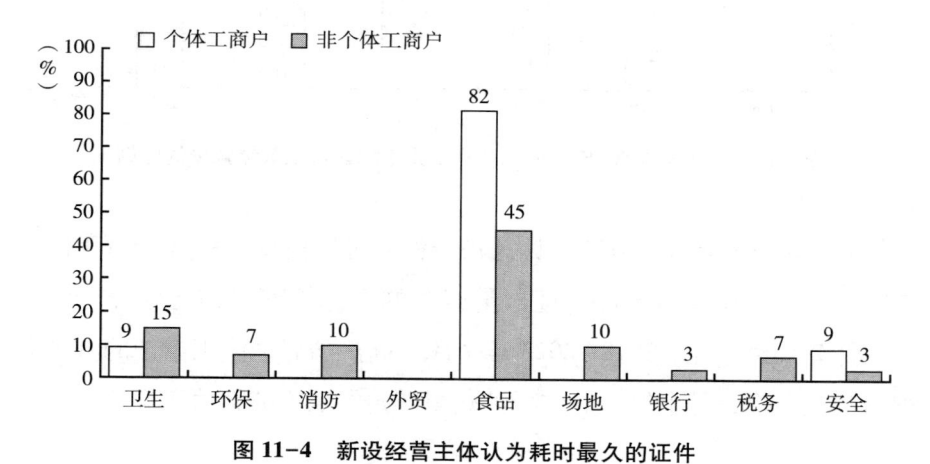

图11-4　新设经营主体认为耗时最久的证件

注："还有"其他"选项，未予汇报。

（五）个体工商户减证获得感六年持续下降，始终低于非个体工商户

2018～2023年调查数据显示，认为市场许可证数量减少的个体工商户占比整体呈下降趋势。在调查中，调查员访谈个体工商户"相对于上年，您所在行业需要办理的各类许可证数量有什么变化"。本报告基于个体工商户登记注册年份、登记注册时所需办理许可证（或涉证事项）数量的访谈数据，计算认为市场许可证数量减少的个体工商户占

中国营商环境企业调查(2024)

比。如图 11-5 所示，2023 年认为市场许可证数量减少的个体工商户占比为 11%，与 2022 年持平，较 2019 年降低了 10 个百分点。

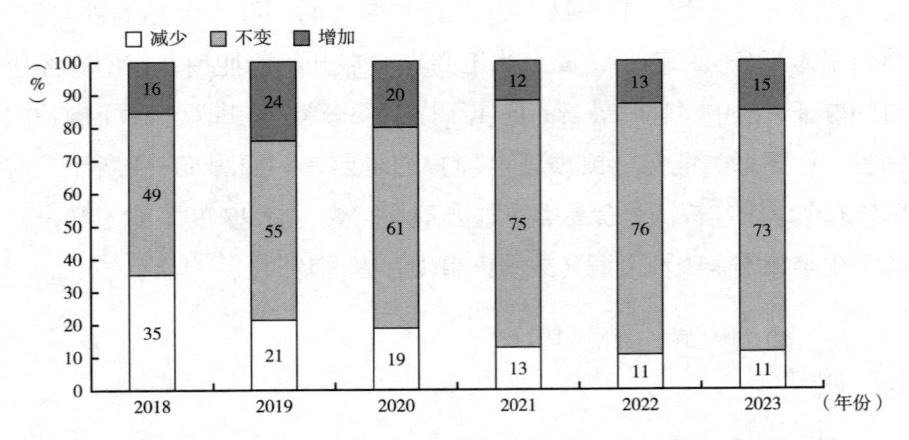

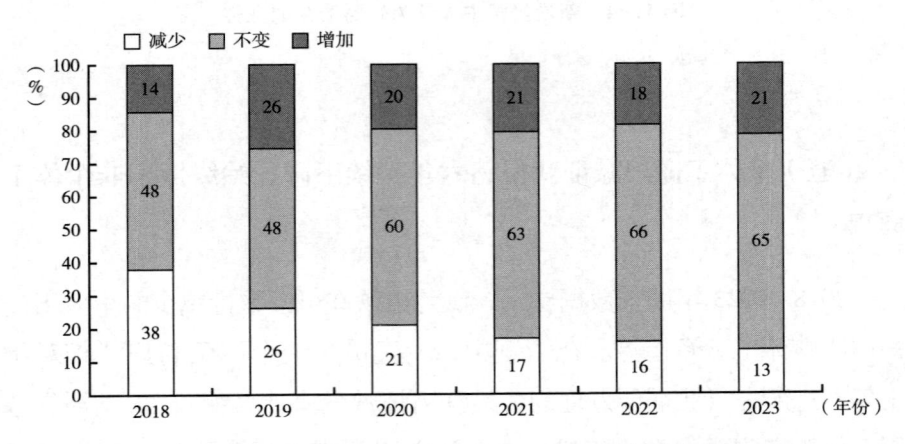

图 11-5　2018~2023 年个体工商户认为市场许可证数量减少的比例

如图 11-6 所示，2023 年认为市场许可证数量减少的非个体工商户占比为 13%，认为市场许可证数量减少的个体工商户占比较非个体工商户低 2 个百分点。2018~2023 年个体工商户与非个体工商户的减证获得感都在下降，且个体工商户减证获得感始终低于非个体工商户。

图 11-6　2018~2023 年非个体工商户认为市场许可证数量减少的比例

二 个体工商户面临的市场监管环境

（一）2023年79%的个体工商户被上门检查，较2022年增加4个百分点，较非个体工商户高9个百分点

2018~2023年调查数据显示，个体工商户被上门检查比例整体呈上升趋势。课题组访问个体工商户"在过去一年间，政府部门是否上门进行检查"，计算被上门检查的个体工商户占比。如图11-7所示，2023年79%的个体工商户被上门检查，较2022年高4个百分点，较2019年高1个百分点。

2023年个体工商户被上门检查的比例较非个体工商户高9个百分点。如图11-7所示，2018~2020年个体工商户被上门检查的比例低于非个体工商户；2021~2023年个体工商户被上门检查的比例高于非个体工商户，2021年个体工商户被上门检查的比例比非个体工商户高3个百分点，2023年高9个百分点。

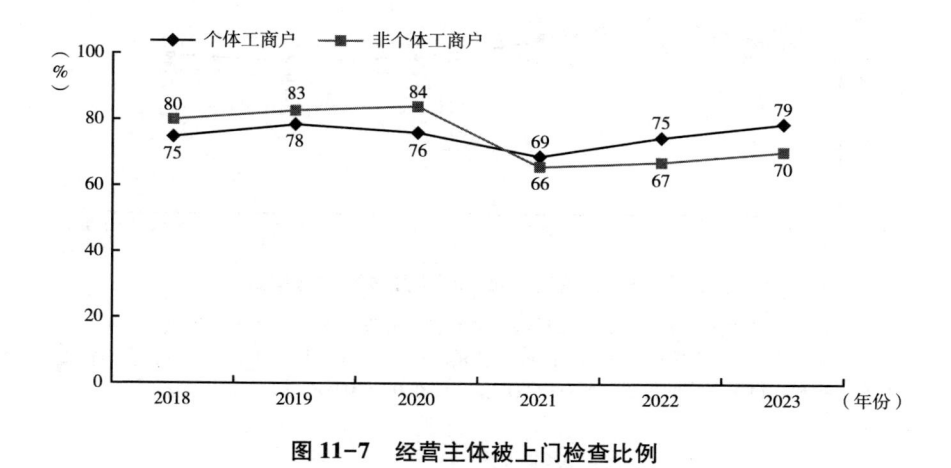

图11-7 经营主体被上门检查比例

（二）2023个体工商户政府部门上门检查频次增长指数较上年增加了2个百分点，较非个体工商户高4个百分点

2023年个体工商户被上门检查频次增长指数较2022年有所上升。在调查中，调查员询问个体工商户"政府部门上门检查贵企业的次数有何变化"，根据个体工商户回答的"频次增加""频次不变""频次减少"占比计算上门检查频次增长指数。如图11-8所示，个体工商户被上门检查频次增长指数从2018年的51%升至2019年的60%，此后持续下降，2022年降至46%，2023年有所上升，为48%。具体来看，如图11-9所示，2023年23%的个体工商户表示检查频次增加，50%的个体工商户表示频次不变，6%的个体工商户表示频次减少；认为检查频次增加的个体工商户占比高于认为检查频次增加的非个体工商户。

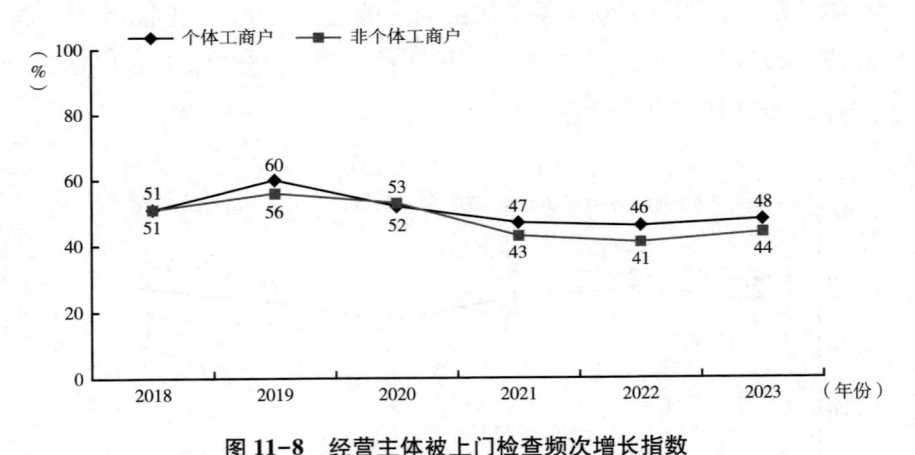

图 11-8 经营主体被上门检查频次增长指数

注：上门检查频次增长指数采用扩散指数法进行计算，即计算"频次增加""频次不变""频次减少"三个选项占比，分别赋予权重为1、0.5、0，将各项的占比与相应的权重相乘，再相加得出最终的指数。所有指数取值范围在0~100%。

如图11-8所示，2023年非个体工商户被上门检查频次增长指数为44%。2020年个体工商户被上门检查频次增长指数低于非个体工

商户，2021~2023年个体工商户上门检查频次增长指数高于非个体工商户。

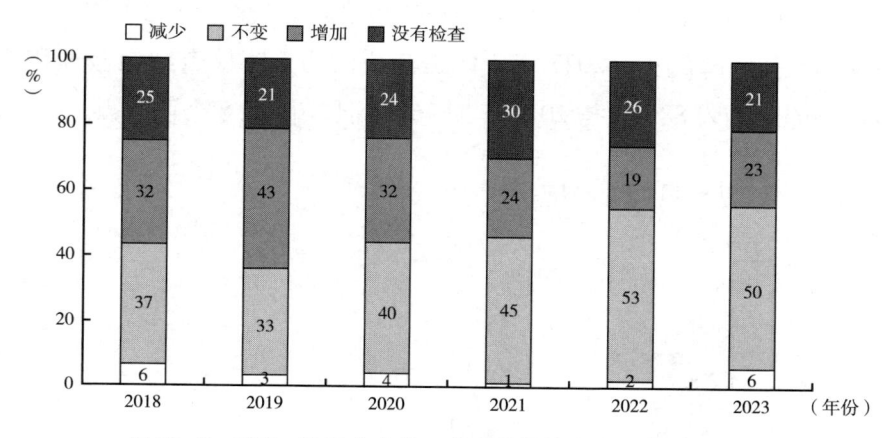

图 11-9　2018~2023 年个体工商户认为检查次数减少的比例

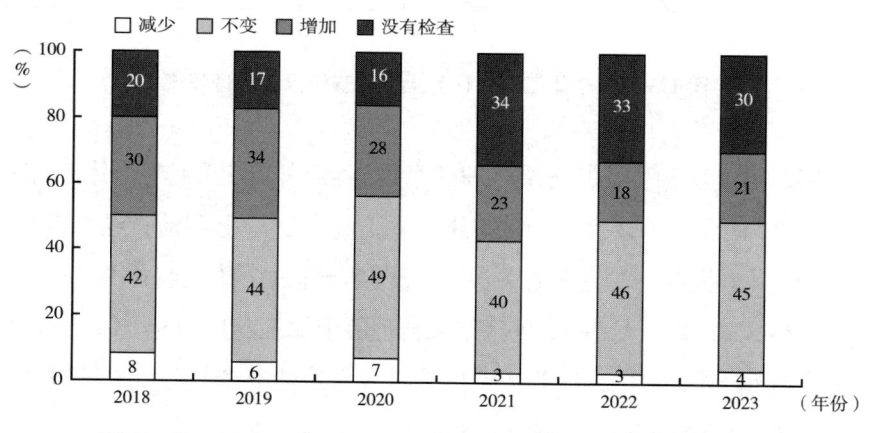

图 11-10　2018~2023 年非个体工商户认为检查次数减少的比例

（三）2023年88%的个体工商户认为政府上门检查的处理结果合理或比较合理，较非个体工商户低5个百分点

2021~2023年的数据显示，个体工商户对上门检查结果的认可度逐渐降低。在调查中，调查员访问个体工商户"在过去一年间，您认为

·195·

政府部门的检查处理结果是否合理",将个体工商户对上门检查结果的主观感受分为"合理""比较合理""不太合理""很不合理"四类。如图11-11所示,2021~2023年,认为上门检查结果合理的个体工商户主体占比呈下降趋势,2023年个体工商户认为上门检查结果合理和比较合理的比例为88%,与2021年的96%相比下降了8个百分点。

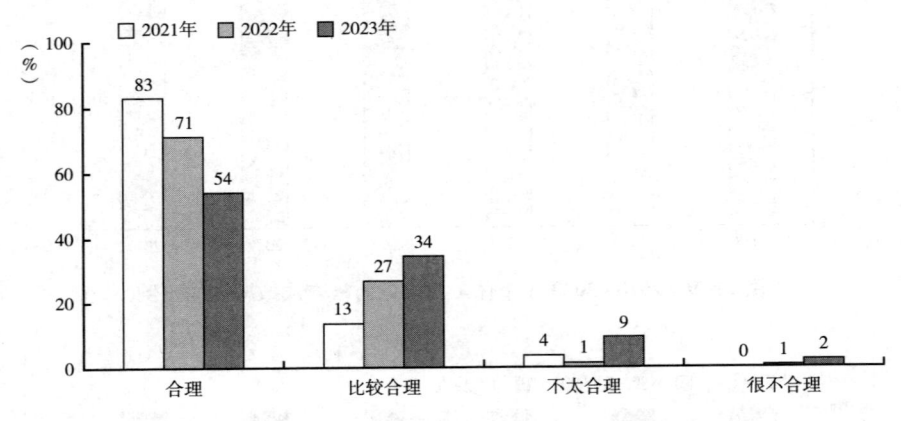

图11-11 个体工商户认为上门检查结果的合理程度

2023年认为上门检查结果合理的个体工商户比例低于非个体工商户。如图11-12所示,2023年,93%的非个体工商户认为上门检查结果合理和比较合理,比认为上门检查结果合理和比较合理的个体工商户高5个百分点。2021~2023年,认为检查处理结果合理的个体工商户与非个体工商户比例均呈下降趋势,其中,认为上门检查结果合理的非个体工商户下降了10个百分点,下降幅度小于个体工商户。

(四)2023年个体工商户中查看国家企业信用信息公示系统的占比为42%,较2022年低13个百分点,较非个体工商户低27个百分点

2023年,个体工商户的国家企业信用信息公示系统使用率较2022年有所下降。在调查中,调查员访问个体工商户"您需要与其他企业

第十一章 个体工商户的发展环境现状

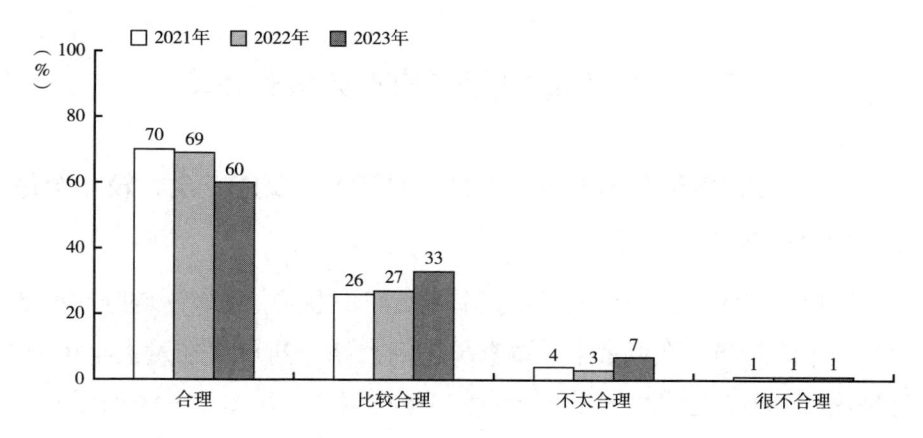

图 11-12 非个体工商户认为上门检查结果的合理程度

做生意或打交道时，会提前到网上（如国家企业信用信息公示系统）查看它的信用信息吗"，计算出查看国家企业信用信息公示系统的个体工商户占比。如图 11-13 所示，2023 年，查看国家企业信用信息公示系统的个体工商户占比为 42%，较 2022 年降低了 13 个百分点。

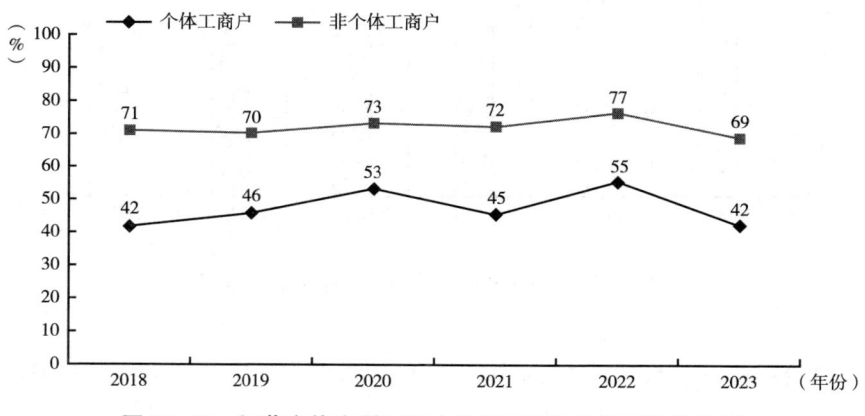

图 11-13 经营主体查看国家企业信用信息公示系统的比例

2023 年，非个体工商户查看国家企业信用信息公示系统的比例为 69%，比个体工商户高 27 个百分点。2018~2023 年，个体工商户查看国家企业信用信息公示系统的比例始终低于非个体工商户。

· 197 ·

三 个体工商户面临的政务服务效率

（一）2023年个体工商户办成一件事平均跑1.7次，较非个体工商户高0.2次

2018~2023年调查数据显示，个体工商户办成一件事平均跑的次数整体呈下降趋势。在调查中，调查员访问个体工商户"在过去半年中，您来这个办事大厅办成一件事大致需要跑几次"。如图11-14所示，个体工商户办成一件事平均跑的次数由2018年的2.2次下降至2023年的1.7次，整体呈下降趋势。

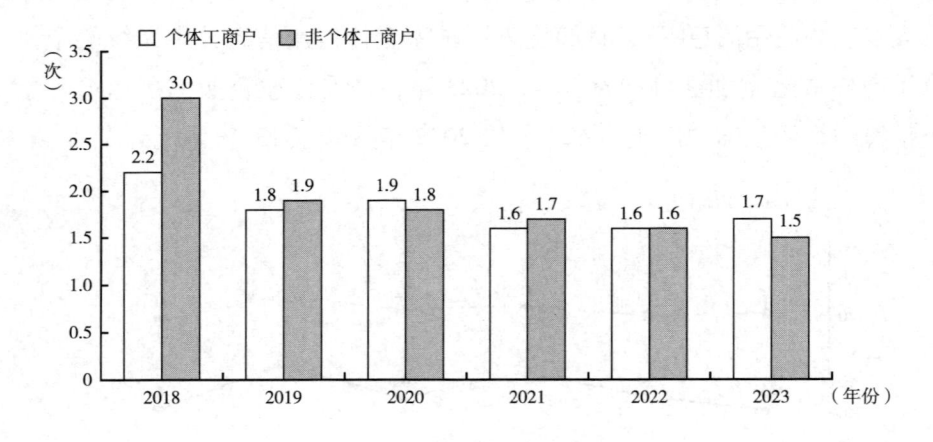

图11-14 经营主体办成一件事平均跑的次数

2023年非个体工商户办成一件事平均跑1.5次，个体工商户比非个体工商户多跑0.2次。如图11-14所示，2018~2023年，个体工商户与非个体工商户办成一件事平均跑的次数均整体呈下降趋势，个体工商户下降了0.5次，非个体工商户下降了1.5次，政府服务经营主体的效率逐步提高。

（二）2023年56%的个体工商户实现一件事"一次办"，较非个体工商户低8个百分点

2018~2023年数据显示，个体工商户一件事"一次办"的比例整体呈上升趋势。本报告根据个体工商户的反馈，进一步计算办一件事只需要来线下办事大厅跑一次的个体工商户占比。如图11-15所示，2023年办成一件事只跑一次的个体工商户占比为56%。2018~2021年个体工商户一件事"一次办"的比例整体呈上升趋势；2021~2023年个体工商户一件事"一次办"的比例逐年下降。

2023年非个体工商户办成一件事只跑一次的比例为64%，比个体工商户高8个百分点。如图11-15所示，2018~2022年个体工商户一件事"一次办"的比例均高于非个体工商户；2023年，非个体工商户一件事"一次办"的比例超过个体工商户，高8个百分点。

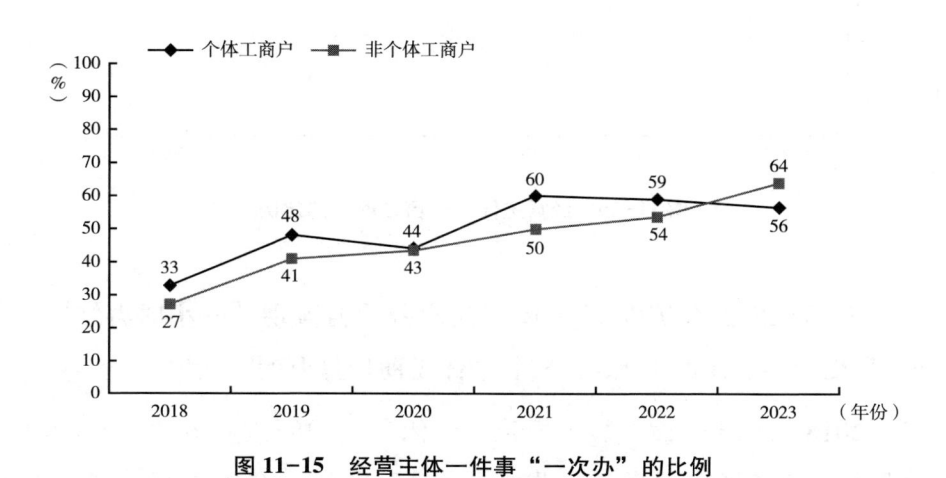

图11-15 经营主体一件事"一次办"的比例

（三）2023年62%的个体工商户实现"一窗办理"，较非个体工商户低8个百分点

2018~2023年数据显示，个体工商户实现"一窗办理"的比例保

持在六成以上。本报告根据个体工商户的反馈，进一步计算"一窗办理"的个体工商户占比。如图 11-16 所示，2023 年个体工商户"一窗办理"的比重为 62%，较 2018 年下降了 6 个百分点。整体而言，个体工商户"一窗办理"的比例呈下降趋势。

2023 年非个体工商户实现"一窗办理"的比例为 70%，比个体工商户高 8 个百分点。如图 11-16 所示，2019~2023 年个体工商户"一窗办理"的比重低于非个体工商户。2021 年个体工商户"一窗办理"的比重比非个体工商户低 6 个百分点，2023 年差距扩大至 8 个百分点。

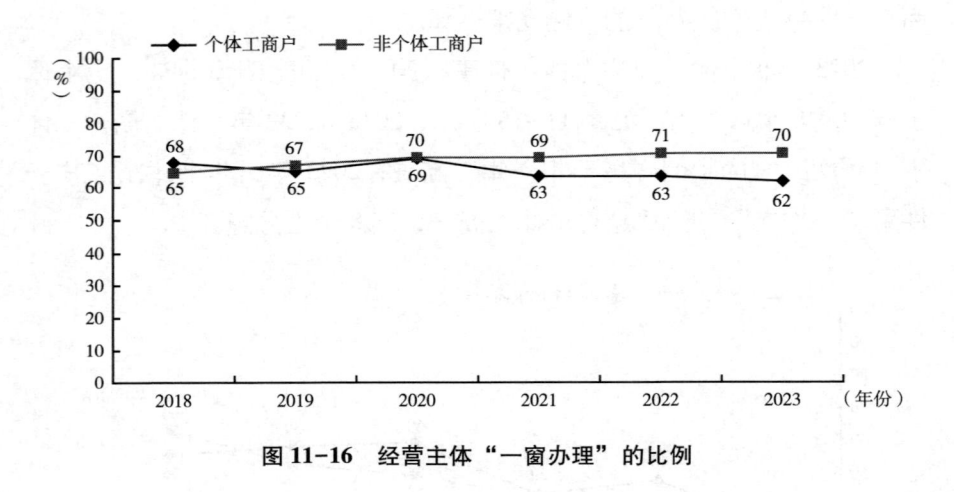

图 11-16 经营主体"一窗办理"的比例

（四）2023年78%的个体工商户办业务实现"一小时办结"，较2022年增加9个百分点，较非个体工商户低4个百分点

2018~2023 年调查数据显示，个体工商户所需业务"一小时办结"比例为 69%~78%。在调查中，调查员访问个体工商户"在过去半年中，您来这个办事大厅办理业务每次需要几小时"，根据个体工商户的反馈，进一步计算出个体工商户所需业务"一小时办结"比重。如图 11-17 所示，2018~2021 年个体工商户"一小时办结"比例接近 80%，2022 年下降至 69%，2023 年为 78%，六年来

变化不大。

2023年非个体工商户所需业务"一小时办结"比例为82%，比个体工商户高4个百分点。2018～2020年个体工商户所需业务"一小时办结"比例高于非个体工商户；2022～2023年个体工商户所需业务"一小时办结"比例低于非个体工商户。

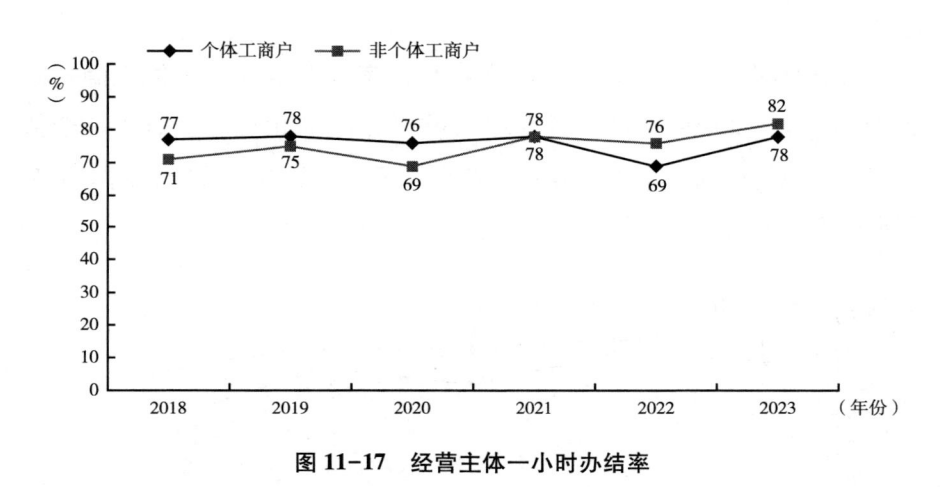

图11-17 经营主体一小时办结率

四 个体工商户使用数字政府的现状

本报告从想用、知晓、使用、好用四个方面考察数字政府需求侧建设的新进展。从个体工商户的反馈看，个体工商户数字政府知晓率为56%，使用率为40%，还未进入大规模使用阶段。

（一）2023年70%的个体工商户想用数字政府，较2022年下降了14个百分点，较非个体工商户低15个百分点

本报告将电脑端政务服务网、手机端各类App和小程序等办事平台统称为数字政府，将受访经营主体中愿意使用数字政府的比例

定义为想用率。如图 11-18 所示，当被问及"如果数字政府能办理您所需的业务，您愿意使用吗"时，2023 年受访个体工商户中有 70% 表示愿意使用数字政府。2019~2023 年，个体工商户数字政府想用率呈下降趋势，2023 年个体工商户数字政府想用率较 2022 年低 14 个百分点，较 2019 年低 17 个百分点，个体工商户对数字政府的使用意愿下降。

2023 年非个体工商户的数字政府想用率为 85%，比个体工商户高 15 个百分点。2019~2023 年个体工商户数字政府想用率均低于非个体工商户。总的来看，个体工商户和非个体工商户的数字政府想用率都在下降。

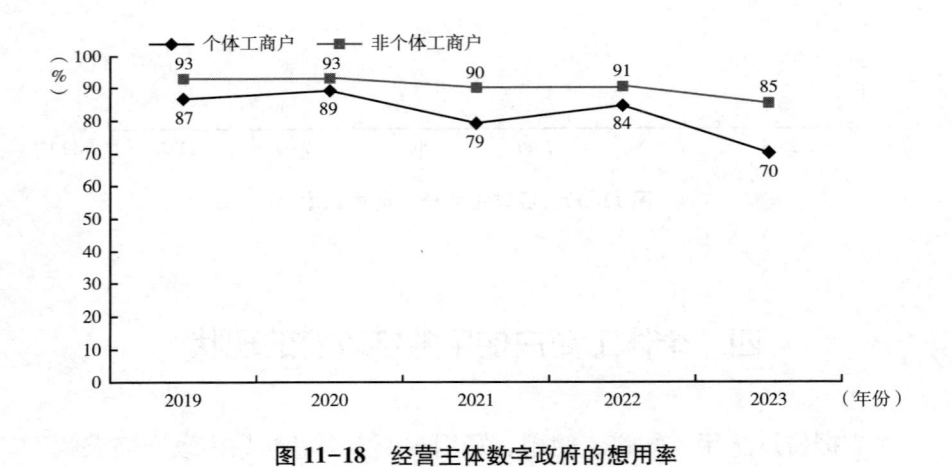

图 11-18　经营主体数字政府的想用率

（二）2023年56%的个体工商户知晓数字政府，较非个体工商户低23个百分点

本报告将知道数字政府的经营主体的比例定义为知晓率。如图 11-19 所示，当被问及"本区是否可以在电脑或手机上办理业务"时，2023 年受访个体工商户中有 56% 知晓数字政府。2019~2022 年，个体工商户数字

政府知晓率有所上升，2023年知晓率有所回落，与2019年持平。

2023年非个体工商户数字政府的知晓率为79%，比个体工商户高23个百分点。2019~2023年个体工商户数字政府知晓率始终低于非个体工商户。2021~2023年个体工商户和非个体工商户的数字政府知晓率差距逐渐拉大，个体工商户的数字政府普及度有待提高。

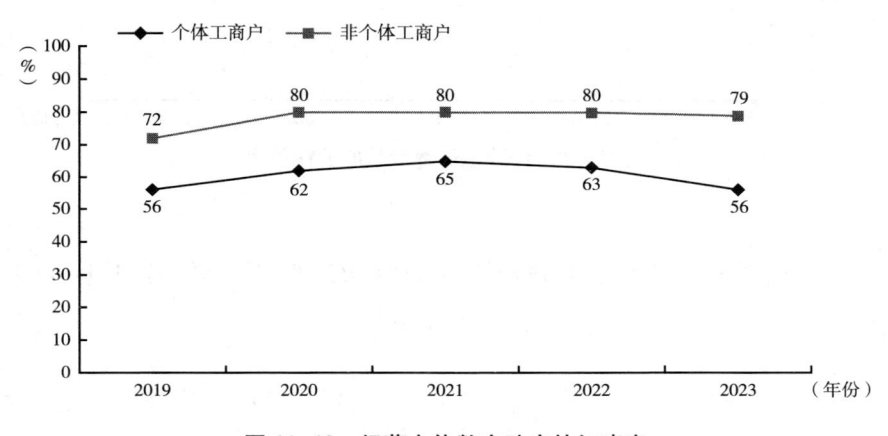

图11-19 经营主体数字政府的知晓率

（三）2023年40%的个体工商户使用数字政府，较2022年下降6个百分点，较非个体工商户低25个百分点

本报告将使用数字政府的经营主体的比例定义为使用率。如图11-20所示，当被问及"您有在电脑上或手机上办理过业务吗"时，2023年受访个体工商户中有40%表示使用过数字政府，较2022年的46%下降了6个百分点。

2023年非个体工商户数字政府的使用率为65%，比个体工商户高25个百分点。2019~2023年个体工商户数字政府的使用率均低于非个体工商户。总体来说，个体工商户与非个体工商户的数字政府使用率均整体呈上升趋势，个体工商户的数字政府使用率有待提高。

图 11-20 经营主体数字政府的使用率

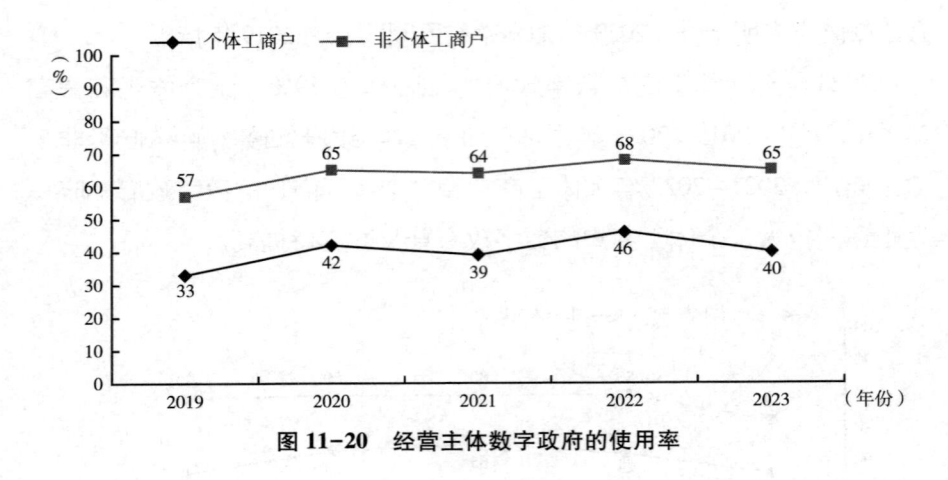

（四）68%的个体工商户认为数字政府好用，较2021年下降8个百分点，较非个体工商户低4个百分点

本报告将用过数字政府且认为数字政府好用的经营主体比例定义为好用率。如图11-21所示，当被问及"您认为现在电脑上或手机上的办事系统好用吗"时，2023年用过数字政府的个体工商户中有68%认为数字政府好用，2021~2023年个体工商户的数字政府好用率持续下降，2023年个体工商户的数字政府好用率为68%，较2021年下降了8个百分点。

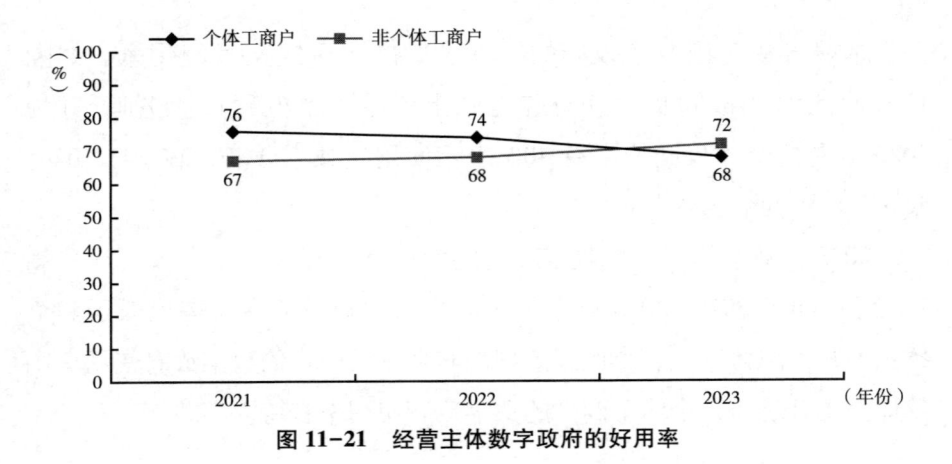

图 11-21 经营主体数字政府的好用率

第十一章　个体工商户的发展环境现状

2023年非个体工商户的数字政府好用率为72%，比个体工商户高4个百分点。2021~2023年，个体工商户的数字政府好用率呈下降趋势，非个体工商户的数字政府好用率呈上升趋势。

（五）从功能上看，个体工商户使用数字政府主要是办理具体业务，其次是查询办事信息和预约

2023年个体工商户主要通过手机端和电脑端办理具体业务，其次是查询办事信息和预约。在调查中，调查员访问个体工商户"您在手机或者电脑上办理相关业务进行过哪些操作"，根据个体工商户的回答"办理具体业务""查询办事信息""预约""其他"的占比，计算出个体工商户在手机端和电脑端办理业务的类型。如图11-22和图11-23所示，2023年，在手机端有67%的个体工商户办理具体业务，42%的个体工商户查询办事信息和33%的个体工商户办理预约；在电脑端有83%的个体工商户办理具体业务，49%的个体工商户查询办事信息和28%的个体工商户办理预约。

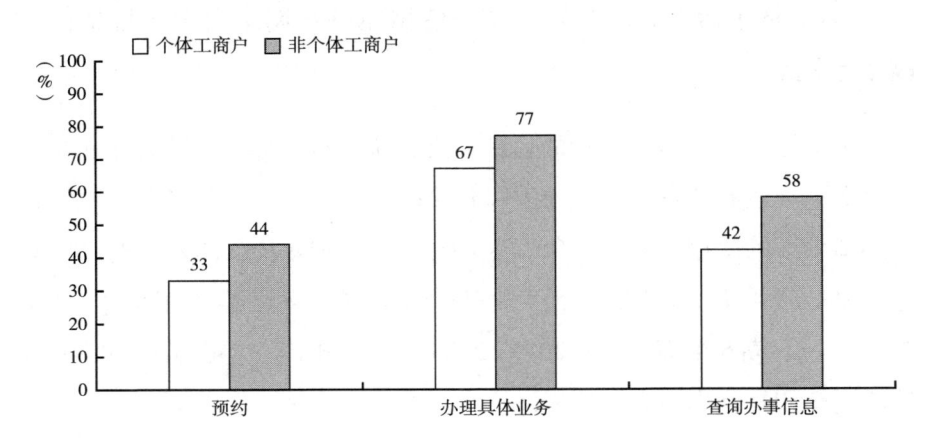

图11-22　经营主体在手机端办理各项业务的比例

注：还有"其他"选项，未予汇报。

2023年在手机端有77%的非个体工商户办理具体业务，58%的非个体工商户查询办事信息，44%的非个体工商户办理预约；在电脑端有

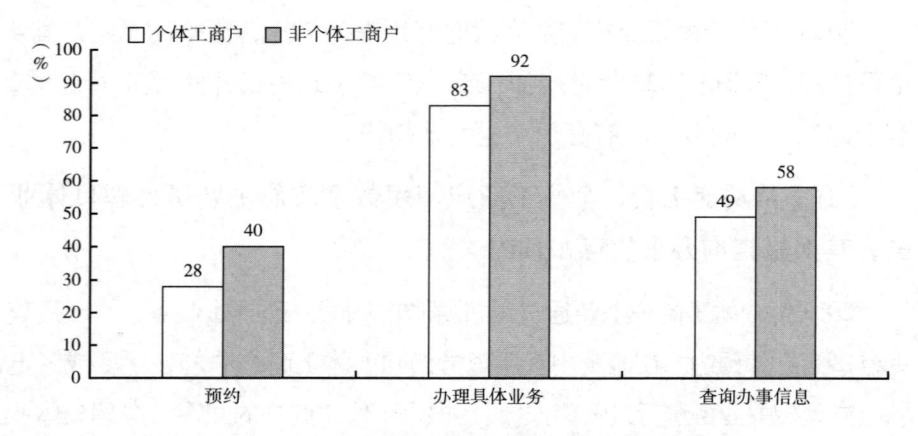

图 11-23 经营主体在电脑端办理各项业务的比例

注：还有"其他"选项，未予汇报。

92%的非个体工商户办理具体业务，58%的非个体工商户查询办事信息和40%的非个体工商户办理预约。

（六）从平台上看，个体工商户使用电脑端网上办事大厅的比例高于手机端

本报告根据个体工商户的反馈，进一步计算个体工商户在手机端和电脑端数字政府的使用率。如图11-24所示，个体工商户在电脑端网上办事大厅的使用率更高。2023年个体工商户网上办事大厅的知晓率为52%，较手机App高7个百分点；网上办事大厅的使用率为32%，较手机App高6个百分点；2019~2023年个体工商户在电脑端数字政府的使用率和知晓率均高于手机端。

如图11-25所示，2023年非个体工商户网上办事大厅的知晓率为77%，较手机App高17个百分点；网上办事大厅的使用率为58%，较手机App高22个百分点。2019~2023年非个体工商户网上办事大厅的知晓率和使用率均高于手机App。

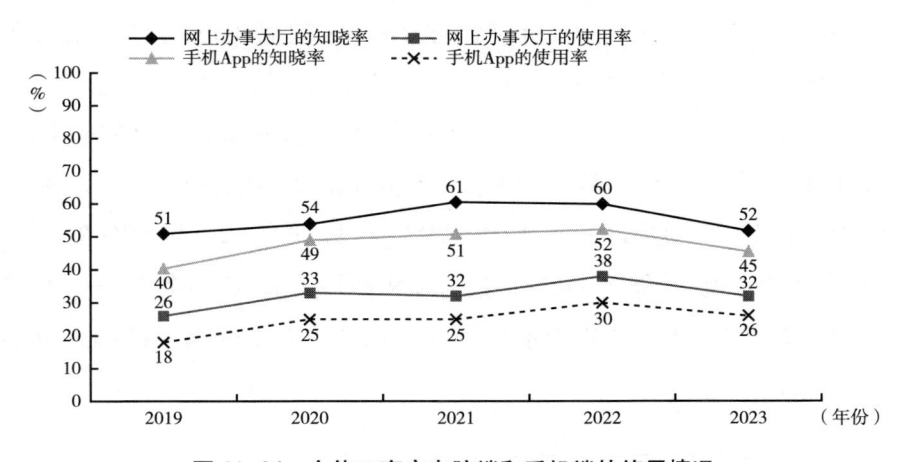

图 11-24 个体工商户电脑端和手机端的使用情况

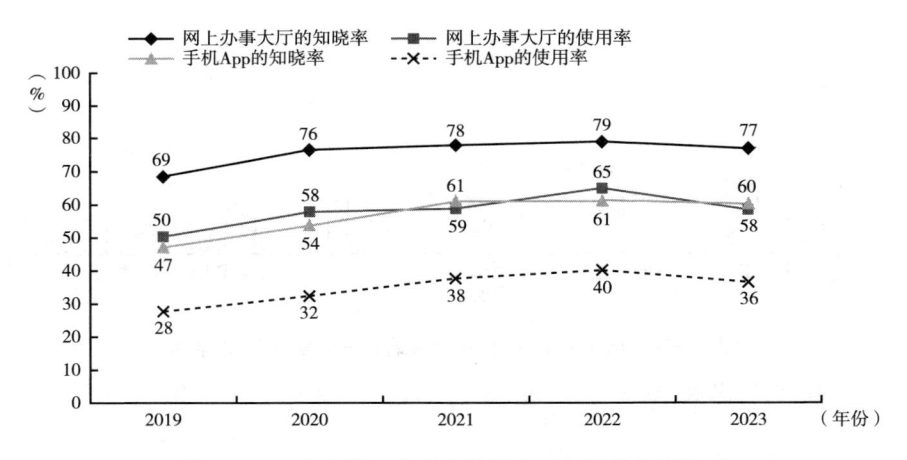

图 11-25 非个体工商户电脑端和手机端的使用情况

（七）"业务不全"是个体工商户不使用数字政府的主要原因，个体工商户"不会用"的比例高于非个体工商户

2023年"业务不全"是个体工商户不选择手机端或电脑端数字政府的主要原因。在调查中，调查员访问个体工商户"本次办事，您

为什么没有选择在手机（App 或小程序）上或者电脑上办理相关业务"，根据个体工商户的操作不便、习惯现场办理、业务不全、不能全流程办理、不会用手机/电脑、担心个人信息安全、其他等选项占比，计算出个体工商户不选择手机端或电脑端数字政府的各类原因占比。如图 11-26、图 11-27 所示，2023 年分别有 32% 和 40% 的个体工商户因为业务不全而不选择手机端和电脑端政务服务系统。2023 年均有 12% 的个体工商户因不会用手机和电脑而不选择手机端或电脑端数字政府。

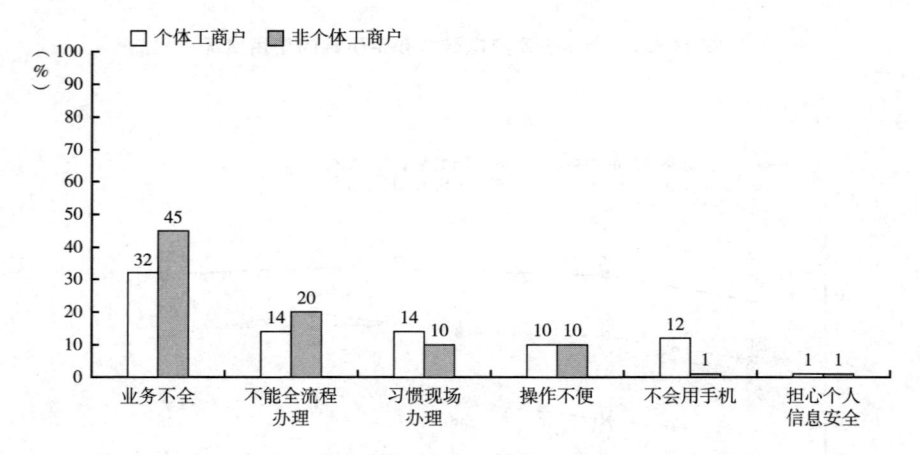

图 11-26 经营主体不选择手机端政务服务系统的原因

注：还有"其他"选项，未予汇报。

（八）2023年77%的个体工商户实现"一网通办"，较2022年下降了6个百分点，与非个体工商户持平

全面推进"一网通办"是近年来政府的重点工作之一。《2021 年政务公开工作要点》明确要求推动更多政务服务事项网上办、掌上办、一次办，实现一网通查、一网通答、一网通办、一网通管。如图 11-29 所示，当被问及"在过去半年，您是否只通过一个电脑系统（或手机

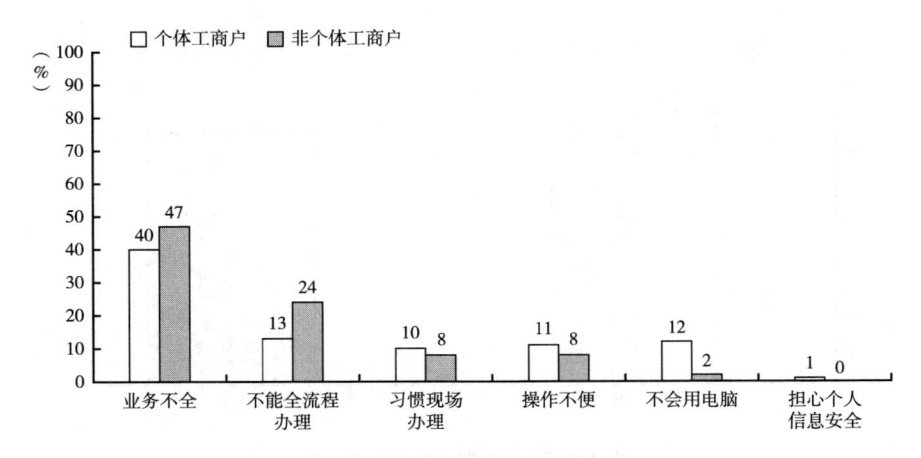

图 11-27　经营主体不选择电脑端政务服务系统的原因

注：还有"其他"选项，未予汇报。

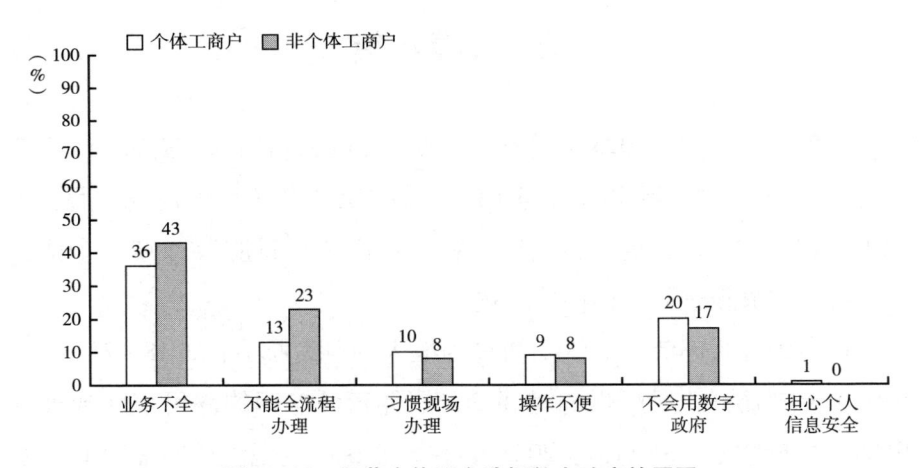

图 11-28　经营主体没有选择数字政府的原因

注：还有"其他"选项，未予汇报。

App）就能办理业务"时，2023 年 77% 的个体工商户表示只使用 1 个线上办事系统，较上年的 83% 下降了 6 个百分点。

2023 年非个体工商户一网通办率为 77%，与个体工商户持平。相较于 2022 年，各经营主体的一网通办率均有所下降。

· 209 ·

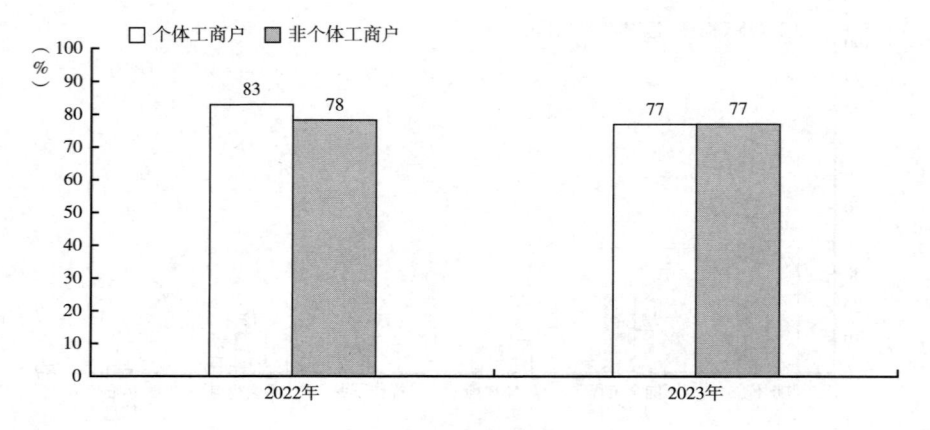

图 11-29　经营主体一网通办率

五　本章小结

本章基于 2018~2023 年连续六年的实地调查访谈，聚焦个体工商户在市场准入、监管环境、政务服务、数字政府等方面的情况，通过个体工商户与非个体工商户的对比分析，考察"放管服"改革在个体工商户层面的最新进展和存在的问题。

在市场准入环节，个体工商户的准入便利度提升。2018~2023 年，个体工商户登记注册所需的时间、开展经营需办理的许可证（或涉证事项）数量均呈下降趋势。2023 年个体工商户登记注册所需时间平均为 3.1 天，比非个体工商户少 1 天；个体工商户"一天注册"的比例为 54%，是非个体工商户的 2.8 倍；个体工商户开展经营所需办理的许可证（或涉证事项）数量平均为 1.6 个，比非个体工商户少 0.4 个。

在市场监管方面，个体工商户面临的监管强度高于非个体工商户，对上门检查结果的认可度低于非个体工商户。2021~2023 年，个体工商户被上门检查的比例和被上门检查频次增长指数均呈上升趋势，对上门检查结果的认可度呈下降趋势。2023 年 79% 的个体工商户被上门检查，比非个体工商户高 9 个百分点；2023 年 88%的个体工商户认为上门检查结果合理和比较合理，比非个体工商户低 5 个百分点。个体工商户面临的监管环境有待优化。

在办事效率方面，2023 年个体工商户办成一件事平均跑 1.7 次，一件事"一次办"、"一窗办理"、"一小时办结"的比例均低于非个体工商户。2023 年 56%的个体工商户实现一件事"一次办"，比非个体工商户低 8 个百分点；62%的个体工商户实现"一窗办理"，较非个体工商户低 8 个百分点；78%的个体工商户实现业务"一小时办结"，较非个体工商户低 4 个百分点。

在数字政府方面，个体工商户的想用率、知晓率、使用率、好用率均低于非个体工商户。2023 年个体工商户数字政府想用率比非个体工商户低 15 个百分点、数字政府知晓率比非个体工商户低 23 个百分点、数字政府使用率比非个体工商户低 25 个百分点、数字政府好用率比非个体工商户低 4 个百分点，个体工商户的数字政府普及度有待提升。

第十二章　个体工商户的发展现状[*]

《促进个体工商户发展条例》指出，个体工商户在繁荣经济、增加就业、推动创业创新、方便群众生活等方面发挥着重要作用。本章基于实地调查，根据个体工商户的真实反馈，考察个体工商户在进入市场、就业创新、经营业绩等方面的情况，并与非个体工商户进行对比分析，核心观点如下。

在促就业上，2023年个体工商户就业增长指数为48%，比2019年低6个百分点；2019~2023年个体工商户就业增长指数始终低于非个体工商户。

在促创新上，2023年29%的个体工商户进行创新，比2019年低6个百分点；比非个体工商户低12个百分点。

在稳增长上，2023年个体工商户业绩增长指数为39%，比2019年低17个百分点；比非个体工商户低14个百分点。

一　个体工商户进入市场现状

（一）2023年，个体工商户占新增经营主体的53%

个体工商户是新增经营主体的主要组成部分。在实地调查中，课题

---

[*] 执笔人：朱枢同、肖艾琳、王昊松。

组访问经营主体的所有制性质，计算得到2023年不同类型所有制的经营主体进入市场的情况。如图12-1所示，2023年新增经营主体中，个体工商户占比最大，为53%。

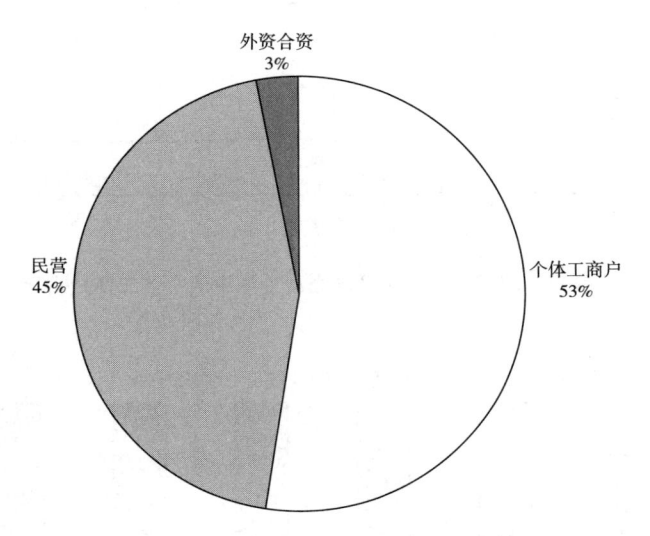

图12-1　2023年新增经营主体所有制类型分布

注：本报告的数值保留至个位，故可能出现总和超过100%的情况。

此外，从受访样本中个体工商户占比的情况来看，如图12-2所示，2018～2023年受访经营主体中个体工商户的占比在16%～23%。

（二）截至2023年，80%的个体工商户进入服务业

从行业类型来看，个体工商户进入的行业主要是服务业。如图12-3所示，从2018～2023年个体工商户的行业分布情况来看，2018年有81%的个体工商户所处行业为服务业，2019～2020年这一比例逐步提升至87%；2021～2023年所处行业为服务业的个体工商户占比略有下降，为77%～80%。

· 213 ·

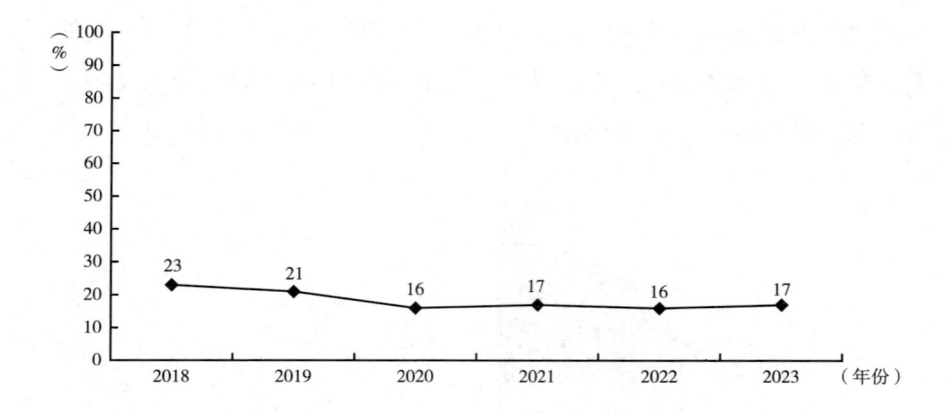

图 12-2　2018~2023 年受访经营主体中的个体工商户占比

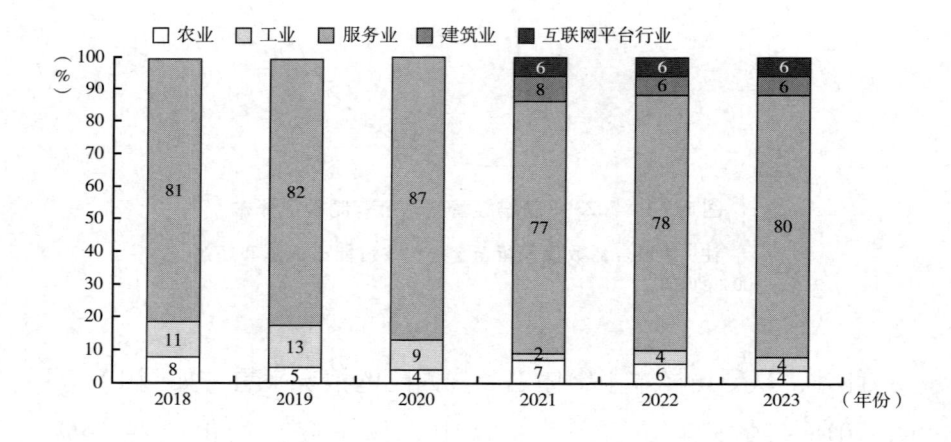

图 12-3　2018~2023 年个体工商户所处行业占比

2023年个体工商户中的服务业占比较非个体工商户中的服务业占比高12个百分点。如图12-4所示，2018年，非个体工商户所处行业为服务业的比例为69%，个体工商户的该比例为81%，比非个体工商户高12个百分点。2023年，非个体工商户所处行业为服务业的比例为68%，个体工商户的该比例为80%。2018~2023年，个体工商户所处行业为服务业的比例一直高于非个体工商户。

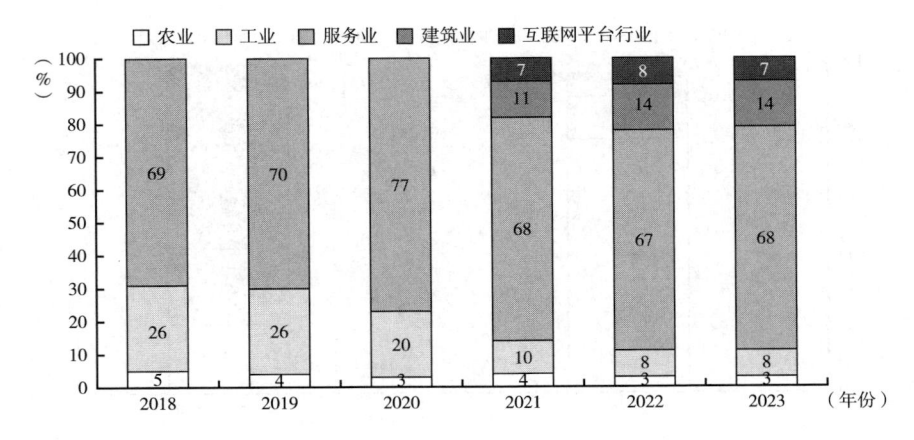

图 12-4　2018~2023 年非个体工商户所处行业占比

二　个体工商户吸纳就业现状

（一）2023年，77%的个体工商户员工规模小于10人

个体工商户的规模小，平均员工为12.4人。在实地调查中，调查员询问经营主体"贵企业员工数量规模如何"，如图12-5所示，2023年77%的个体工商户的员工在10人以下，13%的个体工商户的员工规模为10~20人，6%的个体工商户的员工规模为20~100人，1%的个体工商户的员工规模为100~500人；按照每个范围的中间值计算可得，个体工商户的平均员工规模为12.4人。同理可计算非个体工商户的平均员工规模，为120.5人，约是个体工商户平均员工规模的10倍。

（二）2023年，个体工商户就业增长指数为48%，比2019年低6个百分点

在调查中，调查员询问个体工商户"所在企业过去半年员工数量增多、不变还是减少了"，并根据受访个体工商户的回答计算就

中国营商环境企业调查(2024)

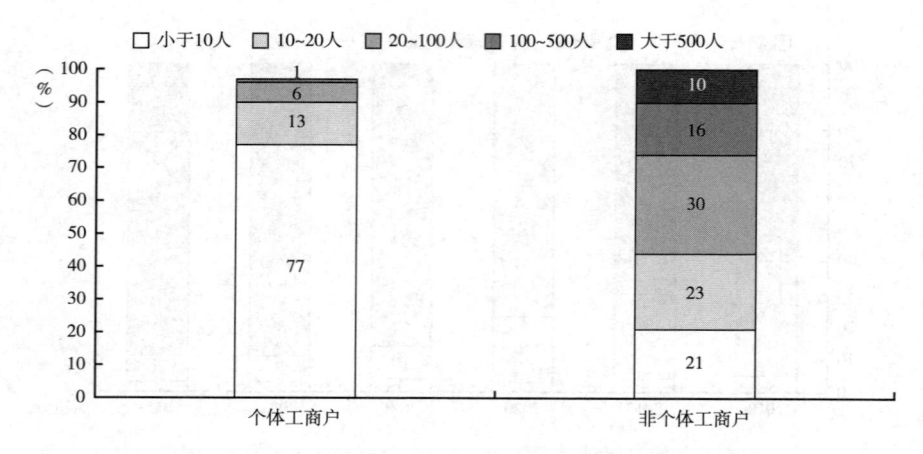

图12-5　2023年个体工商户与非个体工商户员工规模占比

业增长指数。如图12-6所示，2023年个体工商户的就业增长指数为48%，与2021年和2022年持平，比2019年下降6个百分点。从2019~2023年的就业增长指数变化趋势看，整体有所下降。从员工数量具体变化来看，如图12-7所示，2023年有11%的个体工商户的员工增多，73%的个体工商户的员工不变，16%的员工减少。2019~2023年，个体工商户中员工不变的占比最大。

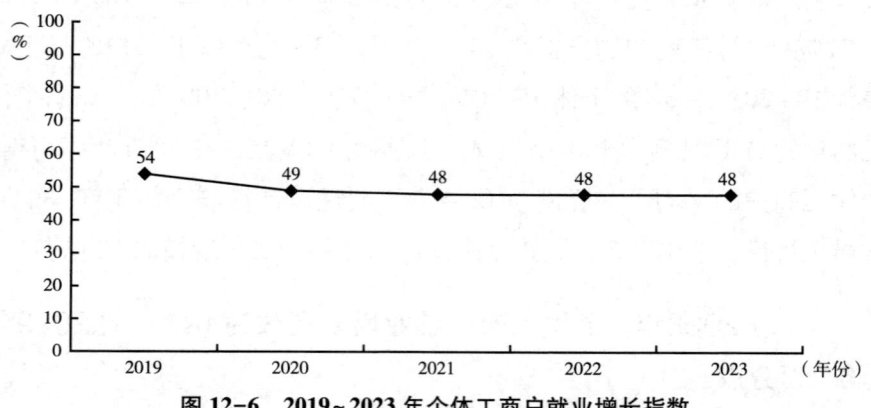

图12-6　2019~2023年个体工商户就业增长指数

注：就业增长指数采用扩散指数法进行计算，即计算"员工增多""员工不变""员工减少"三个选项占比，分别赋予权重为1、0.5、0，将各项的占比与相应的权重相乘，再相加得出最终的指数。所有指数取值范围在0~100%。

第十二章 个体工商户的发展现状

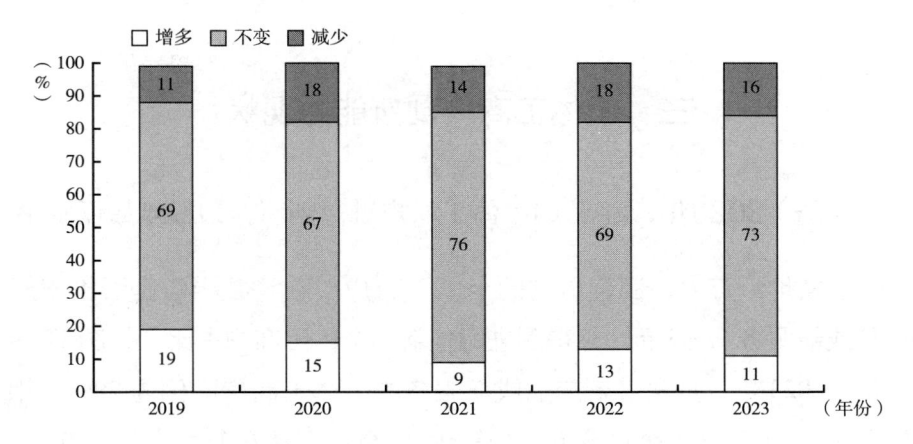

图 12-7 2019~2023 年个体工商户员工数量变化情况

注：本报告的数值保留至个位，故可能出现总和不为100%的情况。

（三）个体工商户就业增长指数始终低于非个体工商户，2023年比非个体工商户低7个百分点

为对比个体工商户与非个体工商户的稳就业能力差异，本报告将2019~2023年个体工商户与非个体工商户的就业增长指数进行对比，如图12-8所示，个体工商户的就业增长指数始终低于非个体工商户。

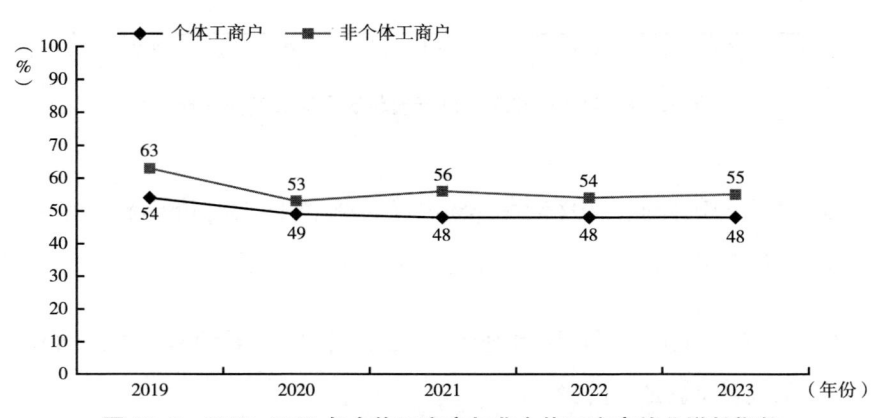

图 12-8 2019~2023 年个体工商户与非个体工商户就业增长指数

·217·

三 个体工商户创新能力现状

（一）2023年，29%的个体工商户进行创新，为五年最低水平

在实地调查中，调查员询问个体工商户"在过去半年是否推出新产品或新服务"，从而计算得到进行创新的个体工商户占比。如图12-9所示，2023年，推出过新产品或新服务的个体工商户比例为29%，相较于2022年下降1个百分点，相较于2019年下降6个百分点。2019～2023年，进行创新的个体工商户占比呈现先增后减的趋势，2021年达到最高值，为38%，2023年降至29%。

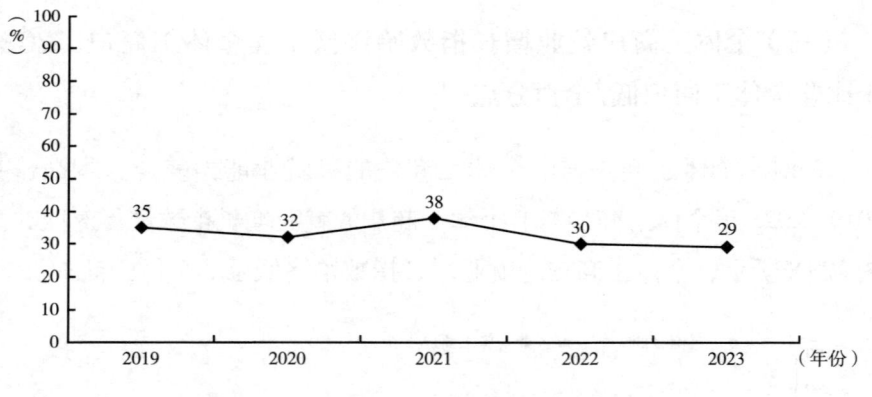

图12-9 2019～2023年进行创新的个体工商户占比

如图12-10所示，2023年68%的个体工商户没有推出新产品或新服务，还有4%的个体工商户表示过去半年业务收缩了。

（二）个体工商户创新比例始终低于非个体工商户，2023年比非个体工商户低12个百分点

为了更好地展现个体工商户创新现状，将2019～2023年个体工商户

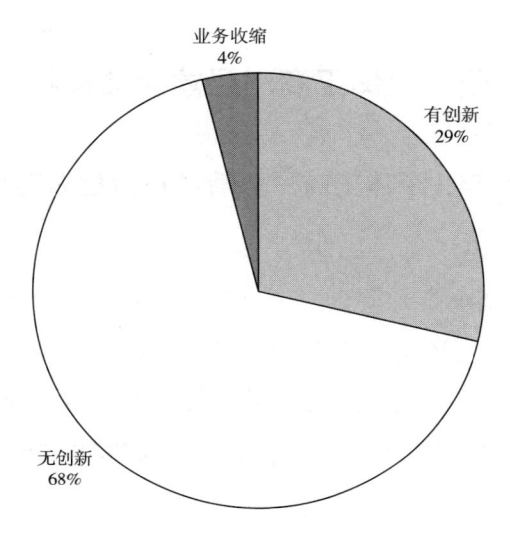

图 12-10　2023 年个体工商户创新情况

注：本报告的数值保留至个位，故可能出现总和超过 100% 的情况。

与非个体工商户的创新情况进行对比分析，如图 12-11 所示，2023 年，个体工商户创新比例为 29%，比非个体工商户低 12 个百分点。总体来看，2019~2023 年，个体工商户创新比例始终低于非个体工商户，2021 年两者差距为 1 个百分点，2023 年两者达到最大差值，为 12 个百分点。

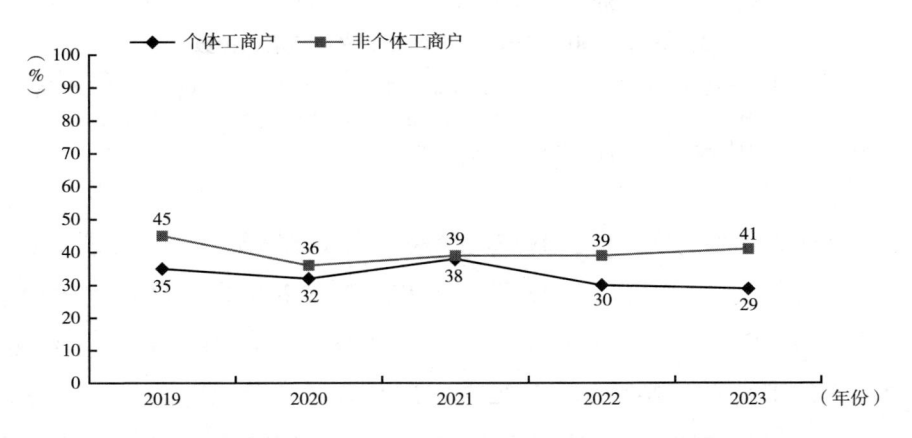

图 12-11　2019~2023 年个体工商户与非个体工商户创新占比变化

四 个体工商户经营业绩现状

(一) 2023年,个体工商户业绩增长指数为39%,比2019年低17个百分点

在历年实地调查中,调查员询问个体工商户"在过去半年,企业销售业绩变好、不变还是变差",从而得到个体工商户业绩增长指数。如图12-12所示,2023年个体工商户业绩增长指数为39%,比2022年高2个百分点,比2019年低17个百分点。从2019~2023年的业绩增长指数变化趋势看,整体有所下降。

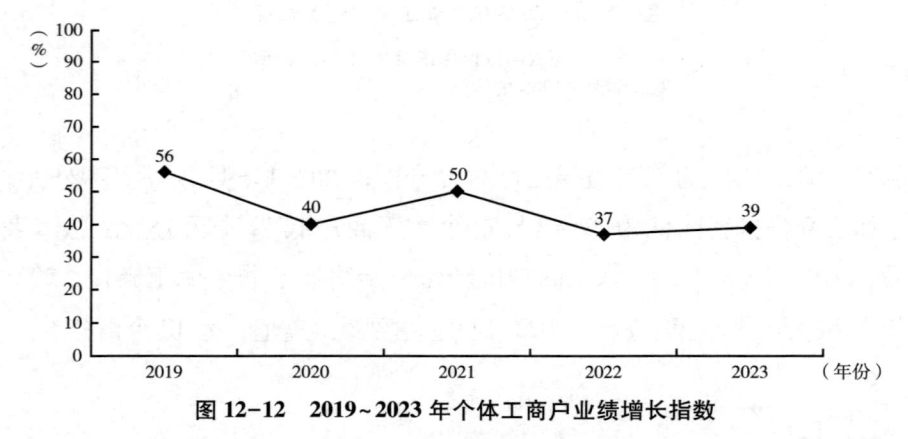

图12-12 2019~2023年个体工商户业绩增长指数

注:业绩增长指数采用扩散指数法进行计算,即计算"业绩变好""业绩不变""业绩变差"三个选项占比,分别赋予权重为1、0.5、0,将各项的占比与相应的权重相乘,再相加得出最终的指数。所有指数取值范围在0~100%。

同时,考察历年个体工商户业绩的具体变化情况,分为业绩变好、不变、变差三类,如图12-13所示。2023年有24%的个体工商户业绩变好,较2022年提升3个百分点,但在三类情况中占比最小。业绩变差的个体工商户在2020年、2022年、2023年的占比都居首位,在40%以上。业绩不变的占比一直稳定在32%~38%。2023年,业绩变好、不变、变差的个体工商户占比为24%、32%、45%，业绩变差的个体工商户占比最大。

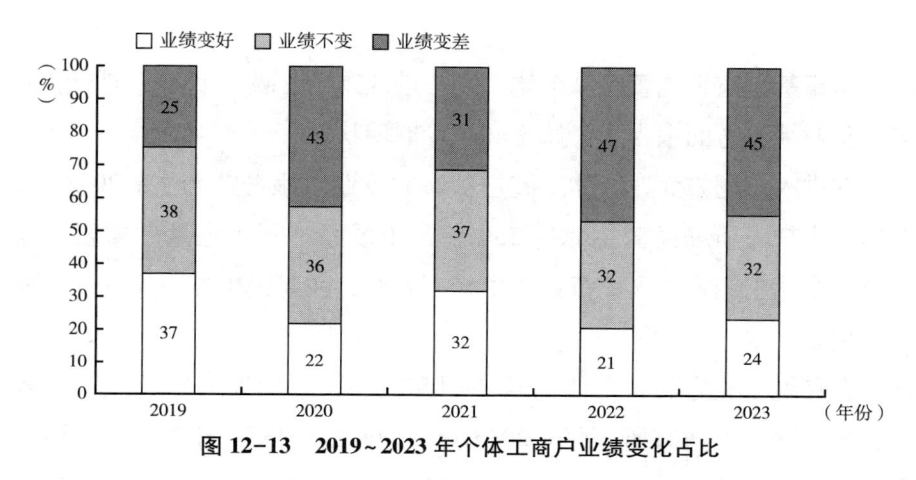

图 12-13 2019~2023 年个体工商户业绩变化占比

（二）个体工商户业绩增长指数始终低于非个体工商户，2023年比非个体工商户低14个百分点

同样地，为了更好地考察个体工商户业绩增长情况，将 2019~2023 年个体工商户与非个体工商户的业绩增长指数进行对比分析，如图 12-14 所示。2019~2023 年，个体工商户业绩增长指数始终低于非个体工商户，2023 年个体工商户业绩增长指数比非个体工商户低 14 个百分点。

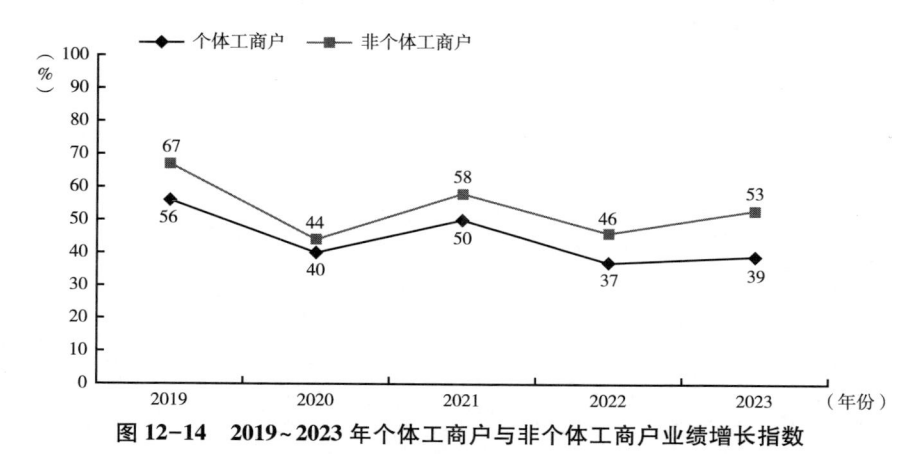

图 12-14 2019~2023 年个体工商户与非个体工商户业绩增长指数

五　本章小结

本章基于实地调查，从个体工商户进入市场、吸纳就业、创新能力与经营业绩等方面报告了个体工商户发展现状。

在进入市场方面，个体工商户从事的行业以服务业为主。2023年，个体工商户占新增经营主体的53%，是市场经济新生力量的重要组成部分。个体工商户进入的行业集中为服务业，在惠民生方面起到了重要的作用。

在吸纳就业方面，个体工商户规模较小，平均吸纳的就业人口较少，就业增长指数有所下降。2023年，77%的个体工商户员工规模小于10人；就业增长指数为48%，比2019年低6个百分点；个体工商户的就业增长指数始终低于非个体工商户。

在创新能力和经营业绩方面，2023年，推出过新产品或新服务的个体工商户占比为29%，个体工商户的业绩增长指数相较于2019年有所下降。个体工商户的创新能力和业绩水平均低于非个体工商户。在提高创新能力、业绩水平方面，个体工商户需要有更多的政策支持。

第十三章　个体工商户发展面临的困难[*]

个体工商户发展中面临的困难是什么、最需要的帮助是什么，对此，来自个体工商户的反馈最为真实。本章从个体工商户的视角出发，考察个体工商户在"放管服"改革中的获得感及其面临的主要困难，核心观点如下。

近年来，个体工商户对于改革"省时间""省费用""对经营有积极影响"的获得感呈下降趋势。

市场竞争激烈、要素成本高等是个体工商户遇到的主要困难。

个体工商户面临的困难比非个体工商户更加突出。

一　个体工商户的获得感

（一）2023年，77%的个体工商户认为改革"省时间"，比2022年下降9个百分点，比非个体工商户低6个百分点

在调查中，调查员访问经营主体"据您了解，目前的'放管服'改革措施，能够降低企业与政府打交道的时间吗"。如图13-1所示，在2023年全国受访个体工商户中有77%认为"放管服"改革降低了其

---

[*] 执笔人：粮天祥、肖艾琳、王昊松。

与政府打交道的时间，与2022年相比下降了9个百分点，较2018年下降了7个百分点。2018～2023年，认为改革"省时间"的个体工商户比例呈现先增后减的趋势，2021年达到93%的峰值。

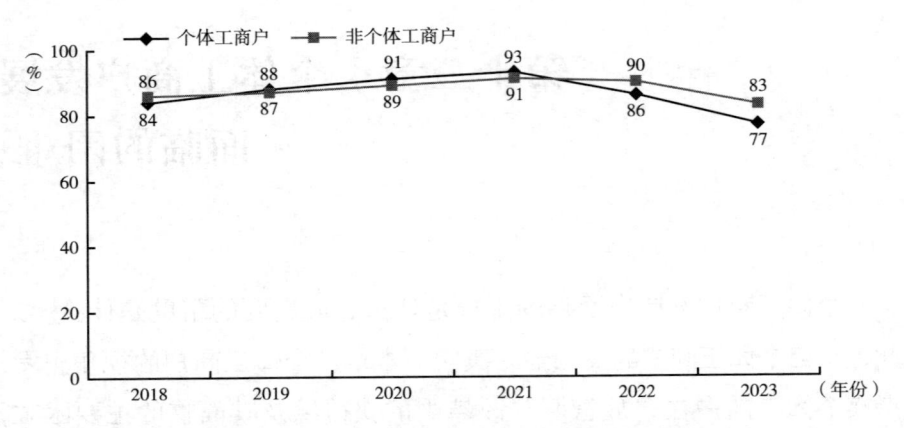

图13-1　2018～2023年个体工商户与非个体工商户认为改革"省时间"的占比

2018～2023年，非个体工商户认为改革"省时间"的比例先升后降。2023年，83%的非个体工商户认为"放管服"改革降低了其与政府打交道的时间，与2022年相比下降了7个百分点，比2018年下降了3个百分点。2018～2023年，认为改革"省时间"的非个体工商户比例先增后减。

2018～2023年，个体工商户与非个体工商户认为改革"省时间"的比例差距扩大。值得注意的是，2019年是差距最小的。

在2023年的调查访谈中，很多经营主体都对"放管服"改革能降低与政府打交道时间的效果给予了极大的肯定。安徽省蚌埠市的一名受访经营主体表示，"前几年，办证花费时间比较长，要十天半个月"。山东省淄博市的受访经营主体表示，"这里的工作人员解释得比较清楚，办理过程比较快，时间短"。广西贵港市的受访经营主体表示，"有些业务以前需要天天办理，现在可以一个月办理一次，有些业务还能一个季度办理一次"。

不过，也有一些经营主体指出了改革不够彻底所带来的困扰。东北某地的一位受访经营主体表示，"在这边办税务这块儿，有时候赶巧了等10个号，不赶巧的时候要等六十多人。据反映应该是这边效率不太高，每叫一个号都老长时间了"。西部某地的受访经营主体表示，"超过5000平方米的公司，办证都要现场勘验。办消防资质的证明就要一个多月，比较难办。而且办税务证明要去各种银行，预约就要花很长时间。许多检查也是多此一举，大多数是形式主义"。

（二）2023年，80%的个体工商户认为改革"省费用"，比2022年下降6个百分点，比非个体工商户低5个百分点

2018~2023年，个体工商户对改革"省费用"的认可度大幅提升。在实地调查过程中，调查员访问经营主体"据您了解，目前的'放管服'改革措施能够降低企业与政府打交道的费用吗"。如图13-2所示，2023年80%的个体工商户认为"放管服"改革降低了其与政府打交道的费用，与2022年相比下降了6个百分点，比2018年提高了17个百分点。2018~2023年，认为改革"省费用"的个体工商户比例呈现先增后减的趋势，2021年达到94%的峰值。

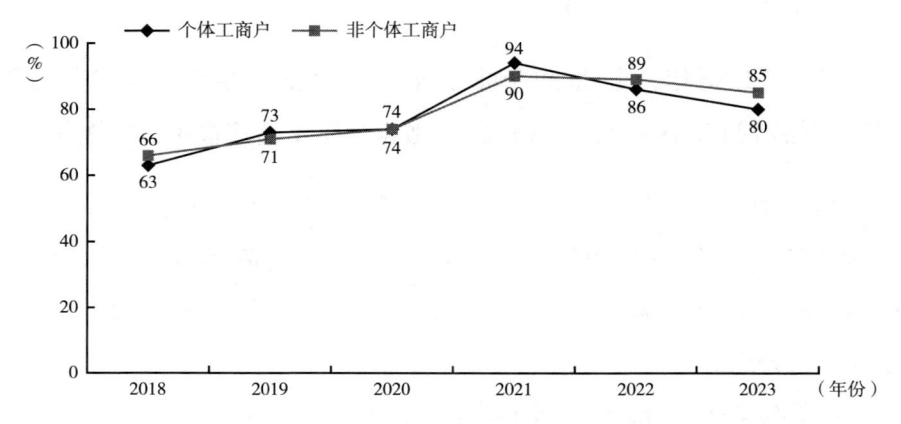

图 13-2 2018~2023年个体工商户与非个体工商户认为改革"省费用"的占比

2018~2023年，非个体工商户认为改革"省费用"的比例先升后降。2023年85%的非个体工商户认为"放管服"改革降低了其与政府打交道的费用，与2022年相比下降了4个百分点，比2018年提升了19个百分点。2021~2023年，认为改革"省费用"的非个体工商户比例保持在85%及以上，获得感较高。

2023年，个体工商户与非个体工商户认为改革"省费用"的比例差距为5个百分点。值得注意的是，2018~2020年两者差距逐步缩小，2021年认为改革"省费用"的个体工商户占比较非个体工商户多4个百分点。而后两者差距呈现扩大趋势，从2022年的3个百分点扩大到2023年的5个百分点。

实地调查中，很多经营主体都表示实际感受到了"放管服"改革"省费用"的成果。广西南宁市的一名受访经营主体表示，"现在哪有什么费用，都是免费"。另一位江苏省泰州市的受访经营主体同样对此表示了充分肯定，"就像我们项目注销的时候费用都降低了很多，应该还是为企业考虑吧"。贵州省遵义市的受访经营主体表示，"办证、办执照这些都是不收钱的，所以其实还好，有减少费用"。陕西省西安市的受访经营主体表示，"十几二十年前办个证要跑好多地方的，还要收钱，现在这个刻章都是免费的"。

（三）2023年，48%的个体工商户认为业务办理已经"完全免费"，比2021年降低21个百分点，比非个体工商户高4个百分点

在实地调查过程中，调查员询问经营主体"据您了解，目前的'放管服'改革措施能够降低企业与政府打交道的费用吗"。如图13-3所示，2023年有48%的个体工商户认为"完全免费"，比2022年增加了8个百分点。

尽管与2022年相比，2023年认为业务办理"完全免费"的个体工商户与非个体工商户比例均有所回升，但仍然低于2021年。横向来看，

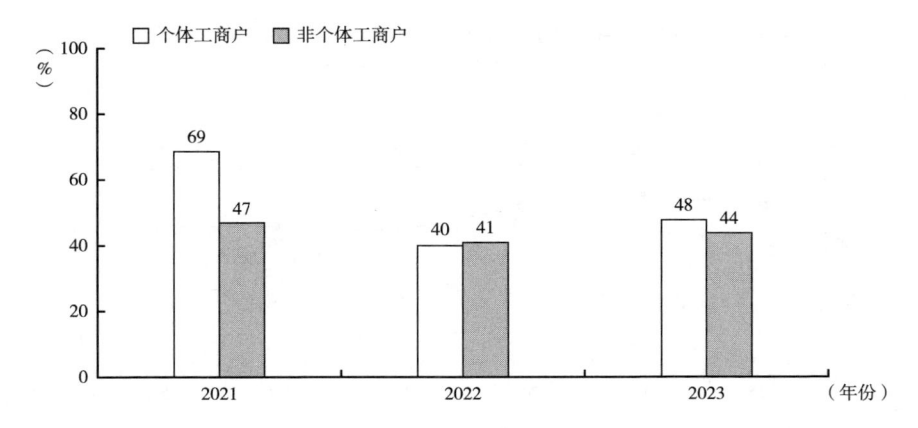

图13-3 2021~2023年个体工商户与非个体工商户认为业务办理"完全免费"的比例

如图13-3所示，2021年认为业务办理"完全免费"的个体工商户占比较高，为69%。纵向来看，2021~2023年，认为业务办理"完全免费"的个体工商户占比下降幅度最大，由2021年的69%降至2023年的48%，下降了21个百分点；非个体工商户由2021年的47%降至2023年的44%，降低了3个百分点。

（四）2023年，46%的个体工商户认为"放管服"改革有积极影响，比2018年降低6个百分点，比非个体工商户低18个百分点

在调查中，调查员访问经营主体"据您了解，目前的'放管服'改革措施整体而言对贵企业经营有什么影响"。如图13-4所示，2023年全国受访个体工商户中有46%的经营主体认为"放管服"改革有积极影响，与2022年持平，比2021年上升1个百分点，比2018年下降6个百分点。

从横向看，个体工商户与非个体工商户在认可度上的差距扩大。2023年，46%的个体工商户认为"放管服"改革有积极影响，比非个体工商户低18个百分点，2018年两者差距为9个百分点。

从纵向看，2018~2023年，个体工商户认为"放管服"改革有积

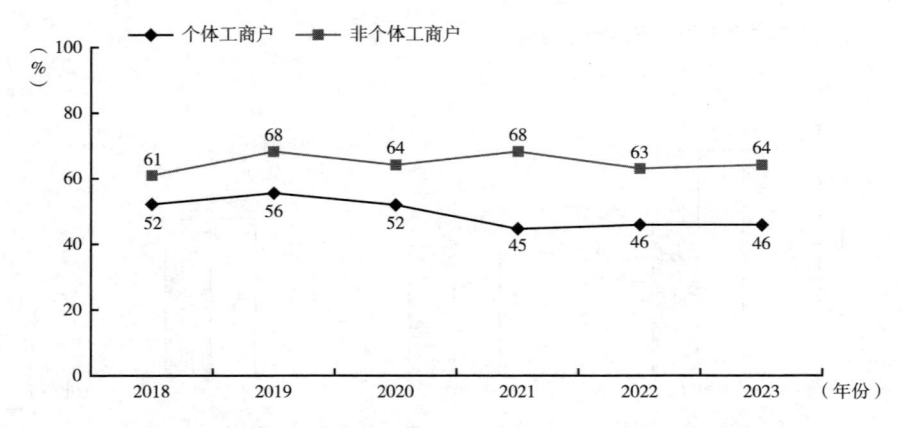

图 13-4 2018~2023 年个体工商户与非个体工商户认为"放管服"改革有积极影响的占比

极影响的占比由 2018 年的 52%下降到 2021 年的 45%，2022 年上升至 46%，2023 年保持在 46%，6 年间共下降了 6 个百分点；非个体工商户认为"放管服"改革有积极影响的占比有所上升，由 2018 年的 61%上升到 2023 年的 64%，上升了 3 个百分点。

在 2023 年的调查中，很多经营主体都对"放管服"改革带来的积极影响表示肯定。安徽省蚌埠市的一名受访经营主体表示，"现在不是没有工本费了嘛，所以都挺好的。优化营商环境措施对我们企业有积极的影响"。天津市的受访经营主体对此也表示深切赞同，"营商环境还是有所改善。政府推出的优化营商环境的改善措施是为了咱们好，反正就我个人而言，还是有积极影响的"。

二 个体工商户面临的主要困难

（一）市场竞争激烈、要素成本高是个体工商户做生意遇到的主要困难

在实地调查过程中，调查员访问经营主体"您认为，目前在本地

做生意遇到的主要困难是什么"。如图13-5所示，2023年受访个体工商户认为市场竞争激烈是目前在本地做生意遇到的主要困难的比例最高，为24%；排名第二的是房租成本高，占比达19%；排名第三的是劳动力成本高，占比达13%。投票率最低的两大困难是退出市场难和合同执行难，均占1%，而开办企业难占2%。

2019~2023年，虽然各类困难的得票率呈波动变化，但环境供给已经不再是个体工商户面临的主要困难。如图13-5所示，2019~2023年，认为"开办企业难"的个体工商户占比始终没有超过4%，认为"办理许可证难"的个体工商户从7%降低至2%，认为"合同执行难"的个体工商户占比始终没有超过3%，认为"退出市场难"的个体工商户占比始终没有超过3%。2023年，个体工商户面临的环境供给方面的困难包括税负重、各类市场检查多、办理许可证难、合同执行难、开办企业难、退出市场难，共占15%，列各类困难的后六位。这表明，环境供给已经不再是现阶段个体工商户面临的主要困难。

从实地调查看，市场供给和要素供给是个体工商户面临的新困难。如图13-5所示，市场供给方面的市场竞争激烈、要素供给方面的房租成本高、招工困难、劳动力成本高和融资难，始终是近年来个体工商户面临的主要困难。2023年，24%的个体工商户面临市场竞争激烈这一市场供给困难；个体工商户面临的要素供给困难包括房租成本高、招工困难、劳动力成本高、融资难，共占48%。这表明，市场供给和要素供给是个体工商户面临的新困难。

（二）个体工商户比非个体工商户面临的困难更加突出

从横向对比来看，个体工商户与非个体工商户的困难是共同的，但个体工商户的困难更加突出。如图13-6所示，2023年个体工商户与非个体工商户均认为市场竞争激烈、房租成本高和劳动力成本高等是做生意遇到的主要困难。其中，24%的个体工商户认为市场竞争激烈，比非

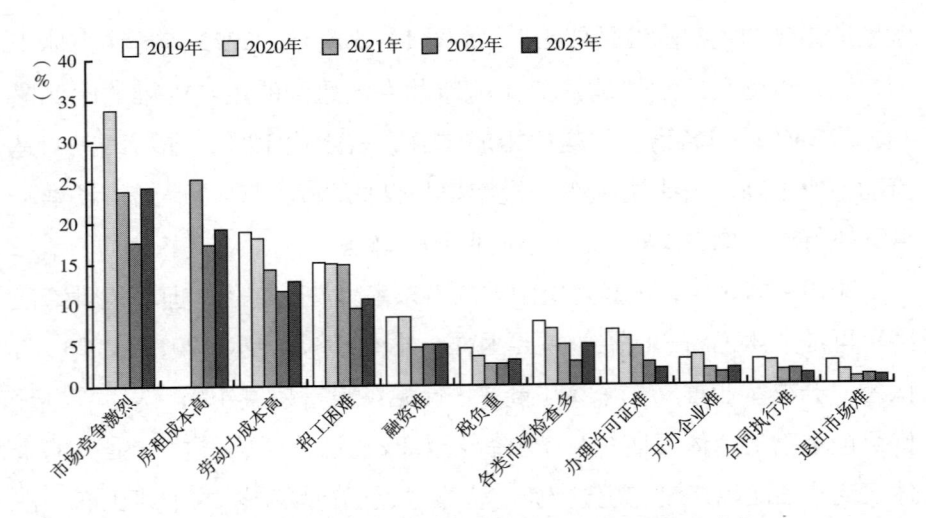

图 13-5 2019~2023年个体工商户面临的主要困难变化

注：问卷中还有"疫情影响""无困难""其他困难"选项，未予汇报。

个体工商户高1个百分点；19%的个体工商户认为房租成本高，比非个体工商户高3个百分点；13%的个体工商户认为劳动力成本高，与非个体工商户相同。相比非个体工商户，个体工商户遇到的困难相对严峻。

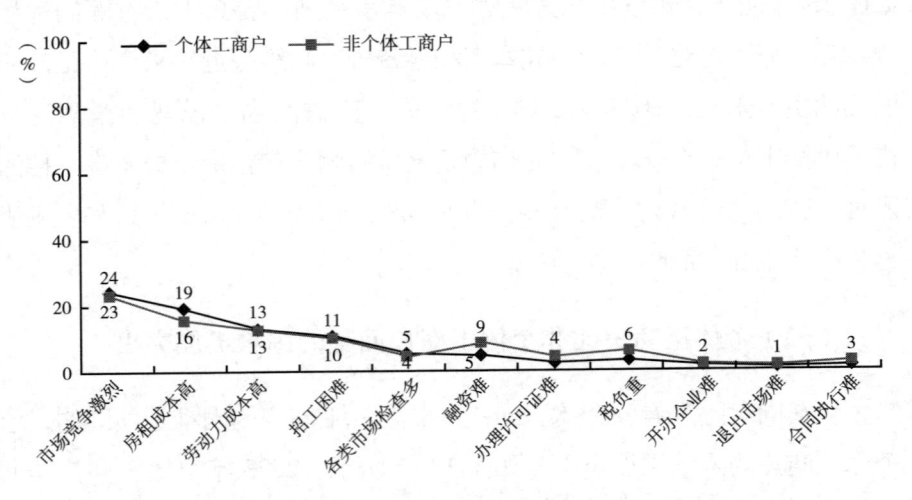

图 13-6 2023年个体工商户与非个体工商户面临的主要困难变化

三 本章小结

近年来，个体工商户对改革的获得感呈下降趋势，个体工商户面临着一些新的困难和挑战。

在获得感方面，个体工商户在改革省时、降费、对经营影响方面的获得感均呈下降趋势。近年来，个体工商户认为改革能省时的比例呈下降趋势，认为改革能省时的比例 2022 年以来低于非个体工商户；个体工商户认为改革能降费的比例呈下降趋势，认为改革能降费的比例 2022 年以来低于非个体工商户。近年来，个体工商户认为改革有积极影响的比例不足一半，低于非个体工商户。

在面临的困难方面，市场竞争激烈、要素成本高是个体工商户做生意遇到的主要困难。2023 年，个体工商户反映的主要困难有市场竞争激烈、房租成本高、疫情影响、劳动力成本高和招工困难等。认为市场竞争激烈、房租成本高、疫情影响是主要困难的个体工商户占比高于非个体工商户，个体工商户面临的困难更加突出。

第五部分
附 录

附录一　理论基础

一　理论基础

党中央、国务院高度重视深化"放管服"改革优化营商环境工作。2013年党的十八届二中全会提出"深化行政审批制度改革";2015年党的十八届五中全会提出"完善法治化、国际化、便利化的营商环境";2017年党的十九大报告提出"深化商事制度改革";2021年《中华人民共和国国民经济和社会发展第十四个五年规划和2035年远景目标纲要》进一步提出"深化简政放权、放管结合、优化服务改革""持续优化市场化法治化国际化营商环境";2022年党的二十大报告再次明确提出"深化简政放权、放管结合、优化服务改革""营造市场化、法治化、国际化一流营商环境"。国务院每年出台《全国深化简政放权放管结合优化服务改革电视电话会议重点任务分工方案》,将具体工作部署落到实处。

坚持党的领导是"放管服"改革和营商环境建设的最高政治原则。《中共中央关于全面深化改革若干重大问题的决定》指出,"全面深化改革必须加强和改善党的领导,充分发挥党总揽全局、协调各方的领导核心作用";并给出了具体做法,其中之一是"中央成立全面深化改革领导小组,负责改革总体设计、统筹协调、整体推进、督促落实"。"放管服"改革是一场刀刃内向、推进政府职能转变的自我革命,涉及部门多、领域广，必须要在党的领导下统筹推进。《优化营商环境条例》也明确指出，"各级人民政府应当加强对优化营商环境工作的组织领导，完善优化营商环境的政策措施，建立健全统筹推进、督促落实优化营商环境工作的相关机制，及时协调、解决优化营商环境工作中的重大问题"。

"为谁改"是改革发展中的核心问题，中国"放管服"和营商环境建设始终坚持以人民为中心的发展思想，解决市场主体发展中的堵点痛点。为解决市场主体"准入难"和"准营难"，营商环境建设以商事制度改革为抓手，陆续推出先照后证、多证合一、证照分离等改革措施，放宽市场准入和优化政府服务，服务于中国的"双创"。为解决市场主体经营过程中的"办事难"，营商环境建设优化涉企服务，从降低企业准入环节的办事成本扩展到降低涉企全生命周期的办事成本，减轻市场主体的负担，提高市场主体的获得感。

以人民为中心意味着，评价"放管服"改革要跳出政府自身评判改革的传统局限，将评判权交给市场主体。课题组以习近平新时代中国特色社会主义思想为指导，践行以人民为中心的发展思想，以市场主体的感受为依据，评价中国"放管服"改革的进展、成效、问题和不足。

二 指标体系

本报告从市场主体的视角出发，以市场主体获得感为依据，构建中国"放管服"改革需求侧建设的三级指标体系。

附表1-1 中国"放管服"改革需求侧建设指标体系

序号	一级指标	二级指标	三级指标
1	"放管服"	市场准入	完成登记注册所需时间
2			完成登记注册所需窗口数量
3			认为办理营业执照更快捷的市场主体占比
4			办理许可证（或涉证事项）的数量

续表

序号	一级指标	二级指标	三级指标
5			办理许可证所需最长时间
6			认为办理许可证数量减少的市场主体占比
7		市场监管	国家企业信用信息公示系统使用率
8			被上门检查的市场主体占比
9			被上门检查次数增多的市场主体占比
10			被上门检查部门数量增多的市场主体占比
11		线下服务	进驻部门数量
12			人工窗口开放率
13			"只跑一次"的市场主体占比
14			"一窗办理"的市场主体占比
15		数字政府	网上办事大厅和移动端办事系统想用率
16			网上办事大厅和移动端办事系统知晓率
17			网上办事大厅和移动端办事系统使用率
18			政务服务一体机数量
19			政务服务一体机进驻部门数量
20		主观感受	认为与政府打交道时间降低的市场主体占比
21			认为与政府打交道费用降低的市场主体占比
22			认为改革对经营有积极影响的市场主体占比
23		经济绩效	过去半年员工增多的市场主体占比
24			过去半年进行创新的市场主体占比
25			过去半年业绩变好的市场主体占比
26		公平竞争	企业对本地公平竞争环境的打分
27			在与政府职能部门或其他企业打交道的过程中遇到不公平的市场主体占比
28			面临不公平竞争时不进行处理的市场主体占比

（一）"放"：市场准入

登记注册是企业生命周期的第一步。《优化营商环境条例》指出，"国家持续放宽市场准入，并实行全国统一的市场准入负面清单制度""国家推进'证照分离'改革，持续精简涉企经营许可事项，为企业取得营业执照后开展相关经营活动提供便利"。本报告从"照"和"证"两个方面构建指标。其中，在"照"上，构建完成登记注册所需时间、完成登记注册所需窗口数量、认为办理营业执照更快捷的市场主体占比，共3个指标；在"证"上，构建办理许可证（或涉证事项）的数量、办理许可证所需最长时间、认为办理许可证数量减少的市场主体占比，共3个三级指标。完成登记注册所需时间越少、窗口越少、办理许可证（或涉证事项）数量越少，市场准入越便利。认为办理营业执照更快捷的市场主体占比越大、认为办理许可证（或涉证事项）数量减少的市场主体占比越大，市场准入越便利，是正向指标。

（二）"管"：信用监管

随着大量市场主体的进入，事中事后监管工作量倍增，信用监管成为新型监管模式。《优化营商环境条例》指出，"政府及其有关部门应当按照国家关于加快构建以信用为基础的新型监管机制的要求，创新和完善信用监管，强化信用监管的支撑保障，加强信用监管的组织实施，不断提升信用监管效能"。为此，本报告构建了4个指标，其中在信用监管上，国家企业信用信息公示系统使用率是正向指标，使用率越高，信用监管的普及度越高；在线下监管上，构建被上门检查的市场主体占比、被上门检查次数增多的市场主体占比、被上门检查部门数量增多的市场主体占比，共3个指标。

（三）"服"：线下政务服务效率和线上数字政府建设

《优化营商环境条例》指出，"政府及其有关部门办理政务服务事项，应当根据实际情况，推行当场办结、一次办结、限时办结等制度，实现集中办理、就近办理、网上办理、异地可办"。为此，本报告构建了4个指标，其中，在政务大厅供给侧，构建政务服务一体机进驻部门数量、人工窗口开放率2个指标，进驻部门数量越多、窗口开放率越高，越有利于提高线下政务服务效能，是正向指标。在市场主体需求侧，构建"只跑一次"的市场主体占比、"一窗办理"的市场主体占比2个指标，是正向指标。

《优化营商环境条例》指出，"国家加快建设全国一体化在线政务服务平台（以下称一体化在线平台），推动政务服务事项在全国范围内实现'一网通办'"。为此，本报告将PC端网上办事大厅、移动端办事平台等办事渠道统称为数字政府，从市场主体想用、知晓、使用这三个阶段构建3个指标。想用率是指如果在数字政府能办理所需业务、愿意使用的市场主体比例，代表数字政府的发展基础与空间。知晓率是指市场主体中知晓数字政府的市场主体比例。知晓是使用的基础，知晓率体现数字政府在市场主体中的普及程度。使用率是指实际办事中使用过数字政府的市场主体比例，使用率越高代表数字政府使用规模越大。随着数字政府建设，政务服务一体机成为提供线上全流程、自动化政务服务的典型代表，为此，本报告构建政务服务一体机数量、政务服务一体机进驻部门数量2个指标，政务一体机数量越多、进驻部门数量越多，越有利于提高服务效率。

（四）"放管服"的成效：市场主体获得感

我国"放管服"改革始终坚持以市场主体获得感为导向，改革成效好不好，市场主体最有发言权。为此，本报告构建认为与政府打交道时间降低的市场主体占比、认为与政府打交道费用降低的市场主体占比、认为改革对经营有积极影响的市场主体占比，共3个指标。

（五）"放管服"的成效：市场主体成长

就业，用创造新增就业岗位的市场主体占比衡量。党的十九大报告指出，就业是最大的民生，要鼓励创业带动就业，实现更高质量和更充分就业，为高质量发展提供民生保障。创造新就业机会越多，对高质量发展的支撑度就越高。

增长，用业绩增加的市场主体占比衡量。把市场主体的活跃度保持住、提上去，是促进经济平稳增长的关键。业绩增加体现为市场主体成长，为高质量发展提供了支撑。

创新，用进行创新的市场主体占比衡量。创新是推动高质量发展、动能转换的迫切要求和重要支撑。市场主体中从事创新活动的比例越高，越能为高质量发展提供新动能。这3个指标均为正向指标，创造新增就业岗位的市场主体占比越高、业绩增加的市场主体占比越高、创新的市场主体占比越高，对高质量发展的支撑力越强。

（六）"放管服"的成效：公平竞争环境

市场主体公平竞争，才能有效激发市场主体活力，使竞争成为创新和发展的新的不竭源动力。《优化营商环境条例》指出，"政府有关部门应当加大反垄断和反不正当竞争执法力度，有效预防和制止市场经济活动中的垄断行为、不正当竞争行为以及滥用行政权力排除、限制竞争的行为，营造公平竞争的市场环境"。为此，本报告从市场主体的主观感受出发，构建以下3个指标：一是企业对本地公平竞争环境的打分（0~100分）；二是在与政府职能部门或其他企业打交道的过程中遇到不公平的市场主体占比；三是面临不公平竞争时不进行处理的市场主体占比。

附录二 实地调查

一 调查抽样

（一）2018年第一轮调查，采用分层随机抽样，抽取了16省84地级市182市辖区

首先，在省级行政区划层面抽取样本，遵循以下原则。一是考虑到下辖地市级和区县级政务大厅的数量以及交通条件等因素，剔除了新疆、西藏、内蒙古、青海和海南等5个省级行政单位，在26个省级单位中抽取16个省级单位。二是区分直辖市与非直辖市，至少抽中一半的直辖市。三是抽中的16个省级单位与未抽中的15个省级单位在2015年名义GDP以及规模以上工业总产值上不存在显著差异。

基于以上三点，调查抽取了16个省级行政区划单位，包括2个直辖市，北京和天津；12个省，吉林、浙江、安徽、福建、山东、河南、湖南、广东、贵州、云南、陕西、甘肃，2个自治区，广西壮族自治区、宁夏回族自治区。其中，北京、天津、浙江、福建、山东、广东属于东部地区，安徽、河南和湖南属于中部地区，贵州、云南、陕西、甘肃、广西和宁夏属于西部地区，吉林属于东北地区。

在抽中的省级行政单位中，抽取地级及副省级城市，遵循以下原则。一是省级行政单位下辖地级及副省级城市数量如果不高于 12 个，则抽取一半；如果高于 12 个，则抽取 6 个。二是确保抽中省会城市。三是在省级行政单位内部，抽中的城市与未抽中的城市，在 2015 年名义 GDP 以及规模以上工业总产值上不存在显著差异。四是在全国范围内，抽中的城市与未抽中的城市，在 2015 年的名义 GDP 以及规模以上工业总产值上不存在显著差异。基于以上四点，调查抽取了 72 个地级市。

在 72 个地级市中随机抽取区，遵循以下原则。一是只抽取市辖区作为调查区域。二是市下辖区的个数如果不超过 8 个，则抽取一半；如果超过 8 个，则抽取 4 个。三是在调查市内，抽中的区与未抽中的区在 2015 年名义 GDP 和总人口上无显著差异。最终抽取了 182 个区。

（二）2019年第二轮调查，通过分层随机抽样，扩大至24省106地级市281市辖区

首先，新增了 8 个省份。一是增加了上海、重庆两个直辖市，实现四个直辖市全覆盖。二是增加了山西、江苏、河北、湖北、海南、青海六个省份。

其次，新增了 22 个地级市。一是在山西、江苏、河北、湖北 4 个省份内进一步进行分层随机抽样，抽取地级市样本。抽样遵循三条规则。①省级行政单位下辖地级及副省级城市数量如果不高于 12 个，则抽取一半；如果高于 12 个，则抽取 6 个。②确保抽中省会城市。③在省级行政单位内部，抽中的城市与未抽中的城市在 2015 年名义 GDP 以及规模以上工业总产值上不存在显著差异。二是增加海南海口市、青海西宁市两个地级市。三是在随机抽样的基础上，补充 20 个省和自治区的第二大城市样本。① 基于此，2019 年共覆盖 106 个地级市。

---

① 将各省省会城市除外、2015 年名义 GDP 排名第一的城市定义为第二大城市，如广东省深圳市、山东省青岛市、河北省唐山市。若抽样样本中不包含第二大城市，则进行补充。

进一步，在 2 个新增直辖市和 22 个新增地级市中进一步抽取市辖区。在调查市内，市下辖区的个数如果不超过 8 个，则抽取一半；如果超过 8 个，则抽取 4 个，保证抽中的区与未抽中的区在 2015 年名义 GDP 和总人口上无显著差异。

基于这一规则，2019 年调查共覆盖 24 个省份（包含 4 个直辖市、18 个省、2 个自治区）106 个地级市 281 个市辖区。

（三）2020年第三轮调查，覆盖28省67地级市245市辖区

2020 年调查基于 2019 年分层随机抽样本，并依据调查时的实际情况进行动态调整，最终覆盖 28 省 67 地级市 245 市辖区。

（四）2021年第四轮调查，覆盖14省24地级市68市辖区

首先，在 2019 年调查的基础上，增加了四川省，去掉山西、河北、湖北、海南、青海 5 个省份。其次，在四川省内进一步进行分层随机抽样，抽取地级市样本，新增 7 个地级市，共覆盖 94 个地级市。进一步，在 7 个新增地级市中随机抽取市辖区。根据往年经验与实际情况对调查城市进行调整，调整后包含 93 市。最后，在实际调查的过程中，由于调查时的实际情况动态调整，调查员最终前往了 14 省 24 地级市 68 市辖区。

（五）2022年第五轮调查，覆盖19省35地级市108市辖区

2022 年调查基于 2019 年分层随机抽样本，新增江西、辽宁和新疆，未调查上海、山西、湖北、海南、青海、河南、甘肃、宁夏，并依据调查时的实际情况进行调整，最终覆盖 19 省 35 地级市 108 市辖区。

（六）2023年第六轮调查，覆盖18省78地级市222市辖区

2023年调查基于2018年分层随机抽样样本，并根据往年经验与实际情况对调查城市进行微调，调整后包含18省81地级市。在实际调查的过程中，由于调查时的实际情况动态调整，调查员最终前往了18省78地级市222市辖区。

二　调查过程

（一）工作人员招募与方案确立

2023年5~6月，经过简历筛选、培训考核等筛选，项目组最终招募5名调查督导、32名调查员、9名数据质量监察员。2023年6月，项目组在2018~2022年调查方案的基础上，依据调查时的实际情况，进一步确定了调查方案、制定调查规则及调查方法。

（二）问卷系统及电子问卷系统调试

2023年6月，完成问卷设计、电子问卷系统调试等工作，调查过程全程电子化，电子问卷系统可实现调查员定位、实时上传问卷信息。

（三）人员培训

2023年6~7月，开展3次线下培训，组织调查员了解调查流程、熟悉调查问卷、操作电子问卷系统。此外，对督导和数据质量监察员进行2次培训，建立督导及监察员工作标准。

（四）全国正式调查

2023年7月10日至8月4日，开展正式调查。

三　调查方法

（一）调查对象

抽样地区的政务服务中心、市场监督管理局办事大厅等政务大厅；前来政务大厅办理业务的市场主体。

（二）调查内容

观察各地政务大厅的硬件、软件等设施。
访谈了解各地市场主体眼中的营商环境。

（三）实地调查方法及过程

调查员进入政务大厅后，根据问卷内容，观察办事大厅的硬件、软件及服务情况，在电子问卷系统中如实填写、上传后台。

调查员进入政务大厅后，随机访谈前来办理业务的市场主体，主要是在等候区等待叫号的市场主体。调查员说明调查目的、询问市场主体是否愿意接受采访，然后根据电子问卷内容，从市场准入、市场监管、服务效率、互联网+政务等维度进行访谈，由调查员在电子问卷系统中如实填写、上传后台。

（四）替代方案

如果调查无法正常进行，则选择邻近的非调查区作为替代。

四　质量控制

调查问卷实时上传后台系统，后台每天对数据质量进行严格检查，保证数据质量。一是整体检查，后台自动对调查数据进行技术性检查；二是"双随机"抽查，后台通过"双随机"的方式，自动从每日调查问卷中随机抽取一定比例，随机匹配给检查员，检查员进行进一步检查。

五　调查团队

调查组（按姓氏排序）：

陈瑾嫣	陈斯敏	陈　杨	杜恒民	杜润东	冯　爽	胡安怡
胡林睿	黄文隽	靳乐同	稂天祥	李　聪	李嘉祎	李京隆
李　想	梁凯祺	梁清扬	林裕彤	罗佳利	罗欣祺	吕大兴
王昱淞	吴　鹏	徐铭阳	徐怡斐	薛忆凡	杨　宁	杨紫鑫
杨　智	郑珂楠	郑悦阳	钟思成			

保障组（按姓氏排序）：

鲍朵朵	陈炫瑜	蔡迈锋	方可馨	郭栢瑄	韩　睿	黄蔚欣
黄　璇	黄　韵	李冠桦	李佳镁	刘洁仪	卢佳怡	莫琇涵
王俊凯	王林玲	王昊松	王子晗	吴曼聆	项秋泓	许育豪
叶冠豪	张睿子	张依依	曾　妮	左彬青		

报告撰写组（按姓氏排序）：

毕青苗	陈邱惠	丁意茹	杜恒民	冯　爽	侯代灵	黄　璇
黄梓杰	韩　睿	蓝一鸣	稂天祥	梁清扬	罗佳利	吕大兴
秦　缘	王昊松	王文茂	王子晗	吴曼聆	吴　鹏	项秋泓
肖艾琳	许云琦	杨紫鑫	周　荃	朱枢同	左彬青	

附录三 相关数据

附表 3-1 全国受访市场主体的地区分布

单位：%

省份	占比
北京	2
天津	1
上海	11
吉林	3
江苏	6
浙江	11
安徽	6
福建	7
山东	8
河南	7
湖南	4
广东	11
广西	5
云南	1
贵州	4
陕西	6
宁夏	4
甘肃	3

数据来源：中国营商环境企业调查 2024。

·247·

附表 3-2　全国受访市场主体代表的基本情况

单位：%

分类	类别	占比
性别	男	43
	女	57
年龄	小于 30 岁	34
	30~40 岁	44
	40~50 岁	18
	50 岁以上	5

数据来源：中国营商环境企业调查 2024。

附表 3-3　全国受访市场主体的基本情况

单位：%

分类	类别	占比
登记注册年份	2014 年以前	54
	2014 年	3
	2015 年	4
	2016 年	4
	2017 年	5
	2018 年	6
	2019 年	7
	2020 年	4
	2021 年	4
	2022 年	4
	2023 年	5
所有制	国有企业	10
	民营企业	68
	外资企业	2
	合资企业	1
	个体工商户	18
所属行业	农林牧渔业	2
	工业（除建筑业）	6
	建筑业	10
	服务业（除互联网平台行业）	53
	互联网平台行业	6
	新兴行业	24

续表

分类	类别	占比
企业规模	少于10人	31
	10~20人	22
	20~100人	26
	100~500人	13
	大于500人	8

数据来源：中国营商环境企业调查2024。

附录四　个体工商户政策梳理[*]

2011年以来，党中央和国务院决策部署了一系列支持个体工商户发展的政策。习近平总书记在2020年企业家座谈会上强调，"高度重视支持个体工商户发展"，"要积极帮助个体工商户解决租金、税费、社保、融资等方面难题，提供更直接更有效的政策帮扶"。本附录收集整理2011年以来国家出台的个体工商户相关政策条例。

2011年4月国务院颁布《个体工商户条例》，从法律层面维护个体工商户合法权益。《个体工商户条例》是自1987年8月国务院发布《城乡个体工商户管理暂行条例》以来，第一部专为个体工商户制定的正式行政法规。该条例就个体工商户的定义、注册登记、监督管理等方面作出明确规定，旨在保护个体工商户的合法权益，鼓励、支持和引导个体工商户健康发展，加强对个体工商户的监督、管理，发挥其在经济社会发展和扩大就业中的重要作用。自2011年11月1日起施行后，《个体工商户条例》历经多次修订完善，为规范个体工商户的经营行为和保护个体工商户的合法权益提供了坚实的法规保障。

2022年10月国务院出台《促进个体工商户发展条例》，成为新时期保障个体工商户合法权益的行政法规文件。《促进个体工商户发展条例》是在原《个体工商户条例》的基础上制定出台的，明确了维护个体工商户合法权益，"个体工商户的财产权、经营自主权等合法权益受

---

[*] 执笔人：左彬青、王昊松。

法律保护，任何单位和个人不得侵害或者非法干预"。新条例突出了支持个体工商户健康发展的鲜明主题，明确指出"国家持续深化简政放权、放管结合、优化服务改革，优化营商环境，积极扶持、加强引导、依法规范，为个体工商户健康发展创造有利条件"，并聚焦个体工商户的突出困难，从准入、监管、金融、各类扶持政策等方面列举了促进个体工商户发展的政策要求，明确各部门、各地区促进个体工商户发展的职责任务。

2011年以来，国务院及各部门至少出台了30份促进个体工商户健康发展的相关政策文件，2020~2023年年均出台约6份。本报告梳理了自2011年以来国家层面出台的各项政策文件，这些文件从准入准营、减税降费、金融支持、组织建设、纾困发展等方面综合施策，为个体工商户的经营发展提供了强有力的政策支持，政策清单如附表4-1所示。从政策出台时间上看，如附图4-1所示，2020年以前，针对个体工商户的政策文件有5份，主要为指导性文件、准入准营相关的政策。2020年以后，与个体工商户的相关政策文件显著增加，2020年出台7份、2021年出台5份、2022年出台7份、2023年（截至8月）已出台6份。

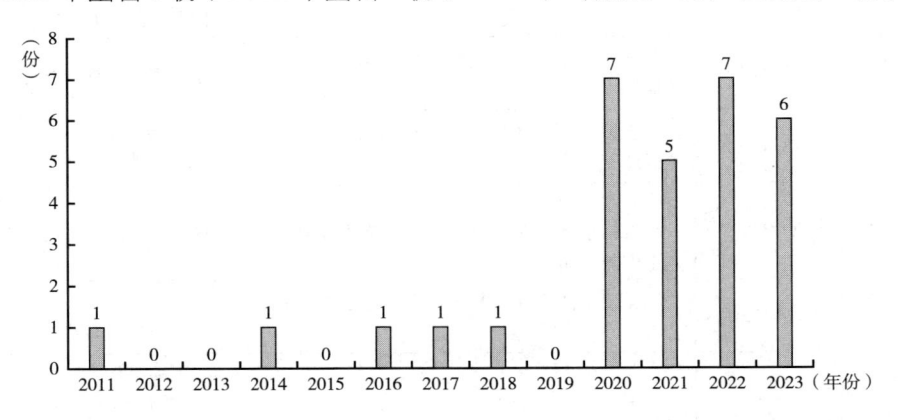

附图4-1 2011~2023年国务院和各部门发布的个体工商户相关政策文件数量

注：2023年截至8月。

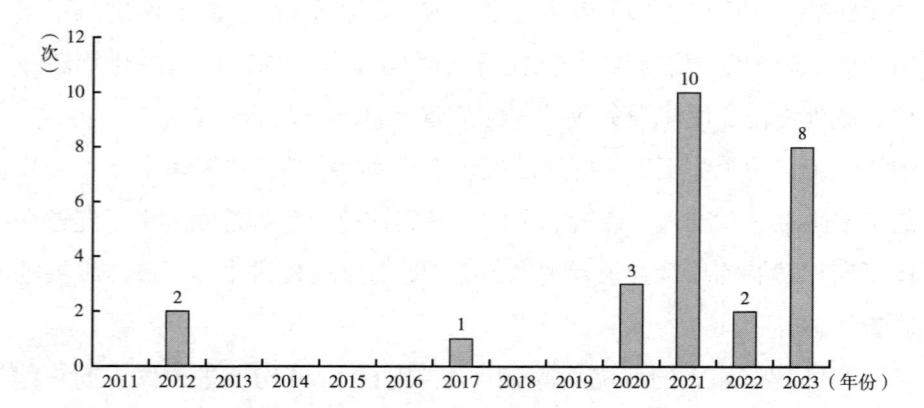

附图4-2　2011~2023年国务院政府工作报告中出现"个体工商户"的次数

注：2023年截至8月。

附表4-1　2011年以来促进个体工商户发展相关政策文件清单

序号	出台时间	政策文件	出台单位
1	2011年4月	个体工商户条例	国务院
2	2014年10月	关于扶持小型微型企业健康发展的意见	国务院
3	2016年8月	关于实施个体工商户营业执照和税务登记证"两证整合"的意见	国家工商行政管理总局 国家税务总局 国家发展和改革委员会 国务院法制办公室
4	2017年5月	关于开展个体工商户登记制度改革试点工作的通知	国家工商行政管理总局
5	2018年9月	关于金融机构小微企业贷款利息收入免征增值税政策的公告	财政部 税务总局
6	2020年2月	市场监管总局关于配合各级党委组织部门进一步做好小微企业、个体工商户、专业市场党建工作的通知	国家市场监管总局
7	2020年2月	关于支持个体工商户复工复业增值税政策的公告	财政部 税务总局
8	2020年2月	关于应对疫情影响加大对个体工商户扶持力度的指导意见	市场监管总局 发展改革委 财政部 人力资源社会保障部 商务部 人民银行

附录四　个体工商户政策梳理

续表

序号	出台时间	政策文件	出台单位
9	2020年4月	关于支持中小微企业和个体工商户发展积极减免经营用房租金的通知	国资委办公厅
10	2020年5月	关于应对新冠肺炎疫情进一步帮扶服务业小微企业和个体工商户缓解房屋租金压力的指导意见	国家发展改革委 住房城乡建设部 财政部 商务部 人民银行 国资委 税务总局 市场监管总局
11	2020年5月	关于进一步做好服务业小微企业和个体工商户房租减免工作的通知	国资委办公厅
12	2020年5月	关于小型微利企业和个体工商户延缓缴纳2020年所得税有关事项的公告	国家税务总局
13	2021年4月	关于实施小微企业和个体工商户所得税优惠政策的公告	财政部 税务总局
14	2021年4月	关于落实支持小型微利企业和个体工商户发展所得税优惠政策有关事项的公告	国家税务总局
15	2021年4月	关于做好2021年降成本重点工作的通知	国家发改委 工业和信息化部 财政部 人民银行
16	2021年6月	关于降低小微企业和个体工商户支付手续费的通知	中国人民银行 银保监会 发展改革委 市场监管总局
17	2021年8月	关于同意建立扶持个体工商户发展部际联席会议制度的函	国务院办公厅
18	2022年3月	小微企业个体工商户专业市场党建工作2022年工作要点	市场监管总局
19	2022年3月	关于做好2022年服务业小微企业和个体工商户房租减免工作的通知	国资委办公厅
20	2022年4月	关于2022年进一步强化金融支持小微企业发展工作的通知	银保监会办公厅

续表

序号	出台时间	政策文件	出台单位
21	2022年6月	关于开展质量基础设施助力纾困中小微企业和个体工商户专项行动的通知	市场监管总局
22	2022年9月	关于缓缴涉及企业、个体工商户部分行政事业性收费的公告	财政部 国家发展改革委
23	2022年10月	促进个体工商户发展条例	国务院
24	2022年10月	关于做好自主就业退役士兵从事个体工商户经营有关工作的通知	退役军人事务部办公厅 市场监管总局办公厅
25	2023年3月	关于小微企业和个体工商户所得税优惠政策的公告	财政部 税务总局
26	2023年4月	关于2023年加力提升小微企业金融服务质量的通知	中国银保监会办公厅
27	2023年8月	关于延续执行农户、小微企业和个体工商户融资担保增值税政策的公告	财政部 税务总局
28	2023年8月	关于金融机构小微企业贷款利息收入免征增值税政策的公告	财政部 税务总局
29	2023年8月	关于进一步落实支持个体工商户发展个人所得税优惠政策有关事项的公告	国家税务总局
30	2023年8月	关于进一步支持小微企业和个体工商户发展有关税费政策的公告	财政部 税务总局

  2020~2023年，国务院政府工作报告中连续四年提及个体工商户，平均每年出现5.75次。附表4-2梳理了2011年以来政府工作报告中直接提到个体工商户的相关表述，2012年国务院政务工作报告首次提及个体工商户，提出要"降低个体工商户税负"，"认真落实和完善支持小型微型企业和个体工商户发展的各项税收优惠政策"，从减税方面为个体工商户提供支持；2017年将个体工商户表述为正在撑起发展新天地的"新动能"之一。从2020年开始，个

体工商户连续 4 年出现在政府工作报告中，2020 次出现了 3 次、2021 年出现了 10 次、2022 年出现了 2 次、2023 年（截至 8 月）出现了 8 次。

附表 4-2　国务院政府工作报告中个体工商户相关内容

序号	出台时间	会议	内容
1	2012 年 3 月	第十一届全国人民代表大会第五次会议	个人所得税起征点从 2000 元提高到 3500 元。降低 900 多万户个体工商户税负 实施结构性减税。认真落实和完善支持小型微型企业和个体工商户发展的各项税收优惠政策，开展营业税改征增值税试点
2	2017 年 3 月	第十二届全国人民代表大会第五次会议	大众创业、万众创新广泛开展，全年新登记企业增长 24.5%，平均每天新增 1.5 万户，加上个体工商户等，各类市场主体每天新增 4.5 万户。新动能正在撑起发展新天地
3	2020 年 5 月	第十三届全国人民代表大会第三次会议	保障就业和民生，必须稳住上亿市场主体，尽力帮助企业特别是中小微企业、个体工商户渡过难关 小微企业、个体工商户所得税缴纳一律延缓到明年 放宽小微企业、个体工商户登记经营场所限制，便利各类创业者注册经营、及时享受扶持政策
4	2021 年 3 月	第十三届全国人民代表大会第四次会议	注重用改革和创新办法，助企纾困和激发活力并举，帮助受冲击最直接且量大面广的中小微企业和个体工商户渡过难关 中小微企业和个体工商户困难较多，稳就业压力较大 对小微企业和个体工商户年应纳税所得额不到 100 万元的部分，在现行优惠政策基础上，再减半征收所得税 引导银行扩大信用贷款、持续增加首贷户，推广随借随还贷款，使资金更多流向科技创新、绿色发展，更多流向小微企业、个体工商户、新型农业经营主体，对受疫情持续影响行业企业给予定向支持
5	2022 年 3 月	第十三届全国人民代表大会第五次会议	中小微企业、个体工商户生产经营困难，稳就业任务更加艰巨；延续实施扶持制造业、小微企业和个体工商户的减税降费政策，并提高减免幅度、扩大适用范围

· 255 ·

续表

序号	出台时间	会议	内容
6	2023年3月	第十四届全国人民代表大会第一次会议	制定实施优化营商环境、市场主体登记管理、促进个体工商户发展、保障中小企业款项支付等条例。改革给人们经商办企业更多便利和空间,2022年底企业数量超过5200万户、个体工商户超过1.1亿户,市场主体总量超过1.6亿户,是十年前的3倍,发展内生动力明显增强 国内经济增长企稳向上基础尚需巩固,需求不足仍是突出矛盾,民间投资和民营企业预期不稳,不少中小微企业和个体工商户困难较大,稳就业任务艰巨,一些基层财政收支矛盾较大 依法保护民营企业产权和企业家权益,完善相关政策,鼓励支持民营经济和民营企业发展壮大,支持中小微企业和个体工商户发展,构建亲清政商关系,为各类所有制企业创造公平竞争、竞相发展的环境,用真招实策稳定市场预期和提振市场信心

图书在版编目(CIP)数据

中国营商环境企业调查.2024：聚焦个体工商户/徐现祥，毕青苗，吴曼聆编著.--北京：社会科学文献出版社，2024.5

（中国商事制度改革丛书）

ISBN 978-7-5228-3389-7

Ⅰ.①中… Ⅱ.①徐… ②毕… ③吴… Ⅲ.①投资环境-研究报告-中国-2024 Ⅳ.①F832.48

中国国家版本馆 CIP 数据核字（2024）第 058112 号

中国商事制度改革丛书

中国营商环境企业调查（2024）
——聚焦个体工商户

编　　著 / 徐现祥　毕青苗　吴曼聆

出 版 人 / 冀祥德
责任编辑 / 吴　敏
责任印制 / 王京美

出　　版 / 社会科学文献出版社
　　　　　 地址：北京市北三环中路甲 29 号院华龙大厦　邮编：100029
　　　　　 网址：www.ssap.com.cn
发　　行 / 社会科学文献出版社（010）59367028
印　　装 / 三河市龙林印务有限公司
规　　格 / 开　本：787mm×1092mm　1/16
　　　　　 印　张：16.5　字　数：223 千字
版　　次 / 2024 年 5 月第 1 版　2024 年 5 月第 1 次印刷
书　　号 / ISBN 978-7-5228-3389-7
定　　价 / 89.00 元

读者服务电话：4008918866

版权所有 翻印必究